日本史籍協會編

三條實萬手錄 一

東京大學出版會發行

三條實萬手錄第一

原名忠成公手錄書類寫

例言

一安政ノ頃隨筆中ニ見エタル狂歌ニ『三文も梨木町の天保錢忠義のことは百も御承知』トイヘルガアリキ。コハ三條實萬公ノ淸貧ニシテ忠義ノ念ニ篤カリシコトヲ賞賛シタルニテ梨木町ハ公ノ邸第ノアル所ナリキ。マタ其頃三條家ノ練塀ニ『無二一膏』トテ膏藥ノ貼札ヲナシ其傍ニ『公卿の大出來物』ト記シアリタリトカヤ。嘉永安政ノ京都ノ政局ハコノ公ヲ中心トシテノ渦卷ニ過ギズ。公ヤ資生忠厚純實眞ニ帝者ノ師傅ト稱スルモ過褒ノ言ニアラズ。維新濫觴ノ歴史ハ公ノ事蹟ヲ外ニシテ語ルベカラザル也。況ヤ其運ノ既ニ數ニシテ其命ノ奇ナルモノアルヲヤ。コノ篇、公ノ獻替翼賛ノ間ニ手錄スル所奏跡アリ、書翰アリ、文案アリ、考證アリ、或ハ改稿數次塗竄殆ド完膚ナキモノアリ。本書ハ勗メテ原形ノ俤ヲ存セン事ニ多大ノ注意ヲ拂ヒタリ。看ン人マタ以テ名臣輔袞ノ慘怛タル苦心ヲ窺知スベキ也。

一行間ノ六號活字中墨書又ハ藍書ト註記スルモノノ外ハ原書凡ベテ朱書ニシテ公ノ雌黄ニ係ル。

一原書中抹消ノ分ハ活版ニテ現ハシ難キヲ以テ、、、ノ點線ヲ以テ之ヲ示シ朱劃內抹消加筆亦同樣ナルヲ以テ。。。。ノ點符ヲ以テ之ヲ示セリ。
一終ニ莅ミテ公爵三條家ニ於テ本書ノ刊行頒本ヲ許サレタル好意ヲ深謝ス。
大正十四年九月
日本史籍協會

三條実万手録　一　目次

忠成公年譜稿

公諱實萬幼名備千代麿藤原氏仁義公三十二代孫　前内大臣公修公第二子母藤原　子關白前左大臣輝良公女官至内大臣安政六年五月三日落飾號澹空十月五日敍從一位六日薨法諡曰後曉雲院明治　年賜追諡曰忠成公

光格天皇享和二年壬戌二月十五日生

文化二年乙丑四歲

二月十五日敍從五位下

三年丙寅五歲

四月廿八日敍從五位上

四年丁卯六歲

正月廿一日敍正五位下

五年戊辰七歳

正月十七日任侍從十月八日敍從四位下

（公始讀書習字ノ事ヲ加フ）

六年己巳八歳

十二月廿二日敍從四位上

七年庚午九歳

十二月廿二日敍正四位下

九年壬申十一歳

十月廿五日加首服任右近衛少將聽禁色昇殿雜袍等即日拜賀祖父實起公

加冠公隆朝臣理髪

（十年癸酉公年十二讀書習禮作字和歌音樂皆嚴立課程）

十一年甲戌十三歳

十一月七日轉右近衛權中將十三日拜賀十二月二日敍從三位中將如舊

十二年乙亥十四歳

（婚儀之事）

二月廿六日敍正三位小除目推敍

白馬外弁

仁孝天皇文政元年戊寅十七歳
九月十三日叙従二位中將如舊十二月廿日賀茂臨時祭參向
二年己卯十八歳
二月廿五日拭着マヽ五月二日和歌御會始御題寄世祝言公詠云我君賀御代久方廼天賀志多國民安久伊彌佐閑布羅之
三年庚辰十九歳
正月頒御題寄道祝於諸臣公詠進云彌増爾榮邊榮不留敷島廼直奈留道ヲ仰久加志古左一其此時爾遇曾嘉之故志今茂那越伊屋榮邊由久言乃葉廼道
上激賞有自今敕點之命衆以爲榮　上皇授天仁遠波法於中務卿親王特使公參其儀以有敕點之榮也
二月十四日任權中納言
三月十日敕授帶劍卽日拜賀著陣十一日聽直衣
十六日　天皇御有卦入ノ御祝宴アリ公之ニ與ル有自今被加御陪膳員之

命
十月廿六日兼任皇大后宮權大夫十一月十日拜賀著陣
四年辛巳二十歲
二月卅日敍正二位四月一日著陣

元日外弁踏歌外弁二月春日祭上卿

五年壬午二十一歲
踏歌外辨
六年癸未二十二歲　元日外辨　踏歌外辨
正月十六日踏歌節會公參仕是夜飛雪月色朦朧公詠云雲廼上爾加須女留
月乃影奈加良乙女廼袖邇雪曾降藝流

石清水放生會上卿豐明外弁臨時祭仕

七年甲申二十三歲
六月四日任權大納言兼官如舊廿四日拜賀著陣廿六日直衣始

元日外弁例幣發遣上卿

八年乙酉二十四歲
內辨左大臣可早出云々續內辨之事被觸輝弘卿之處稱可早出辭申仍位次

二條左大臣齊信
醍醐大納言輝弘
庭田大納言重能

重能卿領掌內辨催國柄了可早出云々輝弘卿內辨之事己雖相傳了笏紙未被與之由也可謂不便至謝座者件兩卿共難領掌被之未練習歟兩卿桃花之門也然而未委無教諭之由所聞及也然者內辨陣以後爲早出者自然予可續之至予家說連綿既先年祖父公令相傳給以後嚴親數蒙教命粗所覺悟之舊臘廿九日於家令習禮予爲內辨今度雖不奉仕內辨若至件期者不可辨人亦爲可是家門之規模一身之面目傍家亦可羨之歟偏是累代相承列祖之餘慶也今夕花族家々各承攝籙家之說於當家之說子々孫々相傳至于今不被其一是天之未喪此文之謂歟此中攝關御堂之餘流閑院之說又格別也既見記錄等當家閑院之正流又無隱事也後昆彌勿怠公事所謂無辱所生矣令條曰公勤不怠職掌無闕子孫可爲鑒戒

九年丙戌二十五歳　記錄欠

正月元日宴會公始攝行續內辨事

元日續內辨東照宮奉幣發遣日時定上卿新嘗祭召仰上卿候大忌幄

十年丁亥二十六歲

十月廿六日著陣服後

白馬外辨臨時祭參仕豐明外辨

元日當直有詠
雲迺上爾
登天曾知久
方迺阿万津
美空爾春太
知努登波

十一年戊子二十七歲

九月廿六日著陣服後

十月廿七日著陣服後

元日外辨贈官宣下上卿皇太神宮別宮瀧原宮並宮伊雜宮等造替山口祭木造始地曳立柱上棟等日次定上卿恩報宣下上卿皇太神宮造替地曳日時定上卿贈位宣下消息上卿

正月二日故
准大臣治濟
公贈内大臣

十二年己丑二十八歲日記欠

三月十六日爲神宮上卿

白馬外辨　皇太神宮造替心御柱正遷宮等日時定上卿一社奉幣發遣日時定上卿十一月春日祭上卿新嘗祭召仰上卿

天保元年庚寅二十九歳　日記欠
十二月十三日改元爲轉奏
元日外辨踏歌外辨　內宮別宮荒祭宮假殿遷宮日時定上卿同宮臨時造營
山口祭木造始地曳立柱上棟等日時定上卿同宮幷月讀宮伊弉宮風日祈宮
等正遷宮日時定上卿　石淸水放生會宣命奏上卿豐明外辨
二年辛卯三十歳
九月十四日爲議奏
白馬節會外辨　內侍所本殿渡御日時定上卿豐明外辨
議奏職ニ就クヤ首ニ居官規約十一條ヲ草シ以テ同僚ニ示シ其大要專ラ
禮節ヲ正クシ　事務ヲ愼察云々
三年壬辰三十一歳　白馬節會外辨
十月十九日辭神宮上卿
四年癸巳三十二歳

元日外辨臨時祭奉仕　東照宮奉幣發遣日時定上卿　例幣發遣上卿
三月十日　上皇幸於修學院離宮公同日野前大納言幹其事
五年甲午三十三歲
九日續內辨　左近衞府生者長員數　宣下上卿　石淸水放生會　宣命奏
上卿
六年乙未三十四歲
白馬外辨　鴨御祖社河合社御蔭社等正遷宮日時定上卿豐明續內辨
七年丙申三十五歲
元日節會外辨
八年丁酉三十六歲
七月廿七日著陣服後　豐明節會外辨
九年戊戌三十七歲
元日爲外辨

十年己亥三十八歲
正月元日節會爲續內辨
十一年庚子三十九歲
踏歌外弁
九月七日公修公薨服解喪事盡哀痛之誠
十月廿九日除服出仕復任
十一月十九日　太上天皇崩
十二年辛丑四十歲
後正月廿二日　皇太后宮藤原　子薙髮稱新淸和門院乃罷公權大夫
九月廿九日妣藤原氏卒服解十一月廿日除服出仕復任
十三年壬寅四十一歲
二月二日上表辭議奏不允
十一月春日祭上卿　豐明外辨　臨時祭參仕
十月廿八日著陣服後
五月十日世上先達來自武邊觸示之趣專儉素止浮華之儀也大樹憂世之弊

風驕侈始自膝下專儉約退侈費洽及于世之趣意當時物價高貴世人困窮爲救其弊從關東追々觸書云々尤可然事也然者堂上家來爲町住之者自然心得違之儀有之而ハ不可然候間家臣一統へ予存旨示置候了日記

過日所自寫彌陀像入道左大臣殿御筆之寫以先考先妣之小直衣打著等之切表粧申付了又先妣詠草同表裝申付九月十五日日記

十月三日春日祭參行ノ命アリ公拜命直洗手奉拜氏御社以下尊崇之社々奉祈請無異了向持佛堂本尊以下祖先考妣等奉告此事祈請也了一族一列親類等如例風聽申遣且祈願彌可申達惣如文政十二年參行之時可加下行仰淸寧

十四年癸卯四十二歲

踏歌外辨　豐受太神宮造替木作始日時定上卿

石淸水放生會宣命奏上卿　例幣發遣上卿

三月三日爲神宮上卿

元日外弁東照宮奉幣發遣日時定上卿
東宮御元服參仕春日社若宮社等造替立柱上棟日時定上卿
春日社若宮社等遷宮日時定上卿
豐明外弁
改元定參仕
詔書覆奏上卿

弘化元年甲辰四十三歳
三月廿七日東宮御元服公爲理髪
十二月三日改元弘化爲詔書覆奏上卿

二年乙巳四十四歳
白馬外辨　九月八日辭神宮上卿
三月十一日詠歌下見被仰下　日記
橋本中納言（議奏殘番）被示送曰依有御用之儀今日巳刻可參朝旨被　仰下云々且詠歌下見之事被仰出歟之旨被示送了卽時著衣冠參內先參入之由告示于彼卿卽被傳　宣曰自今詠歌下見可爲飛鳥井前大納言被仰下之旨也奉畏承了無別事退出向飛鳥井前亞相亭以雜掌申入云々詠草下見被仰下畏存猶宜預諷諭之由申入託雜掌申置了雖可面謁過刻於宮中謁之間更不煩面働之旨申述了卽歸家、

〔以下六行ノ分別紙ニテ貼付シアリ〕

弘化二年十一月廿七日
爲堂上勤學於開明門院御舊地被設學講之事今日御治定號習學所傳奏三條大納言實萬卿學頭幷奉行勘解由小路前中納言資善卿東坊城宰相聰長卿等被仰出

同年十二月四日
講堂習學所被改號學習所

三年丙午
公年四十五元日外辨開關解陣七月廿八日幷音奏警蹕吉書御覽等上卿
二月六日仁孝天皇崩
六月二十日新清和院崩

四年丁未

公年四十六正月十三日服後著陣

十月十三日新朔平門院崩十一月十二日公爲遺令奏並警固々關上卿

孝明天皇

嘉永元年戊申

公年四十七　白馬外辨贈位宣下上卿

贈官位宣下上卿

二月九日爲武家傳奏　三十日爲內敎坊別當三月九日使於江戶（朱書）發廿一日著江戶四月十三日復命自十六日爲月番　九月廿八日除服出仕別敕　十月十九日著陣服後

（朱書）三月一日東行御暇乞參內於御前有賜黃金一枚賜天杯有敕語親賜末廣次ニ御祝

（欄外朱書）廿日兼管輪王寺法親王家事年頭幷御即位御祝儀トシテ敕使參向被仰付

二年己酉

公年四十八

三月廿日公還江戸參　内復命

三年庚戌

公年四十九　白馬外辨踏歌續內辨

贈位宣下上卿　八月廿五日故藤原秀子從二位

四年辛亥

公年五十　白馬外辨　踏歌外辨　豐明外辨

五年壬子

公年五十一　白馬外辨　踏歌外辨

六年癸丑

公年五十二　白馬外辨　踏歌外辨

贈官宣下上卿　二月十日（贈官故參議源慶壽卿權中納言）

四月六日內裏炎上

安政元年甲寅

公年五十三　白馬續內辨　踏歌外辨　條事定　改元定參仕詔書覆奏（十二月二日）上卿以諸國寺院之梵鐘鑄造大炮小銃事宣下上卿（十二月廿三日）

十一月廿三日遷幸於新造內裏

二年乙卯

公年五十四造內裏木作始地曳等日時定上卿同礎立柱等日時定上卿同上棟日時定上卿同御裝束始上卿遷幸於新造內裏日時定召仰井內侍所渡御日時定等上卿敍位宣下上卿遷幸供奉平座參仕

四月四日除服出仕別勅八月八日著陣

三年丙辰

公年五十五　白馬外辨　踏歌續內辨

四年丁巳

公年五十六　豐明內辨

二月八日兼任右近衛大將爲右馬寮御監

九日拜賀著陣十日直衣始五月十五日任內大臣右大將如元卽日拜賀著陣

十六日直衣始

五年戊午

公年五十七　白馬內辨　三月廿一日辭　兩官御監

十二月廿三日移上津屋村

六年己未

公年五十八

五月三日落餝號澹空十月五日敍從一位六日薨號後曉雲院

三月廿七日移一乘寺邨

今上明治二年己巳十二月廿七日

賜故從一位贈右大臣諡曰忠成詔曰

故從一位贈右大臣藤原實萬憂乾綱之不振而國威之不宣奉事　先朝盡竭

忠猷慨然有匡濟之志至子實美以底有成其諡實萬曰忠成宣

（欄外記入）

一幼而頴悟　卽紙隻字人皆珍之　欽慕之士人多夥

公自幼年記錄明細爲子孫模範

關東下向度數ノ事

二文字之事　不字章句之事

坐作進退之事

言語之事

公事練究之事

孝道忠行崇敬祖先之事

溫厚謹愼　陰隲　好施人　不殺殺生　不好玩弄　不好美食　鯁直忠

諫　爲君苦思

記錄明細抄出推案

三筆道之事

管弦之事

四和歌之不用茲

燕居

在朝

敬神之事神事盡監祭

對人語談

使臣下事

對一族對親昵　使家婢祭祀

崇佛法　研究典故

（以上岩谷修草）

忠成公手錄書類寫第一

薩摩中將殿　　　　　　　　三條前內府

二伸段々御懇念之程千萬々々大慶仕候從是心外之御無音ニ打過實ニ以不本意之至ニ存候猶幾久敷ト悅入存候草々頓首

酷暑之節倍御安福恭賀之至存候先達テハ預芳翰千萬大幸ニ存候其後早々貴報可呈意外之延引誠以背本懷候然者兼テ御內談之儀モ御座候大隅守殿御昇進之一條當春從三位宣下ヲ御蒙之段被入御念御吹聽且御懇篤之御紙上忝承候先以御昇進珍重之至存候於貴君モ御安喜之御事ト存候其後御內使ヲ以御目錄之通被懸貴意重疊辱存候併實ニ御丁寧之御事何共致痛心候段々御懇情之程不堪感謝候乍遲引右御答御挨拶旁如此候吳々モ方外緩怠之至御寬恕可被下候萬々期後信之時候也恐々謹言

六月廿八日　三條前內大臣

薩摩中將殿　貴報

○

殘暑之節愈御安清欣慰之至ニ存候貴國暑氣如何御坐候哉當地今年ハ士用中ニモ雨勝ニテ暑威ハ薄ク凌能至此頃同樣之事ニ候誠ニ先達テハ御深情ニ御書狀被下候テ大慶之至忝存候昨年不圖於陽明御家得拜謁千萬大幸存候其後ハ疎濶ニ打過御無音申入候所預芳諭本懷之至ニ存候旁以早速御答且御見舞モ申入度存念ニ候處彼是延滯相成無申狀候別書荒涼亂書失敬之段偏ニ御宥恕希入候殘暑折角御自愛專要ニ存候萬々期後信申殘候不宣

七月六日　實萬

薩摩守殿

扨外夷之儀此頃之模樣ニテ如何之次第ニ相成可申候哉何分天下安全所祈ニ御座候當春以來誠ニ一同痛心候事ニ有之候當地ノ儀ニモ種々御聞

及モ御坐候半ト存候人々之儀彼是ト世上評説致候尤暴論書生論ナト可採用事ニ無之候得共浮説共申唱候下官儀等モ其類ナトニ御聞取ニテハ甚困苦候決テ左樣ニハ無之唯々公武御合体國家ヲ不被誤樣所冀ニ有之御照察被下度候左府公トモ毎々御互ニ其邊ノ事共申居候事ニ御坐候將又閣老一二御役御免復役等有之旨傳承候委細之儀ハ一向難分何角ト關東ニモ御混雜ト察入候萬々期後便候以上

○(原朱)前書ノ副啓

御別書忝拜讀候右者天下之御爲御書取被仰聞之趣段々御精忠之儀誠以感佩仕候先達テ夷人申立之儀如御示諭當地ニモ被仰上ニ相成下官共ニモ御沙汰有之致承知實ニ　皇國之御大事ト御同前ニ痛心候儀ニ御坐候於朝廷深被惱　叡慮誠以恐入候關東ニハ不一方御配慮之御事ト存候列國御方々御苦慮之程實ニ察入申候國家之藩屏夫々要害御手當御坐候趣ニ承候得共於貴國ハ殊更ニ御嚴整之趣不誰知者無之被安　宸襟候御事ト存候右一條

ニ付關東ヘ御建白舊冬御差出シ御案文爲見被下致感悅候段々御精誠之至
不堪欣躍候且先達テ御內話モ御坐候關東之御樣子閣老衆交代之度每御處
置振變化候儀ニ付テハ厚御配慮有之西城ヘ賢明之御養君被仰出候儀當時
之急務与御勘考之由其段御申立御坐候趣此儀者兼テ御同志之御方御申合
御心配被成候旨先達來追々御申立之趣實ニ以御尤至極之御事ト致承知候
關東之御摸樣ハ難察候得共右一條ハ實ニ國家之御大事ニ有之於當地モ深
心配仕候此義　內勅被仰出候樣御懇忠之御內志誠以感心之事ニ候尤右ハ
左府公ヘモ御申入有之候由宜敷勘考候樣御密示之趣委細御尤ニ致承知其
以來左府公段々御心配下官ニモ乍不及精々勘考左府公御內談申入候事ニ
テ致周旋居候處彼是都合モ有之漸堀田歸府之前　御內沙汰ニテ急務多端
之御時節御政務御扶助之爲御養君被仰出候樣被仰含候事ニ御坐候委細ハ
先達テ以來左府公ヨリ御申入之御事ト存候間別段ニ巨細ハ不申入候然處
當節關東之御模樣傳聞候ニハ紀州ニ御內定ト申趣實事ニ御坐候者如何之

御都合哉幼年之方ニテハ當節御差急之詮モ無之折角御心配御同志之方々御見込モ致相違候事ト甚タ不堪痛歎儀ト存候彼是御子細有之候事トハ存候乍併表向御人体ハ御所表ヘハ未申來先比來モ左府公ニモ段々御心配下官共々勘考候得者何共六ヶ敷次第ニ御坐候內實大老ヘモ申遣候儀モ有之候得共何等之模樣モ難分候彼是嫌疑等御坐候而扨々當惑候事ニ候何分國家公武之御爲專一ト存候得共當今之形勢無術儀ニ存候猶々貴官ニモ御配慮之御事ト御察申入候關東格別之御間柄殊更御心配之段致遙察候誠ニ以御精忠爲天下御苦慮之程實ニ不堪欣感存候何卒此上御都合宜方ニ相成候者更ニ雀躍候事ト存候唯々天下之御爲祈入申候御懇情之御內狀千萬忝存候先達以來得貴意度存候儀共有之候得共左府公ヨリ御內々伺候事ニモ有之別段不勞御面働御無音打過前條之御答ハイツレニ先比來可申入存居候彼是心外延引イタシ候御含容可被下候先ハ御答旁如此御坐候頓首

七月六日

西城之儀土佐守ヨリモ先達來被申越御同意之事ト存候是モ深心配之趣定テ毎々御往來被申候義哉ト存候何分關東奥向御都合閣老之邊モ彼是有之歟御配慮之御事ト吳々御察申入候

○

嘉永七年後七月十六日到來
異船之儀ニ付所司代ヘ內談書之返答

（原朱）上包實萬公親筆

外夷之儀ニ付テハ昨冬關東御參向之節　御沙汰關白殿被命之趣年寄共ヘ被仰述候儀モ有之候處兼々厚御配慮御趣意之程委曲年寄共ヨリ申述其段關白殿ヘ茂被仰入被達　叡聞御感悅之御事候墨夷之儀去四月年寄共ヨリ申來候趣御心得ニ申進候旨是又被達　叡聞候右者當時御備向御嚴整ニ茂無之折柄無御餘儀寬大之御所置ニ相成候趣不被得止御事ト被存候折柄內裏炎上其後御畿內幷近國筋地動所ニ寄死亡等モ不少由相聞昨年モ彼是災變有之　叡慮不安深御愼被思召候此上何事モ無之樣厚神明之冥助ヲ御

祈請之　叡念ニ被爲在候得者精〻人事ヲモ被盡候御儀ニテ叡慮之程關白
殿被伺取候趣御別紙之通御達可被成但兼〻厚御指揮被爲在候上之儀卒爾
ニ被仰進候テ御都合ニ相振候テモ御斟酌ニ被思召候間先御内談可被仰聞
由關白殿被命候宜勘考候樣被成度旨被仰聞致承知候追テ從是可及御挨拶
候事

後七月

○

當地警衞之儀先達テ關東ヨリ御手厚ニ被成進夫〻被仰出平日數多之人數
相詰居誠以御所向御安心一同ニモ安堵之事候尤近年異船度〻渡來ニ付近
海防禦幷當地警備等之義從當役所司代ヘ毎〻示談候筋モ有之心配之（折カ）柄
不意ニ大坂近海ヘ乘入其節ニハ實ニ當惑候兼〻此儀ヲ心配之事ニ候處果
テ右之次第甚タ驚入萬一上陸ニテモ致候者京師如何計騷動可相成ト種〻
苦心之處最前ヨリ所司代ニモ甚心配ニテ關東伺ニモ相成有之旨致承知差

懸リ候節ハ所司代之所置モ可有之由是亦兼而令承知居申候卽其節ニモ厚勘考ニテ尤別條モ無之其内退帆イタシ實ニ安心致候但此後何時右体之儀モ可有之モ難計何分海岸防禦之御手當嚴重ニ無之候テハ心配致候事上陸ト相成候テハ實ニ不容易其處誠ニ痛心致居候處大坂近海御手當砲臺等モ被仰付候近國大名ヘモ夫々手配リ兼テ被仰付候テ實ニ恐悦安心候事就テハ當地御守衛向之處モ如唯今格別數多之人馬御手當平日常詰被仰付右ニテハ當地之處ハ十分之御嚴衛ト存候得者猶更御所向御安心申迄モ無之儀ニ有之候得共異船之儀モ先平穩ニ候上ハ當地平常格別數多之御手當ニ相成居候ニモ及間敷哉先一段被減少自然非常之模樣モ相見ヘ候者早速馳付候樣之御手筈ニ相成居候者其分ニテ御手後レノ筋モ有之間敷哉尤モイツレニ御用之儀ニ候得者費用ハ如何程有之候共大名衆ノ當然ト存候得共實ニ平常數多之人馬徒然ト致居候茂御所向ニテ御安心ト申計ニモ不被爲在哉無事之日ニハ少シ御模樣相變リ候テモ御所向ニテ御不安心ト申筋ニモ

○印原書朱郭以下倣之

無之歟關東ヨリハ御手厚ニ被成進候儀無事ニ候トテ御減省ハ難被遊御場合モ有之自然當地ヨリ御沙汰相成候者夫ニ付一段御模樣モ御勘考可有之トノ御都合モ難計御所向ヨリ御挨拶モ無之テハイツイツ迄モ此姿ニテ無際限候テ不虞之御備トハ乍申人氣モ如何哉無益國費ヲ大名衆可被厭筋ハ有之間敷候得共國家大体ニ於テ如何可有哉尤モ突然ト京師迄横入候儀ハ有之間數哉イツレ近海ニテ十分防禦上陸不致樣元ヨリ御手當之義ニ候得者先平日京師之警衛ハ聊御手輕ニ成候テモイザト申セハ夫々御手配通リニ相成候者不遲儀ニモ候哉京師在番之武士防禦急務之儀有之候テハ中々不一ト通リ大變ニモ候得者先一ト通リ平日之所ハ相應之人數在留被仰付置合圖次第相集リ候樣ニ御手筈相附有之候者却テ平日實地之御警衛ニモ可有之哉其邊ハ如何程之儀哉御所向ニテ御推量モ難相成候得共唯々關東御手厚ニ被成置トテ御安心ト而已被遊置御國事ヲモ御頓着無之候樣ニ相成候テハ全御安心之筋ニモ無之候故一應右等之所被仰談其上關東思召何

レ是程ハ平日タリトモ在留無之テハ御不安心トノ御事ニテ候者尤御所表ニテ兎角御沙汰之御事ニハ更ニ無之何分御都合宜様ヲノミ被頼思召候御事ト存候近海邊之所ハアク迄モ此上御手當非常之御備急速乘込萬々一上陸ナト有之候テハ不相成何分外門ハ平日御堅固ニ相成居候様有之度浪華ハ京師之唇ニ候得者呉々モ此處ハ厚ク御手當有之度候處追々砲臺等モ被仰付候趣ニモ致承知恐悦至極之事ニ候

○安政三十四徳五郎ヘ遣ス

一夷艦萬一大坂ヘ迄乘入候節心得方之儀先日内々咄合候事モ御坐候其砌申候通成丈御鎭靜ニテ　皇居御動搖ハ不被遊候様一同之存念ニ候乍去上陸致シ實ニ京師迄モ入込候勢御危キ場合ニ至リ可申モ難計節ハ不得止御動座ナクテハ成不申候其先柄如何ト先達テヨリ内實ニハ心配候事ニ候一ト通リハ彦城若城其御手當ト存候得共右ハ邦内之喪亂之儀ト存候外夷ヲ被避候ニハ其地方堅固之場所イツレ可然事哉尤乘入候方角海

陸ノ模様ニヨリ候ハ勿論ナカラ縦令ハ浪華ナレハ何方若丹ナレハ彼方ト申邊凡見込ハ有之度候然ルニ彼是唯今何トモ御所向ニテハ評議内定モ難成尤堂上向ニテハ場所柄地理等モ不案内之事内々ナカラモ其筋ゟ御沙汰出申候テハ人聽ニ障リ鎭靜ナリカタク實ニ心配之事ニ候先御主君御遠察ニテハ如何御見込モ可有御坐哉其許心得ヲ以テ密ニ被伺取度事ト存候

一右夷賊大坂ニテ騒擾（戰爭ニモ可及候）有之候時ハ京師兼而井伊酒井其外警衛モ手厚被仰付有之候得共今一段之處ハ所司代計ニテハ機變之下知難相成場合モ可有之哉（且東西通路遮候程モ難計候樣相成候ハヽ）其節ニ至リ候テハ尾張中納言程近之儀ニ付上洛有之夫々萬事武備指揮有之度候其儀關東ヨリ下知無之候テハ難成候得共萬一急變之節ハ御推命有之候共無子細事哉トモ被存候但參府中ニ候者其儀モ難叶候得共兼テ在國ニテモ

○

水府家臣石川德五郎鷹司政所附人ニ上京先達テ以來度々來入懇意ニ相成彼外夷之義種々談話其次夢事令噂翌日此狀差遣了

上包

安政三年九月十七日

昨日者入來得寬話大幸ニ存候兼々苦心之事共彼是避嫌疑何方ニテモ容易ニ咄合不申積鬱候處先頃來格別懇篤面話種々莫言之事共申述其許ヨリモ內話之儀且公平之實論承之誠以感悅イタシ候將又昨日フト恠談申候夢事甚赤面候得共其翌書付置其儘入覽候一笑可給早々投火賴入候以上

九月十七日　實萬

石川德五郎トノ

胸ノ中ニワツラフ時ノ夢事ヲカタルモ夢ニナシテキカナン

安政元年十二月十一日曉夢

假皇居ニテ執柄參上　御前ヨリ被退候テ御省筋畧ノコト御咄アリ予ニ

書付セヨト被命其後廊下ニ出ル所フト水戸前中納言（萌木ノ狩衣体ナリ）出逢。予。申。云。兼テ一寸御尋申度ト存居リ候所其折モ無御坐幸之儀ニ候コチラヘト申挾少ナル間ニ誘引致シ申スニハ彼伊豆ノ下田ノ土地ノ儀ハ如何ニ候哉風説ノ如キ事ニハ無之哉御國体ニ拘ル筋ハ無御坐哉近頃災變頻ナル事モ夷。人。ヲ。惡。マ。ル。丶。ニ。テ。天神地祇ノ御譴告ニテハ無之哉ト何カ恐ロシク被思候私ハ柔弱及畠水練ニテ何モ不辨候貴公御見込御尋申度ト存候ト申懸タレハソノ返答ナキ内ニ夢覺メテ後チ事ナシ夢中ニ阿部伊勢守モ參リ居ラレタリト覺ユ

夢ノウチニ答フル事モキカマシヲサメテハサラニ問ヨシソ（モ）ナ（シ）キ

○

上　　石川德五郎

御親書御下ニ罷成謹テ奉拜見候昨日者參殿被仰付御懇命相蒙御高論種々御內々奉伺誠以感佩仕候餘リ不敬ヲモ不顧肝膽ヲ吐露仕狂愚之論奉入御

內聽候處格別ニ御仁恕被成下置候段冥加至極難有仕合奉存候將又御夢云云ニ付其節之御詠吟奉伺度奉願候處早速拜領被仰付重々難有仕合奉存候何レ近日參殿御禮可申上候得共右御請乍恐不取敢言上仕候恐懼々々稽首再拜

九月十七日　　石川幹忠百拜

○

過日大阪近海ヘ異船渡來誠以不量之事驚入候就テハ於京師者兼々厚御警衛モ被仰付掃部頭人數モ被差登其外伏見山崎等之要路御守衛可差置其許御下知モ有之御所表之御警衛ニ於テハ一際相立先々御安心ノ御事ニハ候得共御承知之通京阪之間纔ニ十三里之事ニ候得者異變之節ハ不申及自然此後自他之外夷渡來候テハ誠以恐入候事ニ候於彼地者城代モ被差置候ホトノ御場所候得者於關東モ尤御配慮之御儀ハ不申及萬端御差圖御固等モ嚴重ニ被仰付候儀恐察候得共委細之儀不知案内之事ニ候得者往々如何可

相成哉御國体之處深心配之事ニ候何分ニモ浪華者京師之唇ニ候得者唯々其恐不一方候偏ニ御勘考有之度候今般者頃日退帆候共爾後何方ゟ渡來モ難計一体京畿近海邊之儀猶又厚御勘辨有之候樣致度候右等之趣宜申述旨關白殿被命候事

十月

○

近來度々夷船渡來ニ付萬一京畿近海ゟ乘入候儀有之候者如何計可被惱叡慮候間京畿內外御備向之儀淡路守ゟ毎々及示談當地之處ハ井伊掃部頭一際手厚可相心得旨被仰付御安心被思召候然ル處海岸防禦無之候テハ京地程近之儀御不安心之御事ニ付猶又當後七月ニモ關白殿被命候趣申達置候事ニ有之候處此節大阪近海ゟ乘入深致心配候先卽今ハ平穏之趣ニ候得共自然異變有之候節ニハ海岸御備向嚴重ニ無之候テハ甚以無心元存候定（相立有之儀ト存候得共彼是）テ近々御取調モ可相成哉ト心得候共何分當地近之事ニ候得者何卒早々厚

御勘考有之候樣致度右者實ニ差懸御不安心之御事ニテ有之候委細淡路守ヨリ可被申入候得共誠ニ無御據儀ニ付別段以內狀從兩人モ各方ヘ申入候樣關白殿被命候吳々厚御勘考被成上候樣致度候事

月　日　東坊城――

三條――

阿――

――

――

――

○

近々亞墨利加官吏國書持參登城之儀被差許候趣右者無餘儀御次第モ可有之被思召候得共元來夷情難量先年以來追々自儘之所業難被制止既ニ前件之模樣虜情强勢差迫候次第ニ成行持參之國書如何体之儀申立候哉モ難量

深御心配之御事ニ候猶此上　皇國之瑕瑾無之樣厚御勘辨御處置之儀者勿論ニ被思召候得共國家一体之御事ニ候得者彼是被惱　叡慮候兎ニ角容易ニ御取究ハ無之儀ト被思召候得共何分不損國体樣御取扱之儀是迄ニモ被仰入候御事ナカラ（更ニ被仰入迄モ無之候得共）今般之次第ニ付テハ爾後之形勢如何哉ト吳々御心配之御儀ニ候間猶宜被賴思召候事

○三條大納言殿　内啓　建通

彌御安全珍重存候然者過日者辭表差上候處不存寄被召止恐懼之至ニ候以後之處ハ尚亦篤ト勘考之上ト存候實ニ足痛今以困居候今暫ハ保養仕度存候事ニ候且內々示給候石井家婦人之事扨々心配之儀ニ候其後ハ彼家之往返モ頓ト致不申先方如何ニ有之歟何卒無出頭樣ニト存候自然出頭ニテハ惑亂之事起ト存候若哉先日御書之趣石井家ヘ通達仕置候方之思召ニテハ無之哉不申入置方哉矢張一寸申入置候方心得ニ可相成哉爲念相伺候御差圖願入候且亦新殿下之處何等之儀モ無之哉一向御參モ稀之由承候子細有

之事哉爲差義無之候者安心ト存候且亦乍內々申入候去八月ニ英夷之舟三艘肥州ヘ渡來之處肥州侯ニハ當時之高名之君侯ニ候是迄賴敷存候處今度右異人海中ノ鐵鎖ヲ船ニテ打切リ何ノ苦モ無ク押來候處肥州番船二艘留メ申候處右番船二艘ハ異人ノ船ニテ乘リ沈メ申候由夫ヨリ臺場ヨリモ手向不致空敷通シ候由ニ候其後異人ヨリモ謝罪申候由肥州ヘハ奉行所ヨリ諭シ有之先々靜謐之姿之由今ニモ一戰可有之歟ト皆々驚申候由然ル處何ノ故ニ歟夷船ハ八月（九月歟）十八日ニ歸帆之由ニ候退帆之儀モ何之義歟分リ不申由何分肥州大耻辱ヲ取リ候由ニ御坐候一向ニ異船之儀不靜謐趣ニ肥州ヨリ內々申越候人体有之書中モ一覽候要用之處計一寸內々御咄申入候大分病深ク相成何卒良藥療治仕度モノト存候任歎惻一寸御咄申入候內々ニ願入候何分二三艘位之小船ハ何ノ苦モナク大船ヲ以テ乘リ沈メ申候由ニ候左候者大坂邊ヘ參リ候者猶更ニ可懼事ト存候仍テ早々如是候也

十月二日

〇廿二社其外凡十五六箇社御祈禱

右者異國船渡來之儀ニ付先達テ關東ヨリ申來候子細不容易儀与　叡慮深御心配被思召候得共關東ニヲヰテ御備ハ勿論萬端御詮議之御事其段ハ御安心被思召候但其中先月魯船長崎ヘ渡來之趣モ相聞旁武門之辛勞不一方儀ト被思召於京師唯々神明之冥助ヲ御祈誓可被爲在御事ニ有之則先達テ老中方ヨリモ被申越候通先蹤モ有之儀ニ候得者彌神國之光輝相顯候樣兼テ厚御祈願之　叡念ニモ（未來之禍ヲモ被禳除候樣）被爲在候間此節廿二社其外格別之御社柄等御祈禱被仰出度トノ御沙汰ニ候右之通御沙汰相成候テ子細有之間敷哉一應淡路守ヘ內談有之度且又右ニ付テハ社々御初穗御奉納モ被爲在度候御銀出方之處何レ之筋ヨリニテモ相整候樣勘辨有之度右員數之處ハ是迄之准例モ有之候間御社々銀十枚宛御備ニ相成候樣致度候先何分前文之次第淡路守ヘ內談有之度右等之趣關白殿內命有之宜勘考有之度候事

然則他國異類乃加侮此國乃制禁乎母不憚已加意乃末仁末仁成志津留事乎何曾聞食天者怒恚利賜位支物奈利已仁我朝乃神國止畏憚禮留故實乎澆多之失比賜布加止寢氏母覺氏母懼給比歎比氏自今以後加侮任意乃所業乎責女給倍者忽知兵端乎開倍支奈里然禮者速爾逐還漂沒米再比來留事奈加良志女賜倍今征夷府仁仰世良禮嚴爾警備須倍岐由乎武將等仁指揮有良志女懈良須有倍支爾不意爾兵寇乃萠志露者｜｜乃御助乎以天沮却賜比天我朝乃國威乎外夷爾輝志賜比警志免賜比天天下泰平爾

○

政要雜記案　劃内ハ標紙ノ書名

去夏以來異國船渡來不容易次第之趣先達テ達叡聞此後渡來之節之儀深御心配被遊候イツレニモ御取扱振御治定之上被仰進可有之旨是亦被　聞食彼是御詮議之御事ニ可被在思食候其中被仰進ニハ無之候得共神州之瑕瑾人民之騷擾イツレニモ深被惱　叡慮候且當時無事ニ候共後世之禍ニ相成

候テハ是亦實ニ不安儀ニテ彼是旦暮不被安　宸衷候御治定之上ハ可被仰
進候得共若粗御見込之程モ被爲附候者御差支ニ不相成筋ハ内々　叡聞ニ
モ相成候者御安心ニモ可被思召候間此度參向ニ付當地此節之御模樣内々
御問合申入候樣關白殿御内命候
但御差支之筋モ候者推テ申入候樣トノ儀ニハ無之事

○
三代實錄貞觀八年十一月十七日戊午勅曰廼者恠異頻見求之蓍龜新羅賊
兵常窺間隙災變之發唯緣斯事夫攘災未非遏賊將來唯是神明之冥助豈云
人力之所爲、、、、、

○
四月十七日辛卯下知太宰府云廼者京師頻視恠異陰陽寮言隣國兵可有來
窺安不忘危宜勤警固、、

○

白石　論互市權場　　本文闕　（、印原書朱引抹消之符號以下倣之）

○

嘉永七年　六月

十四日曉丑剋前大地震　　以下闕

十五日

一參關白殿許以家司申入愚意如左　　以下闕

○

差懸リ少々極御內談申入度事出來候右者御差含ニテ御勝手之日剋御招被
下候樣ニ致度候此段內々申入試候事

右者御所內之儀ニ付早キ方都合宜候間可相成者明日退朝後祇候致度ト
存候尤同役同道祇候之覺悟ニ有之候此段モ申入候

○

一三五年之間武備ヲ整候樣其上決候者退治可有之候

方今自儘之所業有之事ニ候者彼ニ罪狀可有之候得者可責討事
一省國費
武家各可抽精力　勅諚之旨可被申渡若懈怠有之不修備ハ可被削祿若有
功者相應官階推任之御沙汰可有之事
一下田箱館等貸渡候儀　重テ可被取戻事
兵備不可相待者夫迄之内人民不馴親樣之事
一夷人葬埋實事ニ候者可發棄事（可返遣事）
一無御遠慮可被仰進トノ事故不被仰出ハ御不本意之事
一副將軍職被撰其人被任用度事
　委任追討可被仰付事
一東照宮仰之事
實條公記可書入事
一風宮御祈之事

一大坂城代見込事

○

貴官先頃ヨリ御引籠之處此度之地動ニ付テハ御機嫌伺參上モ無之禁中之御模樣深御案シ被申上候御物語之續ヲ以其段者ケ樣々々（御庭ニ御用意ト御取建モ出來）申入御安心被成候且當年先唯今ハ暑氣モ緩カニ有之候得共至秋閏月モ有之末ニ暑氣嚴敷可有之哉當時之御所如何ト　玉体之儀是亦御案シ被申上候御咄共有之ニ付彼是御物語申入夫ニ付桂皇居ヨリ清紫兩殿代江折々渡御ニテモ被爲出來候者御保養ニモ可被爲成歟トモ及御物語候得者成不成ハ格別改テ御談申入候者御取調モ可有之哉何分清紫兩殿代ニ御坐被爲在候事夫江渡御之御道被爲附候ト申事御名義ニ於テハ御子細モ有之間敷哉之樣御噂モ有之候間右邊之儀御沙汰ニ相成候者如何可被爲在哉先內々言上候

但路次ヲ隔テ候事故左樣ノ事モ難被爲出來御廊下ニテモ出來候得者宜

歟候得共夫モ御六ケ敷事哉ト申居候處何分玉体御養生方御大事之儀ニ付

但以下ノ一節歟トモノ行ノ旁ニ注シタルトモ其ノ接續スル所ヲ知ラス姑ク錄シテ後考ヲ竢ツ

○

一昨日御前ニ被召先達火事此間地動等御祈モ被仰出候得共此度之地動當地ハ格別無之候得共南都近邊ハ餘程之大變之樣被聞食此上御不安心ニ被思召候殿下御參ニモ被爲在候者御相談モ可被爲在之處此頃御疝痛之由被聞食候間此頃御參モ無之候者兩役之内ヨリ殿下ヘ可申上由先達テ七社奉幣之事ナト取調之旨被聞食候此度被仰出度被思召候如何哉トノ御事ニ被爲在候其内御參ニモ可被爲在トモ存候得共伺居候事ニ付先此段言上仕候事

○

近來外夷屢渡來世間不穩去々月內裏炎上過日畿內幷近國地動國郡ニ寄殊ノ外大震ニテ舍屋顚倒人民死亡茂不少由相聞候昨年ハ炎旱涉旬慧星出現彼是天地災變有之　叡慮不安被思召候此上國家之大禍衆庶之憂患無之樣叡願ニテ七社ヘ奉幣使ヲ被立度被思召候昨冬異國船ノ事ニ付諸社奉幣使モ可被立哉及御內談候節御返答之趣モ有之御見合ニモ可被爲在候得共右七社奉幣之儀ハ近代准例モ有之儀前々天災地變等ニモ被立候儀ニ候得者當節之御事ニテ天下泰平之御祈ニ右七社奉幣近々被立度被思召候御內慮被仰進候テモ御差支有之間敷哉先可及御內談關白殿被命候事

右被行候節ハ御下行

年々被進候臨時御神事料之內ニテ御取計有之度事

○

山陵之儀ハ及荒廢元祿享保頃以來當時之形勢ハ繪圖モ有之候得共上世陵域中之模樣見申度存候得共記文不詳古繪圖ニ被見出候事ハ無之哉奈良八

幡ナトヲ内々捜索ハ相成間敷哉表向其筋ヨリ取調候テハ却テ秘藏有之候而ハ無詮先内々穿鑿之筋可有哉勘考賴入度候事

○

一關白殿ヘモ申入候處神武帝ニハ格別之御儀与別而御尊崇御取扱モ可被爲在之御模樣誠ニ以可爲御感悅之御儀前々ヨリ御沙汰モ被爲在候得共右迄之御取扱御詮議モ無之處厚キ思召之段不大形御安心可被遊儀ト存候猶此上宜御勘考被成進候樣可申述旨關白殿被命事

就テハ御祠宮等ハ御造立可被爲在尤古來御質素之御事共ニテ候間白木造等ニ御取建可然哉トノ趣至極御尤之御儀ニ候尤御質素之古代御想像被遊候者淳樸御形勢ヲ御想像相成且當御時節ニ御相應可然御程合ニテ御尊崇實意相立候樣有之度古代山陵域內之御模樣者當時難分候得共廉立候御建物等有之候ニモ不相見哉ニ候得者御新造之處ハ猶又公武篤ト御取調被仰合候方ニモ可有之哉其上御取建之御沙汰ニ相成候樣先御場所御取調相定

候上者御示聞之通御敷地廻リ垣御出來ニ相成猶又周垣ニ冬枯不致木品ヲモ被植付鳥居一ヶ所伊勢太神宮鳥居之形可然哉大小ハ御模樣次第御取建有之候者可然哉尤右者神武帝陵計リ其餘之山陵ハ夫々御內談有之通ニ相成候者永々御安心之御儀ニ可被爲在候夫々御取調之儀被示聞之通御申達相成候樣致度事

○山陵域中殿舍之類無之歟事

延喜諸陵式ニモ毎年官人巡撿兆域垣溝有損壞者令修理趣有之殿舍加撿校義者不相見

圖ニモ宣命場之地所注文候得者於側近之地宣制有之候哉右陵域中ニ建物ハ無之方哉

荷前幣物等モ被燒候趣ニ候得者倉庫モ無之義ニ候歟

○山陵釘貫或鳥居事

西宮記荷前

吏部記延長八年十二月廿九日午時參拜山陵於南釘貫外兩段再拜無知例人准荷前式也

天智天皇山陵有鳥居
愚昧記仁安二年四月卅日御即位由即參山階山陵令尋陵預　出來予問云
參御山歟將候此鳥居歟答云此鳥居下令候也行成云故殿爲荷前使令參之時
御此鳥居下也手水了入此鳥居參御山云云然而付兩說　陵預儲手水洗手—
——着座預凡敷筵一枚於鳥居內

成務帝——

能々及御內談候樣老中方ヨリ申來候趣委細關白殿江モ申入候處前文之通
御取計有之」尤山陵御取締筋之儀者別紙ヲ以御達有之候通後年迄粗末ニ不
相成樣內々被達叡聞ニモ候處右之通被納地所搗固幷改而地面修固等御取
計振委細者被示聞候趣ニ相成候得者至極御行届之儀御安心之御事ニ可有
之且又宣命使被差立候儀ハ勿論御見合ニ相成候事ニ候前文之通夫々御取
計尤山陵御取締之儀者別紙ヲ以御達有之候通後年迄麁末不相成樣トノ趣
右之通夫々手厚ク御取計ニ相成申候得者重疊御安心之御事ニ可被爲在候

間何分可然御取計有之候樣致度宜可申入旨關白殿被命候事

○

陵之儀後々迄モ――――

老中方ヨリ被申越候此段被及御示談候旨關白殿江モ申入內々叡聞被達候處「夫々御行屆之御處置方」帝陵之儀厚御尊崇被爲在度御事ニ付品々御勘辨御評議有之候趣夫々御處置振委細御示聞御示談之次第一々御尤之儀ニ有之候廉々分而御答者不申入總而右之通御取計相成候テ後々迄等閑ニ不相成樣厚御勘辨之趣御行屆之儀御所表御安心タルヘキ御事ニ有之候猶又宮門跡構內等ニ有之分其所之取計等閑ニモ無之哉之儀ハ猶又其筋御所表ヨリモ可相達ト存候彼是右之通此度陵所御取締元祿享保度之御趣意ニ被基夫々御取計モ有之事ニ候得者是迄不相分等閑ニ相成有之候分近年當時ニ至リ取調有之相知レ候陵所分明之向モ有之候者前同樣ニ御取計有之度此儀者御含ヲ以宜御勘考有之候樣致度存候當時御國事多端之折柄右之通御

取計厚御配慮有之候趣者不一方御感悅之御儀ニ可有之老中方〻モ宜可申述關白殿被命候猶老中方〻宜被申入候仍及御答候事

○

薩摩宰相齊興卿琉球國〻異船渡來之節其他薩州海岸〻近付候度々防禦之儀種々被盡心勞外寇防禦之手當嚴備之趣尤又當中將齊彬朝臣ニモ國事被勵精勤候ニ付右之功勞ヲ被賞御推任等之義ハ相成間敷事哉之趣內話之儀彼是愚考候テ內々ハ可然筋〻モ申入候事ニモ有之候尤右等之筋者何卒勸賞被爲在度事ト兼々人々存念之儀ニ有之邊要之地常々警備行屆候聞モ有之候向ニ者出格任敍被爲在度事ニ有之候得共御所表ヨリ功勞之風聞且御推察ニテ被仰出候事モ難相成何レ右者關東ヨリ其模樣申來リ相當之御賞任敍等被爲在度トノ推擧モ無之候テハ難相整筋ニ有之候間何共難及挨拶先右之向共以極密致返答候事◎第十五ニ大同小異ノ一文所載

○

准后御殿地震御用意御建物之儀去天保――――大震之後御所々々被仰立夫々御新造被成進旨被仰進於禁裏ハ其節御取建相成候得共他御所ハ追而御沙汰之趣ニテ是迄其儘ニ御造立無之候然ル處昨年餘程之地震其後余動モ折々有之當節ハ靜謐ニ有之候得共先年右之通被成進候趣モ有之候得ハ此度御造營中右御建物別紙圖面之御場所ヘ御取建被成進候ハヽ別段人夫入込之手數モ無之何分今度御出來相成居候得者御安心之御儀ニ候間宜御勘考御取計有之候樣致度候事

○

前條之儀前以岡部備後守相招先達テ以來之次第及談話且先年賄頭安川與左衞門ヘ了簡内々及尋問見込之處委細書取申聞之趣彼是及熟談其頃長谷川肥前守上京之頃彼仁ヘモ及内談心添之筋モ有之（元來堂上向御所表之樣子打明申述）以下闕文

○

一禁裏女中御側ニ被召仕候人躰典侍内侍定員之内其人被定置儀候處故障

所勞或ハ長病等モ有之候節元來御無人之事故御差支不少右ニ付テハ自然御誕生等モ御數方不被爲出來當時皇胤御スクナク甚以痛心之事ニ候何卒御人之儀ハ定員之外ニモ被召置候樣相成度ニ候實ハ今日之急務ニモ可有之哉ト存候尤モ御人多ニ相成候テハ是亦御爲ニモ不相成候間實ニ御差支之程恐察候節者自然御人増ニ相成候共申立不苦樣ニ相成居申候者御都合可然ト存候事

且又被召出ニ付テハ支度御手當金被下金被下候樣ニ致度事ニ候右出方等何ト角勘考有之度事ニ候左モ無之候得者當時皆々困窮之堂上故娘差出候儀多分御理申ニ付相應之人体御選ニテ被召候事等モ整兼何ヶ之御爲方ニ不相成事ニ候此邊モ深勘察有之候事

右者申立ニ相成候節ハ何卒速ニ相整候樣其筋勘考有之度候事

○

一梵鐘大砲小銃ニ鑄改之事先達以官符宣下有之候右梵鐘追々差出相成鑄

改被仰付候事ト存候若最早右ノ御用モ大体相濟候事ニ候得者是迄差出候分者其儘爾後者差出ニ不及トカ更ニ宣下之官符ヲ被下候樣相成候テハ如何哉但其御都合ハ關東之御模樣次第ト存候最初表向御所表ヨリノ御沙汰ニ候得者其始末相立候樣猶又御所表ヨリ被仰進ニ相成可然哉關東ヘ御內々被仰合ニ相成候者如何哉竊ニ內存其筋被見込候邊極密勘得度事歟ニ存居候事（脱アルカ）

○

一小陵之事
一御代々天皇號之事
一神祇官之事
一御救助筋之事
先達テ於關東モ申入試候其後長谷川肥前守在役之砌ニモ內々申談候儀共其筋ゟ相聞ゟ有之哉ニモ察申候然處當春太閤ヨリ其筋ゟ被申込候儀

モ有之候由ニ致承知候

○〔秘錄〕（朱書）上表紙題名

脇坂淡路守所司代在勤中物語之案 武傳中ノ義

一事及御內話度儀有之候得共尤容易ニ申出候筋ニハ無之唯々苦心ノミ致居候實ニ公武之御大事心配候事ニ候得者打置候テハ甚不本意之至何トモ進退維谷ト存候尤モ夫ニ付御取扱被下候樣ト申儀ニモ無之且見込有之申出候事ニモ無之何分心配之余リ極密御內話申入度但御互ニ役邊ニテ申述御聞被下候樣相成候テハ當リ障リ有之意中難明誠ニ夢物語之御心得ニテ御打放シ御聞取被下度聊異心ハ無之候其段ハ東照宮に奉誓候心底ニテ偏ニ公武之御間當役周旋仕候役前ニ候得者其段ハ御照察被下度其子細ハ夷舶一條ニ候

一先達テ以來御取扱振被聞食度トノ御事ニテ申入置候其後老中方ヨリ申來候趣先々平穩之由然處先頃豆州下田松前箱館兩所ニテ船中闕乏之品被

下モノ儀猶又應接モ有之趣追テ被申越候樣致承知實ニ何共々々心痛之事ト存候嘸々關東不一方御心配閣老方之御配慮ハ如何程歟不容易事ト致遠察候然上ハ此處十分手ヲ彼盡候上之事ト存候夷人共自儘之所業致候トモ御嚴制難相成候何分御備向御整ニ不相成由意外兵端ヲ開候節御防出來カ子無餘儀右等之御取扱振ト有之候段ハ何共〳〵無致方不得止ト存候乍去往々武勇ヲ被勵士風一新皇國之汚辱ヲ被滌御國威ヲ外夷ニ被示神州之瑕瑾ニト不相成申樣後禍ヲ遺サレサル所ノ御見込ハ御座候哉ト存候如何程之御模樣ニ可有之哉難察ニ付テハ人々歎慨仕居候但又永々此分ニ被閣國害ニ無之トノ御見込ニモ可有御座哉色々ト竊ニ苦心候事ニ御座候人々心配致候筋ハ尤モ何レモ同樣之事ト存候右方今ハ平穩ニ有之候共夷情難測ハ申迄モ無之他邦侵奪致候古轍モ有之候故其姿ニ成候半哉ト往々之處ヲ深ク案シ候テ之事尤關東ニ於テ其邊之儀素ヨリ無御如才ト存候得共人々此處當惑候事ニ有之候

一前條之所ハ往々御勘辨モ有之候事ト被存候猶又下田箱館ニ商館ノ如キ被建候トカ申風說有之候右ハ虛實如何哉難計虛說ニ候得者安心之事ニ候得共萬一右土地被貸渡候トカ被建遣候トカ申事ニ成候テハ誠ニ以不容易筋ニ可有之哉永世之瑕瑾ニモ可相成哉夫ヨリ諸夷同樣申立候者四方外夷ヲ近海ゟ引受候テハ實ニ異變難計哉何卒右風說ノ如キ儀モ有之事ニ候者此處ハ御勘辨之不相成義哉是モ關東御如才無之事ニ候得共是亦御見込之邊モ難分ニ付テハ彼是ト心配候事御察可被下候

一內憂出來歟ト是亦痛心候事

其釁外患蜂起候テハ內外紛亂實ニ其節ハ大變ト存候得者何卒々々未然ヲ被察內憂外寇無之樣御勘辨申迄モ無之候得共此處ニテ一際御取扱方無之哉苦心之事ニ候

一當時御所表ニハ御差搆モ無之總テ關東ゟ被托御安心之御事東照宮御勳勞厚被思召候儀ニ候得者彌永久公武御安穩候樣奉仰事ニ候

一畿內近海ニ乘入候儀有之候テハ不容易御心配候京地之處ハ彥藩一際手厚可心得被仰出尤所司代御役御警衞ニテイサ事起リ候共御安心ニハ可有之候得共何分海口先入之事ト存候得者右海國御備御手薄之樣ニモ相聞今一段御勘辨有之度事哉ト存候浪華表之摸樣ナト風聞モ有之如何哉ト被存候

一京地先達來非常遠所御立退御手當ニ付人心疑惑之事モ有之候處此度炎上自然之事猶々前兆可懼可愼ト存候但外夷襲來皇居ヲ被移ト申邊ニ成候テハ實ニ大亂ニ候得者左樣不相成樣急度未然ヲ被防度右萬一一騷有之候テハ內裏御造營結搆御出來候テモ誠ニ恐懼ニ存候有之候テハタマラヌ事ニ候得者飽迄モ其淵源ヲ御防キ有之度唯々人心相和シ候樣有之度事

一昨冬參向之節モ無御遠慮被仰出候樣ニトノ御事ニ候得者下官共モ公武之御間御爲筋之事ハ下情ヲ不包可申出所謂芻蕘之言モ御聞入被爲在候御事哉ト存候ニ付無遠慮申試事ニ有之候

一当地ニテモ人々存意區分候安逸ヲ欲候姑息モ有之又慷慨憤懣之向モ有之候唯察時勢阿黨或ハ自棄候者トモ色々ニ有之候何卒無偏黨公平之所存ニ成度事ト存候下々書生風慷慨計張候事ハ不宜何分如何樣トモ致シ國弊無之樣神州之瑕瑾ニ不相成公武御平安之勘辨有之度其道ニテ不得止外夷ト戰爭ニ及候事ハ自然神國之冥助モ可有之ト存候如何可有之哉何分人事不盡候者神助モ無之哉誠ニ大事々々ト存候

○

外夷之事先達テ以來深被惱叡慮關東ニ茂御配慮之義彼是熟考候處國家之大事ヲ被思召候者公武理ニ於テ御相違無之儀ト存候但其筋當地御見込ニテハ先外夷ト伍ヲナシ萬國同盟之姿ニテハ國体ヲ誤リ虜情難測ハ素ヨリ之事ニ候處數港ヲ開畿內迄ニモ及ヒ京師咽喉之大坂ニテ貿易其外自由交易夷人雜居可相成天主教法堂取建等實ニ未曾有之儀殊邪教延蔓候テハ忽チ禍害ヲ可生國民蠻夷ニ推移中國之懿風ヲ失ヒ候樣可相成噬臍之義ヲ深

御心配之御事ト被伺候尤夫々御取締ハ出來可致候得共不容易義ニ可有之既ニ下田條約之後官吏被差置之儀ニ付被申越候趣ニモ御國內に夷人差置候儀素ヨリ不好筋ニ候得共云云右ニ付テハ邪敎傳染不致樣其外取締筋嚴重取計家居等茂可成丈取縮取建貸遣候積後來迄之御取締筋諸事爲取計候筈ニ候然處彼是浮說申唱候者モ有之自然流轉致候者御所向ニ於御心配モ可被爲在儀ニ付當節之御所置振先不取敢被申越趣老中衆ヨリ申來候由叡聞ニ相達候然處昨冬以來應接之模樣假條約等之次第ニテハ此上如何体之儀ニ可成行茂難量深御心配被遊皇神ヲ始御代々々被爲對於當御代右之次第被爲恐入候御事ト相伺候尤又中洲に夷人入込候儀者古代ヨリ無之ニハアラス但野心難測外夷ヲ被待候ニハ舊範モ有之東照宮以來之御掟モ有之古來邊要之守禦等嚴分モ毎々相見候得者忽セニ難相成義者申迄ナク然ルニ當今華夷之分別國体之差別無之萬國同等之應接世界通例之仕向ニ被從候テハ國体ヲ損シ皇國之瑕瑾ト可相成義ヲ御苦惱之御事ニ有之候然ル處

關東之形勢事情ヲ相勘候ニハ元來親睦ヲ申立段々深入候テ今日之次第ニ相成既ニ和親之廉ヲ以中募應接再三渠カ申狀ヲ被許テハ忽チ兵船ヲ可差向ナト虛喝致スニヨリ無餘儀是ヲ被許彼ヲ被許最初三港之外ハ國中差支儀有之趣應接之處竟ニ數港ニ及ヒ不得已之勢ト被存候然ルニ今假條約ヲ變セハ違約ト相成信ヲ彼ニ失ヒ若兵端ヲ開候節ハ曲我ニアル事ニテ難被改又一ツニハ國威更張之機會亦在此時非常之功ハ非常之時ニ無之テハ難成大變革ニテ富國强兵ニ致シ五大洲迄モ制御之機時ヲ不可失トノ御見込モ有之故今拒絕致シ仇讐之姿ト相成候テハ國威挽回之期無之近ハ兵端ヲ可開遠ハ五洲制御之機ヲ失トノ事ニ候歟彼是ヲ斟酌有之何分今諸大名疲弊軍旅之備無之所詮戰爭ニ及ヒ候テハ敗衂ニ可相成仍テ兎ニ角今度條約之通リ御許容無之テハ難相成トノ事ニ候歟是畢竟叡慮ヲ奉安之義他之術計無之且萬國一變之時勢ヲ察シ舊制ニ拘泥候テハ難相成然ルヲ京師ニテハ事情ニ不達固陋ニテ古律ヲノミ牽强有之時務ヲ不被知トノ儀ニモ可有

之哉右兩端ヲ以相勘候ニ此後幕府御陳奏如何可有之哉公武御隔意無之樣所祈ト存候若御趣意徹底無之候テハ痛歎之事ニ候兼テ御沙汰有之候三家以下諸大名之衆議被入叡覽猶又先達テ勅答之趣ニ御元付御處置振ヲモ被仰上眞實被安宸襟候御事ニ候者國家之洪福公武一体之御事ト存候

當今之姿ニテ國威更張トノ義ハ被安叡慮カタクト被存候國体之本不相立彼ヨリ條約ヲ定ルニ被從候上ハ釁隙無之テハ破約ハ不相成其中人心洋夷ニ馴染邪教蔓延不可挽回ニ至リ可申哉國体ヲ不損國力ヲ養ヒ人心一致シテ神國之武威ヲ（海外ニ被耀候樣之儀候ヘハ國威ヲ）宣揚セラルヽ義所謂八十綱打掛テ引寄事ノ如クトノ舊文ニモ相協可申候得共渠和親懇篤ヲ唱候義萬國通例之趣ナト申候モ皇國ニ歸化之意ニ無之ハ素ヨリ之事ト被存候

前件之事情ヲ熟察致シ候得者國內數港ヲ開キ蕃館取建其他現在禍害ヲ可生之義者精々心力ヲ被盡再三理ヲ以テ應接方可有之哉關東ニテ厚御配慮之儀ニ候得者何卒朝廷ヲ始公武人心悅服致シ不可間然之御所置有之度征

夷府之御上奏宗廟ニ被告申群臣ニモ布告皇太神ヲ奉始御代々ニモ被爲對實ニ被安叡念候者公武永久御安全往々國威更張之義蠻夷猾夏之憂無之黎民鼓腹之時ニ可至申歟懇祈之處ニ有之候事

右者假條約調判以前所記也

○(朱書)所司代ヨリ傳奏ニ書面

亞墨利加船下田箱館ニ入港御差許相成候ニ付テハ彼國官吏差置候儀條約之趣茂有之異船追々渡來ニ付テハ諸事取締筋之儀心得候者無之候テハ御國之御爲不相成彼國政府ニ於テモ深心配致シ追々申立候趣モ有之此方ニ於テモ御國內ニ異人差置候儀素ヨリ不好筋ニ候得共猶勘考致候得ハ何樣之船渡來何樣之儀仕出シ可申モ難計右樣之節ニ者官吏差置候得者如何樣ニモ取締方出來候儀ニ付此度下田港ニ彼國官吏差置候方ニ治定致滯留爲致候事ニ候右ニ付テハ邪教傳染不致樣其外取締筋嚴重取計家居等モ可成丈取縮取建貸遣シ候積夫々申渡御目附岩瀨修理彼地ニ被差遣下田奉行申

談後來迄之御取締筋諸事爲取計候筈ニ候然處彼是浮說申唱候者茂有之自然流傳致候者御所向ニ於テ御心配モ可被爲在儀ニ付常節之御處置振先不取敢申越候間御兩卿江爲御心得御達置候樣年寄共ヨリ申越候事

九月

（朱書）
○同上

此度渡來之亞墨利加船內海退帆致候然處右滯船中彼是自儘之所業等有之候ヨリ意外之兵端ヲ相開候義モ難計候ニ付夫々御固メ被仰出候得共船軍之御備向モ未御整ヒ不相成折柄無餘儀平穩之御處置ニ被成置彼方志願之內漂民撫恤幷航海來往之砌薪水食料石炭等船中闕乏之品々被下度トノ儀御聞屆ニ相成候處場所御取極無之候得者何國之浦方江茂勝手ニ渡來不取締ニ付豆州下田湊松前之箱館ニ於テ被下候積ニ候當今不容易御時節ニ付兼テ被仰出モ有之候通質素節儉ヲ相守此上水陸之軍事一際相勵若非常之儀有之候者速ニ本邦之御武威相立候樣可心懸候右之通早々可被相觸候

四月

右之通相觸候間可被得其意候

○（朱書）弘化三午八月

近年異國船時々相見候趣風説內々被聞食候雖然文道能修武事全整候御時節殊海邊防禦堅固之旨是又兼々被聞食候而御安慮候得共近頃其風聞屢彼是被爲掛叡念候猶此上武門之面々洋蠻之不侮小寇不畏大賊宜籌策有之神州之瑕瑾無之樣精々御指揮候テ可被安宸襟候此段宜有御沙汰候事

八月（朱書）廿九日

○

一辰八月廿二日

御勘定奉行

水野筑後守

長崎表ニ英吉利西國船渡來之趣右應接方之儀長崎奉行幷在勤之御目付

ニ御任セニ相成居候得共此程和蘭陀船將ヨリ申立有之候使節等到來品々申立前條約之關係致候儀難計申諭方之次第ニ寄候テハ御國患ニ可相成儀モ難計其方儀先役之節エキリス約定引受取扱候儀モ有之候間長崎奉行申談及應接候方都合モ宜可有之候間長崎表ヘ被遣候間用意致此上彼地ヨリ申越次第ニ寄早々出立致候積相心得長崎奉行御目附申談精力ヲ盡シ應接ニ及ヒ御國患ニ不相成候樣可被取計候

右於新部屋大和守書付渡之列座無之

長崎奉行ヘ

同文言

別紙之通水野筑後守ヘ申渡候間得其意申談可被取計候

八　月

○

八月六日渡來暎咭唎船三艘

一番船　大形軍艦三本檣舟號ウインセストル
二段備石火矢四十五挺　船將壹人
乘組五百五拾人　士官四十五人
主將英官名アトミラール
二番船　同斷　船號スバルテン
二段備石火矢三拾六挺　船將壹人
乘組四百五拾人　士官二十四人
三番船　大形蒸滊船三本檣捻仕掛ケ外車船號ホルチツト
乘組百八拾人　船將壹人士官十四人唐人十人
八月十五日
四番船　三本柱捻仕掛ケ滊蒸船　船號ウエシトル
乘組百六拾人　船將壹人士官十二人唐人五人
八月七日暎咭唎人共西御役所に御呼出シ御料理被下候寫

一船將アトミラール壹人　次官壹人　通辨官壹人　士官三人
於御書院御對語相濟　御茶煙草盆御菓子笹折詰壹ツ宛
引盃　御吸物油掛
差添　鯛ノ身
同二　花玉子
　　平ウトン
　　　青味
向ニ七寸皿テンフラヲロシ大根酢醤油添
大鎌鉢　燒玉子　酢ツケ
臺コツフ　味啉酒出ル
水夫三人片木盛壹ツ宛
　○唐國ヨリ差越候書翰寫
子英大兄足下ニ申入候御別後七ヶ月ニ相成御起居御懸（念脱カ）申居候段別不申

入候大船者六月初旬ニ湊ヘ乘入候得共小船ハ于今到着不致幾日頃出帆ニ相成畢竟何故延引致候哉何モ殊ノ外心遣ヒ罷在候依之今度西洋火輪之便ニ一翰御尋問申入候何卒前後之次第委細被仰越猶此來人ニ御渡持歸ニ相成候樣深御賴申入候少棠兄ニモ定テ最早歸帆ニ相成居可申相察候付別段書翰差出不申候西洋通商之事ハ最早御決定ニ相成候哉何卒御聞取爲御知可被下候此段申入候且御安否相伺候
西洋船者湊内ヘ乘入候樣相成候哉荷物等言傳候得者御請取方出來可申哉御尋申入候愚弟介安淸頓首
八月十日
○在留唐人ヨリ返翰寫
八月十五日來崎之火輪船ヨリ貴翰ヲ請取拜見之上逐一承知仕候宏豐船ハ何故出帆延引致候哉之段御尋被下右者何分風順不宜候故風待仕八月十三日順克出帆致候定テ不遠乍浦表ヘ着船可相成出帆相後候委細之儀

者楊少棠兄ヨリ御承知可有之奉存候且又西洋船通商之事柄者私義旅館ニ罷在候付委細之譯承知不仕乍併湊内ニ乘入向山手繫リ致居候見請申候此段早々御答申進幷御安否御伺申上候　　中秋後一日

眉翁觀察大人御直覽　　顧（本ノマヽ）八條頓首

暦數千八百五十六年九月十五日當辰八月十七日

和蘭領事官申上候長崎ヘ可渡來商船サーラーヨハンナ（船號）船頭テンゾーケル（人名）之書狀暎咭唎蒸瀛船ホル子ット（船號）ヨリ落手致候右書狀ニ有之候趣者右商船第八月十四日（辰七月十四日）唐國海チヨウホマン与申所ニテ坐難破致船幷積荷共少シモ取留不申乘組之内四人死失致シ其余之者共ハ海賊唐人之手ニ落入其後唐船ヲ以裸体ニテ上海ヘ到着致同所ヨリ便宜ヲ以咬嚁吧ヘ歸國可致趣ニ御坐候

一右船者數多之書籍幷劔付筒六千挺分ニ皮類其外許多之御調進物積込居候ニ付右災害御奉行樣幷ニ於日本政府モ御殘多可被思召与存候

一右之次第江戸高政府御申立被下度希存候

右恭敬申上候　和蘭領事官トンクルキユルシス

○

八月六日長崎湊致出帆候阿蘭陀蒸瀛船下田箱舘ゟ罷越九月十日乘戻候段ハ以別紙致御屆然ル處同日巳中刻白帆一艘沖之島沖酉ノ方里數三十餘里相見候段申越候然末川村對馬守樣ヨリ彼地差置候家來之者被相呼同日異國船一艘就渡來被相糺候處暎咭唎國之船ニテ薪水食糧乞請度旨且類船無之由申立外疑敷儀モ相聞不申旨以御書附被相達候通申越致承知候依之早速增人數直差越猶又守衛向嚴重申付越候右之趣御老中樣方申上候ニ付此後致御屆候樣被申越候

松平肥前守内

九月廿四日　石橋三右衛門

右之船九月十四日出帆仕候由町便有之候條大坂市中ニテ相聞候

別紙ヲ以御屆申今一通ハ此前文之通長崎湊入居候船彼下田箱舘ニ相
越復入致候事故寫取不申候

忠成公手錄書類寫第二

先達テ紀伊守在京中ニモ富似寄之儀催候事沙汰有之候事噂モ有之候町奉行ヨリモ内々申來候義尤毎々種々ノ義有之其砌モ兎角困窮ヨリケ様ノ事モ出來候事何トカ又勘考モ無之事哉便宜ニ申置候様御沙汰伺候義モ有之且當時水旱御救願等モ武邊ニテ不被及沙汰ニ付前條ノ模様トクト老中へ屆キ有之候ハヽ幸於關東所司代旅館へ入來面會モ有之候由於彼地承候ニ付左候ヘハ上京迄ニ老中へ申置相成候ハヽ又々可宜哉トフト兩人申談所司代へ可申置心得ノ處出立前日風邪ニテ入來斷ニ有之候

仍一寸書取ニ仕申遣置申候趣意ノ處申上置度左ニ言上仕候

堂上向行狀風儀等不宜儀無之様毎々　御沙汰之處小祿ノ堂上凌方難澁ニ付自然其志モ利分ノ事專一ト相成御教導ノ御趣意ニモ齟齬イタ

シ候テハ甚以恐入候全其人ノ不心得ニ候ヘ共又難澁ノ模樣ニ寄御救ノ義モ相成候ハヽ御恩威行屆示方宜筋ニ有之候事

一御所向限リニテハ何トモ難相成少々宛ノ儀ハ奥向ヘ拜借御救相願候事先々之例モ有之御憐愍有之候ヘ共御差支ノ節難被及御沙汰義モ有之於當役モ差止候樣致來候左候ヘハ無致方種々術計ヲ相廻候ニ付不正ノ筋ノ事モ自然出來易何卒小祿ノ者ケ成ニ取續出來候樣格別御憐愍ノ筋被爲在度事

　但奢侈不經濟ノ者ナトハ御頓着ノ義モ無之事

廉立　御沙汰之義ハ御時節柄猶更不容易哉　禁裏ヘ被進ニテ臣下難澁ノ者御救被成遣候樣ニモ相成間敷哉何分於京都示談ノ儀ニ申置候事

　○〔三條前內大臣殿御直披　井伊掃部頭〕上包

猶々當夏雨勝ニテ時候モ不宜候折角御厭被成候樣奉存候麁品伺候印

迄ニ進上仕候御笑納希上候指急キ亂筆御察讀之上早々御火中希上候

已上

去月晦日附之貴翰拜誦候殘暑難堪候處先以愈御安泰奉賀候扂平日者事務多端ニ取紛意外之御無音打過恐縮此事ニ御座候今般蒙大老職候ニ付御祝詞被下殊ニ御懇之御書中千万忝奉存候併國家之大危難之折柄不應之重任難堪段々雖辭退嚴命難默止苦心之至御坐候尙又過日爲御吹聽內使指出候處御念頃之御挨拶殊御肴頂戴奉萬謝候抑墨夷一條ニ付深被爲腦（惱カ）叡慮候條御尤之御次第恐入候義ニ御坐候則應　勅旨三家幷諸大名へ今一應存意言上候樣被仰渡右上書大体出揃候ニ付猶御所置之旨爲言上近々以使可被仰進之處內間混雜就中事實相違之事共上方筋へ爲致流布候族（茂）候趣正邪不分明之廉々ニ至難相決義有之第一　西城御養君之義急務之事ニ付去ル廿五日思召之通御發ニ可被成御手續右濟候ハヽ外夷之御所置斷然与可取調含ニ候折柄去ル十八日亞船下田ゟハルリス幷ニ通辨之者乘込神奈川へ

致入津今度英佛之軍艦淸國之戰ニ得勝利其勢ニ乘シ近々日本ヘ渡來之由注進候營中評議ニモ假令數十之軍艦襲來候共　京都へ御使被立候迄者治定ノ返答難相成筈ニ候處實ハ內外ニ危急ノ大患ヲ抱是ヲ取鎭候迄ハ外夷之御處置モ存分ニハ難相成次第ニ付無據場合ニテ掛リ井上信濃守岩瀨肥後守兩人假條約書ニ調印致候次第今日之事情不存者ヨリ論候ハヽ武門之權威無之樣可申候へ共實ニ昨今內間之混雜危急ニ迫リ候而手强ニ掛合開爭端洋外各國讐敵ト相成候而は後患難計万一淸國之覆轍ヲ踐候樣之義出來候而は不容易國家ノ大事ト深御心配之上違約戰爭ハ時至候ハヽ如何樣共可相成義ニ付先此度之處右之御所置ニ相成候次第委細之譯柄ハ近々間部下總守へ被仰含被指登候間右無據次第御聞分何卒公武一致之上諸夷モ恐伏仕候樣ノ御所置奉仰候事ニ御坐候此度在所ヘ之用向申付候ニ付御禮旁時候爲伺御地へ爲登申候日來京地之樣子茂伺度思召之廉者御內敎願上候實ニ繁勤不分晝夜執筆之暇無之心事相任兼候間委曲者使義言言上候樣

申付置候恐惶謹言
六月廿九日　　　　　　井伊掃部頭
三條前内大臣殿　御直披
○
去月十三日附今月朔日附兩度之貴翰去十三日到着致シ拜讀候彌御安泰奉賀壽候乍例御懇篤之御義千萬辱當方ゟは意外之御無音恐縮之至奉存候此程御三家大老之内一人上京候樣被　仰下畏思召候而早速下官罷登可申之處內間混雜之次第有之上魯英佛等之船追々渡來彼是無御據次第ニ付下官上京之義暫ク御猶豫相成候樣　御賴被仰進候御模樣ニ候尙又先般之御答ニハ近々間部下總守御使被　仰付候尤夫迄ニ諸(所カ)司代酒井若狹守出立之筈ニ候間右にも可被仰進候
一御養君一件幷ニ當地此節之樣子御聽被成度思召之旨承知仕候內實多端難盡筆頭候間兼テ御存知之義言明日ゟ出立爲致候ニ付委細申含置候御

役中口外他聞ヲ憚候廉モ有之候得共別段ノ御事ニ付同人ゟ御聞取御承知被下度且又御地之模樣茂內々伺度存候間御漏シ希上候何分繁勤執筆之暇茂無之候次第別封は認置候儘指上候段御宥恕宜御賢察奉仰候頓首

謹言

七月十五日　　　　　　掃部頭

三條前內大臣殿　御內覽　御一覽後御火中

○

今度遷幸御路筋之義實永度之通御築地內　渡御可被爲在之處往古は度々京中　御巡幸被爲在候御事ニ候得共當時總テ　內裏外ヘ　行幸之義は不被爲在昨夏不慮之事ニテ東邊民居之体をも　御覽被爲在候ヘハ以西之義は如何之模樣なる義哉ト被　思召候　御沙汰ニ付此度遷幸之折柄ナラテハ一切　御巡覽モ不被爲出來候御事ニ付御路筋之差支ニモ不相成候ハヽ市中御通行可被遊哉ト關白殿被申上御取調之處差支モ無之趣ニ付御治定

被仰出候義ニ有之候然處去日東國大地震出火等實ニ不容易之時變被　聞食候而は誠ニ被惱　宸襟候右ニ付今度　遷幸之義一際御質素ニ被遊度思召ニテ右御路筋之義モ市中御廻リハ可被止之　御內沙汰モ被爲在候得共右地動ニ付遷幸ノ御事御斟酌モ不被爲在候樣關東ヨリ申來候趣有之由被聞食乍去何分災變不輕儀ニ候ヘハ　御愼之　叡慮ヨリ精々御減損可相成廉ハ被略候御沙汰ニ付右御路筋之義猶又御取調モ有之候處最早追々其手配リ用意等出來寄ニ相成唯今御模樣替リ候テハ又々却テ御憐愍ノ筋ニモ難相成趣ヲモ被　聞食候テハ無余義御治定ノ儘ニ可相成右ニ付御路筋之町中迷惑イタシ候義有之候テハ彌以　叡慮不安被思召候間御通行ノタメ取繕等精々手輕ク雜費多分無之樣不都合之義有之候共其段は御宥免可相成候警衛向は其筋ノ定規モ可有之候得共無益ノ嚴戒ハ用捨可有之殊ニハ老人病者等難澁之義無之樣何分厚　思召之程相含其筋取計有之候樣　御沙汰候此等ノ趣可然勘考取計有之度事

○

先日內々御咄合被申候異國一條ノ事猶又勘考之次第ニ寄被書取候而も御內談可被申被申入置候趣其後彼是致勘考關白樣ヘモ御內談被申此度御沙汰之儀ヲ關東ヘ可被仰入度但ツト被仰入候テモ御都合如何哉ト昨冬於關東老中方面談有之候手續ヲ以先伊勢守殿ヘ內々被申入其上淡路守殿ヘ御進達相成候テ御差支無之トノ事ニ候ハヽ表向御運ヒニ相成候樣可然歟ト關白樣御內命ノ趣ニ有之候然處大納言殿心配被致候ハ何事ニヨラス關東ヘ御往來ノ義ハ御所司代ノ手ヲ不被經候テハ不被申入候心得勿論ノ事ニ有之左候ハヽ御內々關東御都合御問合之筋ニテモ其御子細淡路守殿ヨリ伊勢守殿ヘ御聞繕之樣ニト淡路守殿ヘ被申入候事可然哉關白樣御趣意ニハ昨冬之手續ニテ直ニ被及御內談其上ニテ無御子細候ハヽ表向淡路守殿ヘ御申入之方可然トノ御事如何被致候テ可然哉尤伊勢守殿ヘ直ニ書取被申入候樣ニ被致候共其子細ハ勿論淡路守殿ヘ被申入書取ヲモ御目ニ被懸

淡路守殿ヨリ御傳達ト相成候樣被致度右ハ關白樣御內命ニ付テハ左樣ニモ被存候ヘ共所司代御役邊ニ對シ如何哉何分前文ニ被申入候通淡路守樣ニ御內談被申候方哉其振合ハ伊勢守殿ヘ昨冬兩卿御面談被申入候手續ヲ以テ御內談ノ都合御申通シニ相成候樣被致度旨被申入御內答ノ上改テ淡路守殿ヘ御進達被申候ハヽ御都合可然哉極內々淡路守殿ニ御示談被申度其御模樣ニテ猶又關白樣ヘ被申入方モ可有之候哉ニ被存候打明御內談被申度無御腹臟處被致承知度何分右御內談被申入候筋之義ハ未タ御取極メ之文体ニテハ無御座候得は大略ノ次第ハ以封中內々被入御披見候外ニ又淡路守殿ヘ御進達被申候心得之書取モ先御內々被入御披見候如何之筋モ御心付御座候ハヽ無御遠慮御內々被仰越候ハヽ大幸可被存候何モ極密御示談申候樣被申付候右等書狀ニテ被申入候半哉トモ被存候得共却テめに先內々演說ヲ以無急度御示談申候樣トノ事ニ御座候

○

上包
「安政四年四月廿七日都筑駿河守へ内談書案文」

昨廿六日相招内談了

禁裏女中之内御人ニ被召仕候人体典侍内侍定員之内ニテ其仁被　仰付ニ有之候處故障或ハ病氣等ノ節元來御人少之事故御差支不少右ニ付自然皇胤　御手薄ニテハ無此上痛心之事ニ候既ニ當時　皇子御一方之外不被爲在桂閑院両家ニモ御直宮被爲渡候ヲ奉待候程ノ事ニ候ヘハ偏ニ御繁昌ヲ奉祈事ニ候降誕之御多少御生育ノ有無ハ無致方候得共其根本ニ滯リ有〔相關無之〕之候テハ〔御差支(三字更抹消)〕實ニ恐入無心元「奉存儀ニ」候〔(原墨)難致安心(原朱)難相成義ト存〕右ニ然ル處當時定員之外被召置義は難相整候〔(原墨)申立モ〕如何ニモ右ノ譯合ニモ有之候ヘハ時議ニ寄申立相成候節ハ何卒〔(原朱)甚當惑之事ニ候何卒以後〕不拘定員〔右等之筋ニテ〕御人増ニ相成候共被召置儀ノ相整候様其筋々厚勘考有之候様兼テ申談置度義ト存候事

但御人衆多候儀ハ是亦御爲ニ不宜候間容易ニ被申出筋ニハ無之ト存候實ニ御時休ニ寄申立可相成其節ハ必相整候様ニ有之度候

尤御人增ノ義ニ付テハ前々ヨリ達シ之趣茂有之不容易段ハ何方ニモ承知イタシ居候得者年老ノ人ハ奥向御取締ニモ相成其他無故御暇ト申義モ難相成候ヘハ不得止次第勘察有之度候且又是非被召出ニ付テハ里元支度御手當（等モ不）被下「候樣ニ致度事ノ儀ニ候故」（御降誕在候節御所向御賄ニ相成候義無余義用費相カヽリ）里元難澁ニテ（チ存シ）娘差出候義多分御理ヲ申候樣相成候左候ヘハ（右故）人体精撰有之候迄（此分御詮議）ニモ至リ（カタク）不申何ニ彼是御爲方ニアシク候間何卒御手當被下候樣有之度義ニ候右等ノ筋（右等之）モ厚（筋モ）勘考モ有之度義ト存候◎原書「候樣ニ致度事ノ儀ニ候故」ノ十一字抹消シ行間挿入ノ如クニ訂正

右淡州ヘモ內談被致置候樣致度存候

○上包〔禁裏女房一件〕

禁裏女房當時（近來）之定員凡大紙典侍上﨟五人掌侍中﨟四人命婦女藏人下﨟六人ト相成有之候時宜ニ寄別段ノ譯ヲ以テ上﨟（典侍）六人迄ハ被召置候卽當時六人ニ候右上﨟（典侍內侍）ノ內寢御ニ當リ候人体時ニ寄年齡時ヲ過候人多ク相成（候歟或ハ）候節ハ（病身）其任ニ當リ不申元來寢御ニ當リ候ハ上﨟（典侍）ノ品ニ候得共偶中﨟（內侍）ノ人モ御

寵伴ヲ蒙候上﨟典侍ニ其器無之候得は自然右ノ次第ニ及ヒ候彼是ニテ侍御ノ人乏く候共定員滿候上ハ加增被召置義難相成年老ノ人隱居ニテモ願出候ヘハ新規被召出モ相成候得ハ左候迚長□勤仕奥向御取締ニモ相成候人々ヲ故ナク隱居等被仰付候義ハ別テ如何ノ義ニ有之申迄ナク皇統連綿タル事ハ實ニ（四海）國家第一ニ仰尊候事然ルニ其本源ノ處ニ於テ其道不廣（弘）筋有之候ハヽ人々（難）不窺知所ニテ　皇胤（御强壯ノ時モ自然推移）御手薄ニテハ無此上御大事ニ候別テ近年　皇族當時（諸親王）皇親之御血胤（脉）遠ク相成御近親不被爲在既ニ閑院桂兩家共御直宮被爲渡ヲ奉待候程ノ事ニ候何分偏ニ御繁昌ヲ奉祈候事候其上　皇子降誕幷ニ御生育ノ有無は天ニ在リ致方無之如唯今其道ニ於テ人事不盡之處有之候ハヽ甚痛歎之事候但御差支モ無之時節ニ變倖衆多之義ハ御爲不宜御事ニ候元來　天子後宮ノ員ハ古代ノ定モ有之義ニハ候得ハ今時其義ニ可依據ニハ無之候得共（無御余義）實ニ御差支之節ハ定員滿有之候共被召抱（置）候樣相成候樣不拘常例本源之處開通ニ相成候ハヽ實ニ國家ノ幸トモ可申存候且

又一体女中被召出候ニモ兎角可然人体難被得シ毎時御差支候其故元來堂上微祿困窮之義右御受申候上ハ出勤之支度調兼無據借財等ニテ取繕差出幷降誕ノ節等御所向御賄有之候共里方ニモ無餘義多分之用費相掛リ後々迄難澁ニ相成候ニ付内實被召出候事ヲ相避候樣ノ次第ニテ先ツ御斷申上候推而沓（沙汰）命之上無是非御受申上乍迷惑差上候樣相成候元來皇子ヲ胎育候任ニ候得は性質貞正ニテ氣体モ壯實ノ人ヲ精々被詮議度事ニ候得共右樣ノ振合ニテハ精選ノ所ニハ至リ不申候ニ付爾後ノ御爲方ニ不相成是又肝要ノ事ニ有之右ニ付テハ何卒被召出候節幷降誕等ノ節別段御手當被下候（可）（○當時無據願等有之御内儀方拜借被仰付候へ）事ニ、可相成候ハヽ里方ニテモ安心御受申上候自然精撰モ行屆申候而侍御（ともイツレ又返上方ニ難澁ノ事ニ候）之人被得其器候トモ當今之義ヲ申候ニモ無之一体右等之筋相整候ハヽ皇胤益御繁昌之道相開万世無窮之基ト存候是等ノ事先年以來其筋ヘモ内談ニ及ヒ候事ニ候得ハ近來外夷ノ一條ニテ公武御事多ノ御時節從是再三ノ談合ニモ及兼實ハ等閑ニ難相成筋ト存併自然其筋評議モ相成申候事ニ候

へハ幸甚ノ義ト存候
右當時所詮表向被申出モ難相成次第ニ有之自然其道相開可申事候ハヽ
更ニ表立可被及示談義ト存候尤先達テ〔其筋〕都筑駿河守彼是及內話候節前段
ノ趣尙又大略書取申入候

○

達　叡聞候處每々被　仰入候通不拘御國体樣御所置ノ儀ト　思召候得共
實ニ無御據トハ申ナカラ・〔先達約條取交シ之上猶又〕追々申立增長イタシ候儀ヲ漸々御聞屆相成候テ
ハ・〔其事柄既ニ〕御國体ニ拘リ且當年平穩ニ候共後害難計國辱トモ　御心痛深被惱
叡慮候間・被〔中立方等對互之意ニテ華夷之分混亂致シ其儘御許容ニテハ國辱トモ〕　思召候間猶又得ト御勘辨衆議之趣ヲモ被　聞食度被　思召
候此趣早々關東ヽ可被申入候
右段々不容易次第ニ付テハ御指揮モ不一方御心配・〔勞此迄連年ニ付〕御身ニ被爲障候テ
ハ　叡慮不安候間暫外虜ノ義御家門之內御仁器用御見立ニテ御委任
被遊候方哉ヽ〔与カ〕被　思召候松平越前守名譽茂有之候義右人体ヘ被　仰

付候ハヽ御宜哉併關東　思召如何可被爲在哉無御遠慮可仰進候
右ニ付何レニモ御委任被　仰付候義ニ候ヘハ
其職掌　宣下之御沙汰有之候可然候ハヽ又々可被仰入候

○

上包ニ［安政四年十一月九日申刻送別紙案在別
外夷ノ義ニ付武傳東坊城ヘ申遣案文］

老中旅館ヘ行向中差置了云々

雪氣寒威相加候彌御安福恭賀候抑御用繁ノ中御面倒之至存候共內々申入度委細ハ別紙ニ認取候先日來此比迄ニ今一應拜顏希入度過日光駕ノ節モ御懇念ニ示給候儀御閑暇夕景ニテモ御來話希度ト存候處頃日時邪疝痛等ニテ平臥候テ不得其義トウカ昨今ニハ老中モ上京ノ樣承候左候ヘハ御用多ノ御事ト令察候間甚不文御分リカ子ト存候得共先書取御內話申入候別紙ニモ申入候通リ越樽之義ト恐懼候得共其段ハ御賢察モ給候トハ存候ニ

付先々貴君迄御物語申入試候左候ヘハ無遺念ト存候事ニ候將過日モ御咄申入候事共モ有之何カ寛々拜話申入度ト存候得共差向候事ニモ無之御用透ノ比期拜話候別書之義乍御面倒御手透ニ御一覧御叱正希入候先匆々如此候也謹言

十一月九日　　　　實萬

前菅大納言殿　　不勞御卽答

二白御用繁ト存候間不煩御卽答候且所勞今少全復モ不致取亂シ居亂書書損等高免希入候任御心易其儘差出候每事期面上申殘候也

○内大臣殿　　諸大夫中　　　聽長請文

昨夕者賜御書候處他出中不捧卽答恐入候至日後寒氣殊加飛雪猶更寒候聊御不例之由御自玉偏所希候抑御別紙拜見仕候御尤ノ思召尤御同心申上候猶勘考可仕候聽長兼テ存居候次第モ候得共此節ノ首尾故申出兼候處ニ候幸思召書有之候得は申出候次第モ相立畏入候事候則昨夕中務大輔淡州事面

會式禮相濟先不取敢墨夷登城相濟候哉相尋候處一向隔意無之少時和談候

話中ニ墨夷二人ノ内

壹人ハ名ダヽル者ト承候白髮ニテ何歟イヤラシキ者ニ候大タイハ蘭

人同樣ニ候得共余程下品ニ候中務小聲何歟ヨホトケカラハシキ者ニ

候長口上申候得共頓与不辨事ニ候

追々尋候ヘハ隨分話可有之ト存候得共御承知ノ通嚴重ノ席不過樣ニ相控

起座仕候詰振ニ而ハ內心ハ登城感心トハ不被存候尤登城之事ハ別紙ノ通

言上ニ相成候故何日登城相濟書翰之釋文モ差上候事ラシク存候未來候猶

又閑日ニ伺公仕万々可及言上候先昨日ノ御請申上候此等ノ旨宜預御沙汰

候也

十一月十日

今日は中務參　內彼是取紛以亂書言上失敬多罪々々所仰御宥恕

候是亦御取繕宜言上給候也

（二行朱書）
是ハ定テ御覽モ被爲在候哉ト存候得共序呈上候此行未ニ候故書翰釋文可差越ト存候　聽　長

豆州下田在留ノ亞墨利加官吏儀國書持參江戸參上之儀相願候處右ハ寛永以前英吉利人等　御目見被　仰付候御先蹤茂有之且條約爲取替相濟候國々使節ハ都府ヘ罷越候儀万國普通常例之趣ニ付近々當地ヘ被召寄登　城拜禮可被仰付トノ御沙汰ニ候右之趣被入　叡聞候樣御兩卿ヘ御達可申旨年寄共申聞候事
（此二字彼是沙汰ニ有之候）

八月

○

亞墨利加官吏事通辨官一人召連下田奉行支配向役々差添此節下田表出立道中無滯候得者來ル十四日比當地到着之筈ニ候此段無急度御兩卿ヘ御達可申旨年寄共申聞候事

十月

○

昨朝ハ御書跪拜見仕候參　朝掛不拜卽答恐入候先以愈御安全被爲渡恐悅

之至候抑左府公御書拜見且委細ノ御示敎共畏承候先々道筋相付候一段ノ

義ニ奉存候早速收ヘ御書共拜見爲致御趣意ノ程申聞セ置候委細敬承仕候

卽今朝脇坂ヘ御使ニ參リ候ニ付猶又先例等照合申候事ニ候左御承知奉希

候左府公御書返上仕候將又墨夷一件中務大輔兩人ヘ委細ニ打明申出候一

昨日露臺下ニテ兩人承候實ニモテアマシ候樣子扨々困入候事候何分中務

京都在役中　叡慮ノ程伺居候義故精々相心得居候テ猶又可申談ト申居彼

刻去廿五日江戶發足廿六日ニ堀田役宅ヘ夷人面談ニ參リ候如何之事申出

候哉心配之由申居候呈書ノ趣意ハ通商願ニテ入込候事ハ先無之譯文出來

候ハヽ所司代ヨリ可相廻哉ニ候實々此度夷人登城ハ只以御物好ニテノ事

ニテハ無之夏以來往復無據次第ニテ登城ニ相成候趣吳々モ申合候今日殿

下ヘ申上其上言上ニモ可相成哉猶委細ノ義ハ近日參上可申上候先昨日ノ

御請如是候此趣宜預言上候也

十一月十二日　　　　　　聰長

内大臣殿　諸大夫中

浪花ノ儀モ尤彼朝臣厚心得申候京都相濟候ハヽ大坂順見臺場ノ樣子モ得ト撿知仕候旨申居候此邊ハ一安心之事ニ候是モ任序言上候

宜預御沙汰候也

〇

此度關東格別之　思召ヲ以金壹萬兩被進之義ハ誠ニ厚御趣意御懇情之程更ニ深　御滿悦之御沙汰ニ候全關東　御遠察被爲屆候御事ニテ其許承知之通　御座右之御品共悉御燒失ニ付追々御新調御出來ニモ可相成候得共何分御道具類數多之義故成丈御用捨御差延相成候樣申出有之候ニ付御樂器類ナトハ御見合ニ相成被仰付モ無之併　御養生ノ御爲モ被爲在候御義御所作御樂器ハ何卒被　仰付度　思召モ被爲在候得共調進モ相成兼候折

柄不量右之被進ニ付先以　御座樂器ノ内三鼓　御好通リ早速被仰付候御
事ニ有之大ニ　御満足之御沙汰ニ候其外御書籍類何　モ　思召之御品無
御心置被　仰付ニ可相成ト　御感悦ノ御事ニ候猶又追々被　仰付度御品
御出來相成候樣被成置度トノ御都合モ有之御樂シミ被　思召幾久敷　御
深情ノ程　御満悦被思召候義ト存候當時万端御事多ノ御時節不一方被
思召候　御實意老中衆モ厚被取計候事ト關白殿初兩役共モ致感佩候事ニ
有之候奥向女房ニモ深忝由被申出候事ニ候　准后御方も御同樣ノ折柄右
被分進是亦厚　御満悦之御沙汰ニ候委細其許ニモ承知ノ筋ニ有之候へ共
右等ノ御都合分テ内々申入置被含居候樣ニト存候

○

（朱書）本書朱書ハ關白政通ノ親筆（◎行間六號文字及、、點ハ原書朱書）

此度以格別之思召御手許ヨリ金一万兩被進之誠以不一方御懇情之程厚御叡
満悦被、、不斜、、思召候右ニ付先達テ炎上ノ節　御前（所作）御座樂器御燒失ニテ其後御
新調被　仰付度思召モ被爲在候得共此度総御道具悉皆燒失ニ付テハ御品

數多之義故右御樂器等は御猶豫被遊候處此度以格段之思召御手許御道具
被成進度トノ御儀實ニ御感悅被　思召早速先以右之御座樂器御新調御好之通
御好之通御新調
可被仰付其佗御書籍書畫等　御前ニ被出置御燒失相成候御品共何ケ追々御整(黑書)被仰付
御出來可被爲在ト御樂シミ被　思召全深思召之段被爲屆候御儀ニ有之候(墨書)准后江モ被分進是亦御
同樣厚御滿悅被遊候厚
右之趣ハ別段宜可申入關白殿被命候猶老中方へ可然被申入候樣致度候事

(朱書)尙文段ハ例文ニ可被成存候

○

阿蘭陀之義ハ勿論魯西亞亞墨利加二國は長崎下田箱館三港江渡來御差免
英吉利ハ長崎箱館二港江渡來御差免相成候處亞墨利加之義近年淸國江交
易盛ニ相成御國之海上繁々致通航候ニ付而は暗礁等心得不申候而は人命
ニ拘リ候間浦々致測量度旨當三月中下田江渡來ノ亞墨利加船ヨリ願出追
テ挨拶承リ候タメ渡來可致旨申立出帆イタシ候右測量之義容易ニ御差許
難相成候ニ付追テ渡來之節下田ニ於テ精々申諭嚴敷御斷相成若又如何樣

申諭候而も承伏不致節ハ追テ此方ゟ應接ノモノ彼國ヘ被差向政府ヘ可及懸合ト迄モ爲申談　筈ニ候併國風制度相違之上論談徹底難致夷情ニ候得は下田ニテ應接之模樣ニ寄內海迄モ乘入候歟如何樣之次第ニ可相成モ難計尤是迄モ都テ穩便之御取扱ニ相成居候義ニ付今般トテモ此方ニテハ穩ニ相斷候積リ候得共自然之義出來候モ難計候間銘々兼テ其心得ニ可被罷在候依之亞墨利加船ヨリ差出候測量之義申立候書面和解爲心得相達候事

○上包　（嘉永七二卅正庸ヲ以長谷川へ遣ス案一封）

先達來內々及示談候夷船之義ニ付京師近海防禦當地警備等之事イマタ何等ノ模樣モ相分リ不申定テ關東ニハ御詮義中ノ事歟ト被察候得ハ其內ニハ何トカ申來候哉トハ存候併風聞ニハ追々靜謐ニモ趣候哉ニモ候ヘハ自然此儘ニテ御治定ノ事ニモ成不申相濟ハ不致哉一旦ハ其分ニテ兎角無之候得共重テ何時渡來ノ義モ實ハ難計ヤ其上ハ又々彼是ト往復ノ事ニテハ

甚心配ノ事ト存候何卒此度被仰出ニ相成有之候ヘハ兼テ後々之御要害行屆關東御手厚ノ御取計ト被存候然處先達來二條ヘ往復相成候ハヽ先所司代迄ノ問合又當役ヨリ催促ノ分ニテシカト　御沙汰ヲ以被仰入之筋ニモ無之候ヘハ關東御取扱振モ自然事輕ニハ相成不申哉一向此邊ニテ被仰進ニ相成此度ニオイテハ異變有之間敷候共夷賊ノ御手當兼而被　仰出候ハヽ　御安心被　思召候趣關東御事多ノ御時節ニハ有之候ヘ共難被默止被　仰進厚御勘考被成進候樣トノ趣ヲモ被　仰入ニ相成候テハ如何哉併余リ再三御催促之樣ニ相成却テ御整ニ不至申筋ニ候ハヽ先此分ニテ御見合可然哉彼是ト內々懸念致候此度一旦退帆トカ申次第ニモ成行候上ニテ被　仰進モ如何一應唯今御沙汰ニ相成居申候方後々之御爲方ニモ可有之哉イツレ共難勘得尤何方ヘ打合候事ニモ無之一分心得內密其許勘考ノ程承リ申度ト存候事

二月

○

外國御所置振等爲御伺　叡慮　御使其許江被仰付先達來追々御沙汰之義
も在之候處人心居合之義者如何樣共關東ニテ御引請被遊候旨先以被爲安
叡慮候此上ハ被　仰進茂御急務之折柄御斟酌被思食候得共何分外夷
帝都近國居住被許候テハ當地御模樣ヲモ直ニ相伺就中輕蔑ヲ生シ不意强
訴或ハ往々參朝相願候程茂難計自然右樣ノ事共候テハ時勢トハ被思食な
から　神宮始御代々江被爲對可有如何哉再應深被惱　叡念候尤亞夷使節
追々應接之次第モ候間卽今關東ニ於テ品替之御所置不容易事勿論之義ニ
ハ　思召候得共五畿內近國幷伊勢等ノ國々夷人徘徊被禁止兵庫開港之義
ハ程能他國江被換候樣此上關東出格之御籌策相整候ハヽ聊　御安心之場
合モ可有之且天主敎之義向後迚茂嚴重之御沙汰候乍去夷人雜居程近キ
國々者邪敎倩傳染ノ事無覺束責テ右國々異人被相停候テ　神州之餘風相
立候ハヽ弘化三年八月被　仰進候御趣意ニモ相叶可申哉雖然最早唯今ニ

至リ候テハ關東ニテ難被爲默止御訣合前條之次第御取扱御混雜之御見合ヲ遮被　仰進候テハ公武御合體ノ御趣意ニ相響是又　御心配ニ被爲　思食候事ニ候將亦當地御警衞之義ハ三家衆ノ内一卿可然國主ノ内三四家程不斷被差置外夷不法之所業有之候砌ハ屹度防禦全備イカ樣ニモ　御安堵ト申御法令相立差向當地人心居合候樣被遊度御沙汰ニ候
右之段厚御勘辨御取計有之度乍去此上再三關東御往復ニテハ追々時日相延ヒ殊ニ關東至テ御繁多之時節ニ候間其許御都合次第御暇ヲモ可被　仰出哉左候ハヽ種々及御面談候事情ヲモ逐一被遂言上巨細書取ヲ以御返答被　仰進候樣其内書面ニテハ難被相盡廉モ候ハヽ當年頭御祝儀爲　勅使下向ノ傳奏衆〻被示聞候樣宜申入ヽヽヽヽ――

○

極密ニテ申入候先比御内々御尋モ有之（其節荒々御内々申入候通）梵鐘一條實々ハ東ヨリ申參リ候事ニテ御取扱モ有之候事ノ處其儘ニテ（イマタ）トント何等之筋モ（不申來候色々之取沙汰モ承及）不相分甚以不審ノ

候何卒程能位ニ相成候樣致度事ニ存候
事ニ有之候風聞ニハ兩山ヨリ申上候義有之候ナト丶取沙汰モ御座候如何ノ事ニ哉ヶ樣ノ儀ハ跡々之始末六ヶ敷物ト存候最初カ大事ニ候只今之模樣ニテハ東ニモ若々疑惑候事ニハ無之哉元來彼鑄改相成候共炮銃之實用ニハ屆兼費用ハ却テ夥敷相懸リ候ト申事モ承及候左樣之物ニ有之候哉不案内ノ義ニ有之候全體ノ御趣意ハ右ニテ世上ヘ一際武勇ノアル所ヲ被爲知トノ方便ニテ可有之歟ナト丶申事モ承及候總テ難分ト存候御賢察ハ如何程ノ御事候哉何分

井伊ヘ内書
三月十三日出ス

（朱書）
〇前文同紙ノ裏ニ

極密〻〻申入候先比御内々御尋モ御座候鑄改一條其節荒々申入候通ノ次第ニ候處其後ハイマタ何等ノ筋モ不申來事候彼是之取沙汰も內々承及候何卒程克位ニ相成一体騷立不申候樣致度事候元來炮銃ノ實用ニハ成兼費

用ハ夥敷相懸リ候ナトヽ中噂モ承候左樣之物候哉不案內事候但一旦右之次第ニ相成候テアセボ之如クニテモ恐入候事嚴制過候テハ差支可申此處寛猛之間程克御所置相成候樣竊ニ祈入候事候何モ密々秘々御覽後速ニ御投火希入候

○

一間部上京ニ候ハヽ御互ニ無腹藏打解熟談有之度堀田之節ノコトクニテハ如何ト存候事

於殿下亭にても

○忠成公親筆御遣先不分明（原藍書）

極密書取之趣致披誦候至極尤之義ト存候近年公武之御中行違ヨリ御そは〳〵敷事モ有哉ニ被承及彼是配慮被致候旨至極誠忠之志感佩イタシ候右之一條ニ付テハ實々深ク痛心イタシ候其許在京中每々致面會候而小子心底は推察モ御座候哉ト存候如此御時体ニ成候テハ何共何共不堪痛苦事存

候何分先達テ以來御互ニ御趣意柄御徹底相成カ子候所ヨリ起リ候ト存候
國家ノ御安危ヲ被思召候テ御同一致之義ト存候何卒眞實御熟和ニテ御國
體ヲ不被誤樣ニト懇祈候事候素々御政務之義ハ其御地（幕府）ヘ御委任之義ニ候
ヘハ御差搆不被爲在之處此度之義ハ開闢以來重大之事件ニ付無御余義
叡慮被仰進尤又御伺ニモ相成候義然處彼是ノ行違ニテ今日ニ至リ外夷之
事ハ少〻度外ニ成候勢ニ相見被申越候通御そは〱敷御模樣何共〱痛
歎事候其中種々申唱候浮說共混雜候テハ彌以害ヲ引出可申事ト存候何卒
此上ハ彌公武御和合御一體ニテ國家ノ御爲治平ノ御處置偏ニ所仰存候ア
シク心得候者ハ唯枝葉ノ事共申立大事ヲ誤リ候事ニ候幸此度酒井若狹守
再勤上京至極ノ御都合ト存候且又元賄頭相勤候者モ上京之由奥向ヨリハ
右ノ者ヘ御尋御坐候ハヽ可然トノ事尤ニ候卽其筋ヘ內々申込候事ニ候先
達以來御所表御遊宴等モ（被）御止御心配被遊候此御地不存寄御凶事絕言語候
實ニ以如何ナル時節歟ト歎入候何卒外邪ヲ品能處置相成　公武御安穩御

互ニ目出度太平ヲ祝セラレ候祈入申候此度間部上京其内大老ニモ上京有之候ヘハ無腹藏打解熟談相成候樣ニト存居申候小子義ハ當時役中ニモ無之候専取扱候廉御坐（ハ無之、）候ヘとも昇進後元ノ儘（右之）御用相伺候テハ誠ニ恐入候事ニ候夫ヨリ種々嫌疑ヲ受候風聞ナトモ承及甚痛心候元來小子意底其許ニハ從來承知モ被致吳候事哉トモ決テ暴戾ナル意ハ毛頭無之公武ノ御間大事ト周旋イタシ度事既役中ノ咄合共互ニ御爲ノミ存上候事唯今トテ相變候義ハ無之其段御厚察有之度然處行違ノ廉或アシサマニ相聞ヘ申候筋モ有之ト推量有之何カ陰謀　（本ノマヽ）（以下欠）

○（藍書）公親筆

此度之一條ニ付存寄可申上旨　叡慮ノ御沙汰ヲ蒙リ候面々誠以當惑至極ニ存候先今日之次第ハ差置先達テ下田條約之後都筑駿河守ヲ以事情委細御申上ニ相成御挨拶モ有之（被爲在、）候處猶又別紙之通淡路守ゟ其節ノ執柄に被申出候事ニ候即言上ニモ相成兩役人共も伺得候テ御尤之事ニ存居申候右

大樹公之御趣意恐察候ニハ國家御鎮護ノ思召ニ候得共時宜ニ應シ臨機ノ
御所置モ可被爲在トノ御事ト存候尤御職務〔掌之御事務〕之大斷ニ候ヘハ左〔御尤之〕モ可有之御
義ト存候國家之定則ハ臨機ノ筋ニハ無之哉〔候へは〕ト存候ヘハ今日之次第柄如何
ナル御模様之事哉御國體ニ不拘様〔右御挨拶之節此上ノ御取扱振〕御頼与迄被仰入候義は實ニ不容易
勅詔ニテ無之哉又幾重ニモ御敬承〔且臨機之御所置等之〕トノ御事〔を被仰進〕叡感ハ申迄ナク右拜承候人
々は實ニ感服イタシ候事ニ候然ルニ懸リ之役々〔尤其筋之〕ハ遷替モ可有之候ヘ共幕
府之御趣意ハ万事ノ御政務ニモ相拘リ候事ニ候ヘハ決テ御齟齬ハ無之義
ト存候尤〔又〕カヽル御大事ニ候ヘハ〔御相違之筋ハ無之ト心得居候〕其筋〔大樹公に〕無伺取計〔茂〕ハ有之間敷事ト存候處唯今
ニ至リ極御難題〔申出候義御所置振差迫リ〕叡慮御伺ハ如何様ナル御筋ニモ可有之哉解シ得カタク
甚以〔唯々〕當惑之事候下田條約之處〔時〕ヘ御引戻シニテ〔附之御勘合ヲ以〕叡慮御伺ト有之候ヘハ〔申御事ニ〕御
當然ノ事ト存候然ル處〔誠以無余義ト存候然ルニ〕應接書粗一見候處最早夫々談判濟之様ニモ相見候〔左様相成候テ〕
歟左候ヘハ唯今ニ至リ叡慮御伺ニテ御處置振何共御六ケ敷事ト存候反
覆相勘候ニ臨機ノ事ハ格別國家ノ定則ニ拘リ候筋ハ下田條約之處ハ御引

戻シノ御勘考被附候上御伺ニ無之候テハ實ニ大樹公之御名分ハ勿論先達テ叡慮御敬承トノ御筋ニモ御行違ニハ相成不申哉御國体ニ不拘樣トノ御義ハ中々京師大坂（畿內）計之事ニ無之段ハ申迄ナクト存候彼是公武ノ御間柄ヲ存シ候テハ誠ニ痛心至極ニ存候右故此度御尋ノ　勅答何共實ニ申上兼居申候但拙者共之見込違ニモ可有之哉其筋難辨何卒無腹藏內々預教示度候互ニ國家公武ノ御爲大事ト存候計ニ候不惡聞取有之候樣致度候事

猶又先年以來內外其筋ヘ及示談候手續書取跡ヨリ內々可入覽ト存候併相濟候義ハ逝テ不可來候ヘハ何分當今之處御大事ト存候事候彼是差障候筋モ可有之其段可預用捨候

右ハ駿河守モ內々申入候事ニ候此段モ申入置候

○

此度異國船之義ニ付京地御沙汰之御義被爲在候趣ニテ兩卿ゟ被申述候事も可有御座右被申出候御都合之處ハ高家衆ヲ以御內談被申入候心組之由

候右之義ハ內々御含置之樣ニ被致度トノ事
外ニ內々被申入置度內存之事も御座候其子細ハ別紙之義ニ有之あし
からす御聞取置ニ相成居申候ハヽ安心被致候由ニ有之誠ニ內々なか
ら被申出如何敷御聞取ニも可相成御都合ニ候ハヽ尤さしひかへ可被
申候打明極內々御密談申試いつれにて其御心得ヲ以伊勢守樣へ御申
込出來申ましく哉ト內々被申付候
若又別紙之趣も御沙汰之義ト同時ニ兩人心得ヲ以被申出方可然トノ御
もやうニも何分打明御內談可申上の事候ハヽ左樣ニ可被致候

○

別紙內府ゟ昨夜廻達有之別存ハ無之候但右文面ニテ御意味行違ニハ成不
申哉如何とも存候得共何分過日備中守御面談之都合此分ニテ承伏可相成
筋ニ候ハヽ外ニ存寄ハ無之候仍返進候事

實　　萬

○上包（伊勢守ゟ内談書案）　原書斷簡

公武御一体之筋ヽ御事ニ付・猶又別紙之趣被仰出候ハヽ關東ニモ御安心可被思召哉但卒爾ニ被　仰進候而御都合ニ相振候而も如何ニ有之候間昨冬御面談申候手續ヲ以先内々申入其上淡路守殿ゟ進達可申方可然哉ト關白殿内命有之候仍先御内談申入候無御腹藏被示聞候樣致度存候事

右異船一條ニ付而は先年來不一方御繁多御心勞被成候義ト存候猶此上國家ノ御爲宜德存候關白殿ゟも宜申入内命有之候以上

○（藍書）公ノ親筆御遣先不分明

脚便到着去五日御書狀令拜見候再度　勅答ニより　皇國之安危ニ至リ可申段御尤千万實ニ此處御大事ト一同痛心致シ居申候尤只今我ゟ事ヲ破候而ハ無謀之義尤方今打拂なと〻暴論ニ出申候事ハ決テ難成ト存候假條約迄ニ成候事一通リニテハ信ヲ失候ヘハ曲我ニあり假條約彼ヨリ强而申募初三港ゟ增候義ハ差支之旨ナト應接之趣も有之歟元來墨夷之申狀不妨佗

國之政事ト申義ヲ自ラ相破候樣成事情實ハ彼強募ニ有之候處もてあまし候次第ニテ彼條約下案彼カ取扱候義甚以侮慢之情相見候歟乍去詰リ夫々受入候て假約ニ成候ヘハ唯今ニ至りてハ直彼ニ有之姿ニ候ヘハ夫是差障リ兎角ニ人心居合附不申ニ付談判之仕替ニ相成其意趣夷（深切ニ）ニ徹底イタシ候樣論判相成カタク哉夫（以理申諭候）ヲ不承引は曲彼ニアル道理ニ候半哉乍去是ヨリハ飽迄モ平穩ニ應對有之度方今決テ自是可討之時ニハ無之候とも（ト存候）兵端相開候ヘハ京師御警衛之事御手薄之義御配慮誠以此事先年以來一同心配候度々其表ヘも役筋〻申談モ有之其筋〻追々御世話も有之候趣ニハ候得ハ成就成カ子申候此義ハイカニモ關東〻御手厚不被成候而は實ニ如何ト存候其儀ヲ皆々申居事候且又書生輩之論なと取用打拂ナトヽ申立候ハ勿論暴論ニテ拙者ナトハ甚不甘心不取用申候唯々國家之深害慥ニ挽回シ後々不可除之事約定之後事ヲ改變候テハ彌曲我ニ固有候哉挽回難相成哉ト其處ヲ皆々心配事候假約以前之義候ヘハ一時之憤激ニテ事ヲ誤候テハ難相成

事ハ勿論存候先日堂上數人連署上書之事も御聞及人氣不靜段如御察候實ニ右ハ甚擧動不穩事存候尤是等之事ニテ國事、、（元來之義）御動搖之譯ハ無之ト存候右樣御疑惑有之候モ御尤ト存候。。（今段ニハ實ニ）意味深長之事難陳筆端候且又イツ迄も洋夷ニ被屈膝候ト申ニハ無之段至極之御確論感心候當地ニテ兎角苦心候固陋說ニテ申候ハ〔以下欠〕

○〔安政五年正月　愚案〕◎第十五ニ「安政五年正月十三日右府へ送候案文」トシテ所載

唯今之急務ト存候義一通リハ御斟酌ニテ被仰出かたく被　思召候哉ト存候得共實ニ　皇國ノ御大事ニ至リ候時節又關東ヲ御扶助之御趣意ニモ相當リ候事ニ候へは幾重ニモ御勘考被爲在度存候義ニ付委細左ニ申述候
兼々大閤殿ニモ御勘考有之候副將軍職之事此場ニテハ必被　仰出度義ニ存候京師異變有之候節之儀ハ扱置卽今關東ニおゐて指揮大切之場ニ有之候處委任之器無之候テは此行末如何可相成哉ト深痛歎候事ニ候大樹輔翼

之重任其人体ヲ被撰被任用度義ト存候已ニ先達テ諸大名上書之中ニ茂元帥ヲ被立万端指揮有之候ハヽ萬事埒明可申畢竟元帥無之候故万事區々相成行届不申趣モ相見候歟右ハ風説同様ニハ候得共實ハ無相違書取ト存候右は左茂可有之事ト存候朝廷ニテ種々御心配被悩　叡慮候共當時之姿ニテハ實ニ六ケ敷次第ト存候所謂其人存則其政擧ニ候へは何卒此處ニテ副將軍ヲ被置候樣乍去其任撰肝要ト存候尤又徳川家宗室ニ無之候テハ如何与存候へは一門之中名望有之候人体關東ゟ　勅問之上被　仰出候は可然哉

且又カヽル國家之御大事ニ候へは大樹上洛ヲモ被　仰遣御直談モ被遊度被思召候得共差向關東之守禦專務之時且不容易事ニも可有之候間右副將軍ニ被　仰付候人体手輕ニ致シ上京可有之樣被　仰達候ハヽ御宜候半哉其人ゟ万事被仰含候は於大樹茂安心可被致筋ト存候右關東ゟ被仰達其上否ト申來候は其節之義ニテ朝廷之御處置無御闕失候哉ト存上候即關東ヲ御扶助ノ第一トモ存候此義ハ自　御所表御沙汰不相成候テハ不叶筋ト存

候ニ付偏英斷被爲在度義ト存候猶御勘考所仰候事

實　萬

右府公迄申入

極內密

○

呉々別紙之義は差越候事ニ候得は此機會ニ無之候而は被仰出之期モ無之ト存候實ニ國家公武之御爲此度之義ノミニ無之兼々御承知之通之關東ノ都合故此處ニテ御勘考所祈ニ候右御沙汰ニも可相成義ニ候へハ急ニ此はづミ不拔申內被　仰達度義歟ト存候如何可有之哉

右宗室之內（家門）隨分人体有之候ト存候御承知之通松平越前守義於關東承候ニモ見込宜由ニ有之候水戸當主ハ虛弱之方ニ承候隱居ハ申迄なく器量之仁ニ候へとも當時之次第ニテハ六ヶ敷哉且又關東ニテ承候ニハ少々僻ハ有之候由ニテ同志之人ノ中ニテモ彼是申居候趣も承候乍去此仁關東ニテ差

支無之候へハ何分國家ニ忠節之人其器用申迄ナク候歟尾張中納言是亦當時見込宜由ニ承候右等之人体ニ候ハヽ至極御爲恐悦ト存候尤皆々御承知之御事申上迄なく候へ共承及居候處如此候

右等之筋余リ差越候義太閤殿御聞ニ相成候而却而如何哉此邊ハ誠ニ尊公御含迄ニ心底之儘申上候事候

○

墨夷申立候事件從關東言上候義ニ付所存可申上旨謹承候即書取熟覽候處國家之重事誠ニ不堪痛歎存候且又如承及は閣老被差登被伺　叡慮之由旁以不容易義ニ存候是迄之義ハ關東ニ被托候事候得共此度　朝廷之御決斷誠ニ御大事ト存候即書取ニ有之候國內人心居合方茂有之人心不居合節ハ內外何樣之禍端引出可申茂難計之由實以其一段ト存候右居合方列國諸藩ニ至迄見込之趣意可有之義ト存候間其意味逐一御尋問有之候樣可然存候其上國家ノ大義人心ノ居合方關東之見込等篤ト被尋仰深可被廻　叡慮且

蒙　勅問候人々之存意ヲモ被聞食　叡斷所仰候右委曲之義不分承知候而
は卒忽所存も難申上候得共下田條約之砌大樹内存之趣時勢之變革世界之
模様も有之實ニ無據場合トハ乍申條約之次第等不本意之義も候由承之實
ニ不堪感涙候大樹之意内察入候右之趣意ヲ推弘メ候ヘハ今日之次第ニ及
ひ候ハ如何計歟歎息之義ト存候況於　叡慮は神州之瑕瑾ヲ深被　思召
皇神之冥慮叵測・處〔不被安寢食〕御痛歎之趣兼々拜承候而は實ニ〔悲歎難盡候臣下トシテ手足チ措所ナク候〕方今之御決斷至大至重
之義ニ候は公武之御深憂〔難申盡候〕ヲ奉察今一段武門之輩碎肝膽　叡慮皇威ヲ外夷
ニ伸ヘ大樹之美名ヲ四海〔列國〕ニ施シ蠻夷猾夏〔(墨書)人別以書取早々可有〕之憂無之候様閣老丹誠〔(墨書)被爲在候様所仰冀候事〕之様勘辨
無〔儀〕之哉閣老面々之所存別段被尋糺「其上」言上・英斷所仰・〔(墨書)其旨被聞食之上〕「ト存候事」◎第三所載ノ文參照

忠成公手錄書類寫第三

○（朱書）請書◎八月六日内勅ノ御答ナルヘシ

御内々左大臣ゟ　勅書之御旨實萬ゟも被傳謹畏拜見候誠以段々被惱　叡慮候御程奉恐察候不肖之身國家之御大事ニ付テハ短慮之所及ニ無之不堪恐懼候得共　聖慮ヲ感戴仕精々盡愚忠度奉存候　御内沙汰之御旨深敬承仕候此段御請申上候

實萬

○

御内々左大臣ゟ　勅書之御旨被傳謹畏奉拜見候誠以被惱　叡慮候程奉恐察候不肖之微臣國家之御大事ニ付テハ短慮之所及ニ無之不堪恐懼候得共精々盡愚忠度奉存候者臣下當然之義ニテ　聖慮ヲ感戴仕候唯々御國体ヲ

不誤万民心服仕候樣ニト而已奉祈候　御内々御沙汰之御旨深敬承仕候此
段御請申上候事

實萬

(朱書)
○安政五年八親筆

輔熙

亞墨利加使節申上之條々相考候處表ニハ和親專務ニ唱候得共夷情之深處
難相辨實ニ天下之重事不容易之事ト存候先差向急務ハ　皇都近國ニ開港
開市ノ事遠慮無之候而ハ近患可有存候尤征夷將軍警衛守禦之所置ハ手厚
可有候得共猶皇　朝八省六府等未御再興も無之事故愚身辱高官共邊深ク
恐懼痛歎致シ候何分五畿内近國ニ商館被開候義は差拒度候へ共諸務御整
之上ニ候へハ別ニ愚案無之候自余之義尤可否可在事なから時勢變革ノ所
置も可有事故所意不申上候併墨夷開港在之候上ハ外夷追々同樣可申立歟
總テ國政武備向ハ關東ヘ被任候へは神州一体之大關係故廣ク國忠純粹ノ

議定ヲ被立猶又於柳營モ三家諸國大小名意見ヲ被尋　皇國安泰人和撫民ノ所務無闕失處肝要之群議可在存候事

○

齊　敬

此度關東ゟ分注進候亞墨利加一條書類拜見就右所存被尋下謹敬承候然ニ愚昧質無左与言上モ深恐怖候へ共何分不容易治亂之際ト分愚存候間不顧恐懼候抑丑年以來異船毎度渡來終ニハ昨年冬登城迄相濟尚又今般帝都始近國貿易商館ヲ開度由相願候趣不敬至極ニ存候尤夷人申立ニハ双方國益ト稱候へ共深意ハ怪々敷モ不被存旁今度貿易之願意猥御許容ニ相成候而は國辱ニも拘其上如何之難事申立候も不知何迄無際限事尚亦天變地妖も無覺束仍速ニ退散之計相當候處當時武門銘々一体氣合之程如何候哉何卒早々國內和熟一致之義第一ニ被諭彌朝恩感伏之期近例之准據征伐有之候ても何事ニ候哉左候ハヽ征夷之職掌ニも相叶聖國ノ威德顯然候間尚更万

代唱平ト存上候宜在
勅裁候

○

聽長

亞米利加國請數港建商館置吏之事謹案我邦二百年鎖國之良法一旦於被革者非拘國体耳人情動搖尤可恐候或云今也外昵蠻夷内棄人民又云開闢以來
皇統連綿之神國徒與夷狄爲伍豈可不勝悲憤哉人心不穩於是可知國之安危實一擧候歟若不得已必從時勢被革舊法は被〔仰カ〕〔本ノマヽ〕四道將軍嚴戒　皇都禁彼夷人勿入近畿特可令夷人固條約以禁邪敎莫背國法之旨早可被仰關東候歟猶宜被竭衆議徵万全之策候事

○

正房

亞米利加使節申立候條々不容易義ニ付此度林大學頭津田半三郎上京口演

之趣誠古今未曾有之事ニも候歟是迄再三應接之上如此次第ニ相成候趣者無餘義相聞候へ共元來墨夷事情ヲ推考仕候ニ最初之條約ヲ變革致シ下田之港ヲ閉三都ヲ初メ諸州ニ於テ開港開市セン事是全通商交易ニ事ヨセ人民ヲ誑惑シ日本ヲ併呑スヘキ結構事情既顯然候元ヨリ不奪不厭之夷族此度申立候條々被差許使者此上ニ亦如何樣ノ大事ヲ申立候も難計候歟若於不被許者例之大炮巨艦ヲ以テ恐赫致スヘク實ニ輕蔑驕慢可憎事ニ候墨夷如此次第相聞へ候へは諸蠻モ亦追々闌入日本ハ夷類ノ巢窟ト可相成左候ハヽ征夷之名義モイカヽ候半後々ニハ其任ヲ可望武將モ出來スヘク臨其期イカヽ

天裁可被爲在哉是一重大事ニ候方今人氣變革致シ西洋ノ異風ヲ尊信候族モ有之由相聞へ候是皆日本國ノ罪人ニテ甚以歎敷事ニ候タトへ夷情和順ニシテ貿易互ニ行ハレ候共皇統綿々万世不易ノ神州ヲ勿体ナクモ合衆國ニ配偶セラレ後ニハ醜夷ノ屬國同樣タラン事誠以口惜キ次第且　皇祖ノ

照覽神祇冥瞻其恐不少候乍去万一時勢不得已事節は申立ノ中二三ヶ條差許サレ尚又畿内近國は不及申不虞之警衛ヲ盡サレ武備嚴整之時ヲ待テ速興復可有之候歟何分カヽル重大之事件國家ノ安危ニ候得者
朝廷ニテハ三公諸卿ノ群議被召亦於東武者三家已下諸國之大小名不殘意見ヲ被尋其精忠純華ノ議定ヲ御採用アツテ公武御合体御和談之上御決定被爲在候者人心不伏ノ疑ナク彌
皇國太平柳營武運長久之御計策ニ茂候半歟尚宜御裁判奉仰候

○

公　純

今度墨夷關東登城不容易事件申立林大學頭津田半三郎ヲ以應接次第言上書取之趣誠以一大重事神州之安危此時ニ候四海昇平相續人氣怠慢之折ヲ窺ヒ夷狄强梁ヲ申イタシ既ニ京攝之内商館ヲ申願候旨何樣商館ト申候へは輕易ニモ相聞候へとも彼牛皮ノ說ノ如ク追々廣大之結構无相違ト存候

最初下田ヲ被許今又十港開市ヲモ申立候不奪不厭之夷情顯然候又商館ヲ被許候上ニテ場所相撰或は京攝ノ城郭住居ヲ企其上邪教傳染ノホトモ難計タトヘ不虞ノ御備トシテ兼而嚴重ノ警衛被差置候共且暮　宸襟ヲ被安候時節被爲有間敷ト深恐入候旁以五畿內ハ申迄モナク近國タリトモ夷館免許之義无之　御安慮ノ規則屹度相立候樣關東ヘ被仰進可然哉存候元來於御政務ハ東武ヘ御寄任之義一切御構ハ不被爲在義ニ候へともカヽル急務之大事　皇國之安危ニ候得は　公武一同人心歸服否御議定之上人々忠言御採用不拘國体　皇威万世迄も光輝候樣偏英斷奉仰候事

實萬

○（朱書）上包〔安政五年正月廿三日附于傳奏〕

墨夷申立之事件從關東言上之義所存可申上之旨謹承候卽爲見被下候書取熟覽候處國体不安之事情歎息之至ニ候頃日閣老ヲ被差登被伺　叡慮之由旁以不容易義ト存候卽書取ニ有之候通人心不居合節は內外何樣之禍端ヲ

引出可申茂難計之由尤之事ニ候全体列國諸藩ニ至迄見込之趣意可有之義与存候間被　聞食度旨被　仰下夫々　叡覽之上猶又可有　朝議哉抑先達テ下田條約之後無餘儀事情委細ニ言上有之候處漸々申募候趣實ニ國家之安危唯今之所置ニ有之大樹之配慮所察ニ候況於　叡慮者先年以來神州之瑕瑾無之樣ニ与深被惱　宸衷臣下一同不堪痛歎事ニ候誠ニ此度之　御決答至大至重之義ニ候間何卒不墮　皇威不汚大樹之號人心固結士氣相引立候樣之勘辨無之哉以是等之趣閣老面々之存寄別段御尋有之無腹臟書取申上候樣被　仰下其旨被　聞食之上　叡斷所仰冀ニ候不顧恐愚意言上候事

○(朱書)忠成公親筆

此度之御返答柔弱不斷之御義ニテハ人心居合不申ハ勿論ト存候又一概ニ英斷被仰出始終之御熟慮無之節は是亦甚不容易ト存候若必不得已之義在之時は別紙條件被加取捨可被仰出哉先存慮申上候自他是等之事件群賢之所意被尋問宜在　聖斷ト存候事

（朱書）
○上包〔忠煕公勅答〕

從關東言上候亞國一條ニ付愚意可言上旨被　仰下恐懼不少候是迄於關東ハ再應之應接在之無據此期ニ至リ候事實以無是非次第ニ候歟（モ）且今度外夷申立候開港商館之義（等中立ノ條々）人心不居合趣ニテ及言上候事不容易義實ニ古今未曾有之大事（天下之重事）ニ候得ハ兎角之所存も難言上候得共申立之通和親通商候トモ此末イカ成故障出來候モ難計・何分（且夷情等モ難相辨候得は）列國列藩之人心（諸大名ノ面々人心）不居合候テハ　皇國大事ノ上ノ御大事ニテ　叡念不安大樹（公）心配モ不少候歟何分諸國眞實意旨一致之義肝要ト存候右等之處深勘考ニテ列國（三家以下諸國ノ大小名）面々存意篤ト被（及）尋問之上所置可有之候樣可被　仰下哉ニ存候事

（朱書）忠煕公親筆

右昨日傳奏へ差出候書取尤過日入御覽候同樣ニ候へ共少々書改候儘入覽置候返給候樣希候事

○

忠香

近比異國盟約相調本朝ニモ可同盟貿易様夷謀ニ付亞國魁首トシテ種々强情申立候旨言上候間所存御尋之由謹奉候誠國家之大禍ニ候間猥言上恐入候へ共愚存申上候先夷族へ和親ヲ被許候義ハ本朝之人心一同之事ニ候哉何分當時國內多分武家之所領ニ成來候間德川家下知之所ニハ尤同意ト存候へ共三家始大名之面々所存も可有之候間右之面々所存被聞食候上何卒神國之皇威不減様且此上諸夷上陸仕種々之義申立差支共申述候節ハ關東之所置見込モ有之候哉兼テ得ト御尋可被遊哉何分ニても國內人心不一致義ハ即公武之御故障之基ニ候間人心一同之事ニ無之候ハヽ御聞届被爲在間敷哉ニ存候右ニ付テハ於官家モ諸臣等議論ニ可拘人々へハ弘ク御評議可被爲在哉尤取捨決斷ハ　聖慮又ハ大臣之義ニ候へとも如此皇國之御大事ハ弘ク議論之上御裁判御宜哉將又自昔蠻夷之異變每々依神助平治候間何卒君臣心ヲ一同仕眞實之御祈請も候ハヽ自然神明ニ通候歟ト存候事

○

（朱書）上包

〔尤申上迄ニ無之偏ニ（先蹤有之云々）
神明助護〕

異國船之義ニ付存意之分無遠慮可申上蒙御命候義ニ付不顧前後濛昧之愚按申出試候何分書翰之趣ニテ交易許容可然義与は難申歟ニ存候後害之程如何ト存候且御國威之不損樣致度義ト存候但其中事柄ニ寄リ斟酌ハ可有之義ト存候若又一戰ニ茂及候節は年久治平之處人民之痛ニ可相成段ハ何共難堪義ニ有之候猶武門之熟慮有之度儀ト存候事

○（朱書）上包〔所司代殿下ゟ差出書取〕

魯西亞英吉利亞墨利加等之義ニ付御所置之品追々年寄共ゟ申越候義ニ者候得共書狀ニテハ難盡意味茂有之兼々　御所向ニ於而　御心配被遊候趣ニ付都筑駿河守義ハ先役之節所扱之品茂有之異國之事情ヲ茂相辨居候事ニ候間上京之上申談達　叡聞可然事共者事實能々相分時勢無御據譯柄等

參殿御直話可致時宜次第私義同道ニテ罷出候ハヽ可然哉御都合宜樣可取
計旨駿河守〻相達候段年寄共ゟ申越候事

九月

〇

關東初發ヨリ之見込有始無終てハ如何ト存候事
一年々疲弊万事打置事

（朱書）夷ノコト覺書
下田條約之内
亞墨利加
〇勅諭ヲ信シてといふ事
〇神奈川にての條約之事
英夷條約
嘉永七年八月廿三日定ノ文ニ承諾之旨ノ書面今より十二ヶ月中ニ

長崎ニ於テ取替可申事トアリ
右ハ何年何日ニ相濟哉
十月廿六日申立之内
一御國ハ親友ト心得ト申事
如何之趣意ニ聞取候哉
一大統領願ハ戰爭ニ不至互ニ敬禮ヲ盡シ條約相結候樣致度事
右ハ先度條約之上更ニ條約イカヽノ事
一墨夷測量一件イカヽノ〻
林家ハ大計ニハ不拘歟事
一諸大名ノ意見ハイカヽ
一ツヽマリ成算イカヽ

一治定トイへ氏未被及返答歟事
一西洋流行イカヽ
一長崎下田奉行ノ達書ノ意
　　仰天致ス位ノヿ可然
　報國同心候樣トノ觸流し
夷ノヿ覺書
一朝廷ハ勿論關東永久ノ爲ノヿ
一不容易義トノ事
國家之一大事トノ事も同斷
　右事情兩端輕重大小可有分別事
一備向不嚴整トノ事

何迄如此際限無之候もイカヽ武門左迄ニも不相見歟

一我國敵國分別事

　彼申條不可信事

一處置ト處斷ト差別事

　處置ハイツク迄も平穩所斷ハ可避國害事

一許シテ可ナル者ト不可者トヲ詳ニスヘキ乛

　已ニ加比丹モ其事申出

一有始無終テハ人心不服初メノ觸流ノ趣意通熟アルヘシ

一下田ノ條約無間變改彼カ違約タルヘシ其咎アルヘシ

　長崎下田奉行ヘ達シも忽改變イカヽ

　最初約スル時定而彼承知之上條約相成歟然ルニ今變革イカヽ

一右ノ條約之時サヘ無御余義トハ申ナカラ御不本意ト申事申來今度ノ義

イカヽ

一不拘御國体義　御頼ト申事イカニモ御敬承ト申來事乍去臨機之御處置も可有之旨事此度之義は臨機トハ申カタク後世迄ノ國辱此上萬一不測之義有之候ヘハ其咎誰ニカ歸スヘケンヤ
東照宮以來段々御忠勤ヲ被思召候ハヽ深御心配之事
一名義勘考アルヘキ事
一華夏之分不可混事
一美鼠厭其器ノ勢ニハ無之哉事
左スレハ其器ヲ取除可然歟是深計ノ了
委任ノ人可被仰出歟
一征討將軍節刀ヲ賜ルフモアリ
一閣老可被召登歟事
一唯今日彼カ强勢且彼カ所説ニ泥ミ大計ヲ失シ姑息之所置ニテハ不相濟事

一不爭不鬪トモ畏服アルヘキ樣ニ可被扱之處彼ゟ日本人ヲ小兒輩ニアシラフヲ慇懃ニ應接アレハ彌申募リタル也尤情實ヲ以テ可答ハ可然ナリ
自然畏服アルヤウニアルヘシ

一廣ク交易ノヿ諸夷引受素ゟ唐紅毛等如何見通シ有之哉事
有無ヲ通ストハイヘ𪜈彼ハ其利アルヘシ我ニ於テ可ナランヤ

一英夷ノ事申立レ𪜈彼モ理ヲ以テ謝絶セハ夫ヲ憤ラハ彼カ不義ナルヘシ

一予カ初案ノ書取ノ事
右京師へ被振向義ニテハ彌關東不相濟事
其節ハ關東へ御斟酌御取計ノ思召可然

一アケント差置義　朝廷ゟ御差止ト相成夷人申譯無之トテ關東ニテハ被差許レトモ京師ニテ被拒ト申遁ルモ難計
此處置可勘直ニ浪花へ乘込モ難計　其手段可勘

一先達テ測量申立之事其節觸流シモ有之其趣意モ可有勘合事

一浦賀ニテ初メ書翰受取之節全一時之權道ト申來候其儀と甚齟齬候事

欄外（朱書）
但別段　御尋
之條件
歸府之上老
中連判ヲ以
勅答可有之
事
御受以書取
可申上粗事
情ハ先日言
上ト有之候
右之御趣意
ヲ被受御受
可被申上事

矢張此處書
入へし

一夷狄猾（亂）華
　不知亂華
使殊俗醜類与公卿大夫雜處於朝庭

○

一御政務關東ぃ被托候御事ニ候得共大義ニ於てハ　東照宮以來猶以　皇國之舊章ニ被從御國体ヲ被保護外夷ニ對シ國辱ヲ受ル義無之　御安堵被遊候然ルニ此度洋夷申募ルニ付開闢以來ニ無之不容易事件外夷ト條約取結相成　皇國之舊典關東御列祖之御規定ニも不拘諸事法憲ヲ洋夷使節之者ニ取候而豫メ條約ヲ定之後言上有之寔叓不安民心茂不穩既ニ國体ヲ誤ル時ハ　御皇神ぃ被爲對不被爲濟御事ニ候得は深被惱　叡慮候元來（是迄度々被仰達候次第モ有之）皇國未曾有之事件後患難測義ヲ倉卒ニ條約取定候は如何ノ子細ニ有之候哉与被思召候仝渠兵威ヲ示シ候故之義ニも可有之哉條約中拘國体候義共顯然之處於差拒は直ニ兵端相開与申ニ從ひ吾ニ兵備不整

候故今及戰爭候ハ、一二なく國体ヲ損シ候ては挽回之期無之トノ義ト
被存候如此國疲弊ニ及ひ候所ニ附込候は無致方候得は此上富國强兵之
義急度被仰付汚辱ヲ被雪候見込ニ有之候哉之事
（以下朱書・印ヘ書入文）
被存候得共今度言上之儀總テ關東ニ御委任被遊候間華夷之分別御國
体ヲ不誤樣猶又東照宮之御趣意ヲ御三家御家門之衆等被盡評議閣老
中各抽國忠商量可有之被仰下候事舊臘被達候書取ニも應接之上可成
丈御取縮之筈之旨被達候事ニ候へは此上後患ニ可相成事條取戻シ不
相成事柄は精々取縮之勘考有之尚又言上可有之事

○

一中興之御大業被爲立御國威御更張之機會茂亦此時ニ在之候義之事
右は至極之御美事ニ候得は如何樣之定見有之候義哉委細ニ言上有之
候樣之事
今度彼ゟ條約取究其容体彼甚驕傲之意相見候歟然ルニ動モスレハ

兵威ヲ示し候ニ付不被得已今日之次第ニ相成候へは尋常一樣之見込方ニテハ初發浦賀ゞ渡來以後追々彼カ術中ニ陷候歟ニ被存候處夫ヨリシテ國威更張之機會とも可相成は如何樣之筋ニ可有之哉是ゟ彼を制御せらるゝ威望茂有之候ハヽ實ニ神武之心面ヲ以て國威を外國諸州ニ被爲及世界中吾一國とも可相成之御見込ト人心悅服いたし可申候得共彼カ侮慢之擧動茂當今被制かたきニ至り彼ゟ存分之條約ヲ定るニ被從更張之機會ト相成可申トハ一通リニては本末相違之樣ニ被心得候間委曲ニ可申上事

○

一開市以下之事京師畿內は可除樣差向舊冬被申達候事ニ候得共元來　叡慮ニ於ては御國內何方とても　御不安ニ被思召候て御國民之安堵いたし候樣被遊度處ニ被爲在候然ルニ畿內は勿論大坂等迄差迫リ候義被制（と申は）かたき事ニ候得は如何分共關東之御所置ニ被任候外無之哉猶熟考可有

之候事如何ニも歎敷事ト存候

一邪教傳染不致樣其外取締筋（儀トハ被存候へ共）嚴重被取計之趣下田箱館江官吏被差置之節閣老ゟ申來候趣茂有之候處此度應接之表ニ教法ヲ修シ拜禮所ヲ取建踏繪之義ヲ拒候意ヲ邪教傳染方之御取締筋嚴重之廉ニハ如何ニ候哉元來他邦江出張候而拜禮所取建候義等往々彼カ教法ヲ弘メ候深意ト被察候歟尤當時外夷之教法先々之邪教トハ相違候ト申趣モ有之候歟ニ候得共其意ニ沈溺相成候而後日ノ取締ニ差障（深害ニ相成）不申義哉如何ニ候哉之事（先達テ大船造立之節被觸候趣モ有之其節被仰出候ニも齟齬いたし不申哉）

一ミニストル居所地面之義廣狹等洋夷之申通リニ被渡候趣ニも相見下田箱館官吏被差置候節は可成丈取縮取建被貸遣趣ニも相見候此度之義ハ模樣柄相違ニテ外國之振合ニ相成候歟元來日本之地寸地タリトモ

外夷〻被奪候義ハ　東照宮ニも格別厚御趣意誰不存者モ無之候此度之義往々牛皮代之古轍のことき事ニハ至リ不申樣之見込有之哉之事又何分後代迄難被除事ト相成候テハ實ニ不可救之禍源ト存候其處之御見込ハ如何哉　前代未聞之國辱

一當時諸大名疲弊ニ及ひ候而國力薄ク其處へ夷人附込申募レハ實ニ諸大名歷世厚祿ヲ被下置如何ニシテ此場合ニ至リ不虞之備難出來ト申義哉朝廷幷東照宮へ對シ如何之申譯可有之哉治世打續〻（マヽ）致奢侈增長候義ニも有之哉此義は急度後來之御勘考無之而不相成候事條約通リ相成候ハヽ平穩ニ可有之との事ニテ其上富强之基を被立トの事ニ候ヘハ國內疲弊未整內追々諸夷條約之通に雜居相成候ヘハ國內不復之內無之義を彌見融シ輕蔑增長其內擾亂可有之も實難測哉尤又數十年之後取戾シ不相成禍原ヲ釀シ被置候而ハ公武當御代ニテ之大御瑕瑾ヲ被遺候段　御先代へ被爲對不相濟事

一京師警衛之事條約許・否共ニ不拘不虞之御備急ニ相立無之候テハ實ニ如何（欄外書入）十分嚴重ニ
体之義出來も難計其節ニハ關東へ御手落ト相成候而ハ京都御不安ハ申
迄なく關東之御爲ニも不宜候間此義ハ急速御取扱有之・度事京都ゟ強テ被
仰入候而は何カ御柔弱も相聞へ候へとも臣下トシテ皇都

一蠻夷之風ニ不移樣先王之法服ニアラサレハ不服先王ノ法言ニ非レハ不
言トノ事ニ相違セリ

一國家ノ大幸乎國家ノ耻辱歟

一條約中拘國體候義共顯然之處於差拒は直ニ兵端相開候事ニ従ひ吾ニ兵
備不整候故不得已今及戰爭は一二なく國體ヲ損シ候テハ挽回之期無之

との義ト被存候如此國疲弊ニ及ひ候所被附込候は無致方候得は此上富國強兵之義急度被仰出汚辱ヲ被雪候見込ニ有之哉

〇

夷族申立之一件誠以神國重大之變異ニ付愚昧之者共恐入候得共先日兩度以書取申上候右追々御評定之御事ト存候得共實者晝夜憂苦忘寢食候間亦々令言上候

一天照皇太神宮以來赫々タル　神國當御代ニテ蠻夷ノ國ト伍ヲナシ候テハ　神國ノ汚穢御瑕瑾被奉對　皇祖何共恐懼歎息之至候近年連ニ天炎偏ニ　神慮ヲ可被尊信義ト存候

一堂々タル皇國トシテ蠻夷ノ猛威ニ驚嚇シ彼ノ驕傲不禮ヲ捨置キ申條ニ隨從シ禮待應接奔走ニ暇ナク天下万世ニ耻辱ヲ遺シ萬王一系之神國ヲ一漁落販叢ニヒトシク心得候征夷家之所置イカナル狂妄之徒ノ商量ニ候哉今度　叡慮伺ノタメ面々上京ニ付御沙汰ノ趣ニモ不應カ一切意味

難解若京都御同意ノ趣ヲ以テ列國ノ大小名已下万民ヲ押候積リカト被存候得共眞實ノ　御同意不被爲在義ハ何レヘモ不貫徹却テ關東ノ爲メニ衆心ヲ破ルノ基歟ト不審ニ存候

一墨夷一使者ノ應接スラ强情不容易由ニ候ニ付尙更心苦仕候子細ハ此上諸蠻追々來集シ表ニハ互市利潤ヲ說キ實ハ所欲說ヲ取極メ拒メハ大炮軍艦ヲ以テ恐嚇セシムルノ夷情本ヨリ日本ヲ併呑シ國人ヲ籠絡ノ結搆ニテ追々姦謀遠慮ニ陷レ夷族所々ニ散居シ好言利欲ニテ我國民ヲ誘ヒ懷ケ彼方ノ敎法ニ從カハシメ能ク人氣ヲ察シ地利要害ヲ知リ方々ニ巢窟ヲ構置キ終ニハ許カタキ難題ヲ設ケ兵端ヲ開キ　皇國ヲ押領スルノ時ニ到リ何ヲ以テ敵對スヘク哉タトヒ兵端ヲ不開トモ右之通ニテハ所謂不奪不饜ノ夷情廣大ノ猛威ヲ張リ隨意ニ皇國ヲ脅制スルノ時ハ不戰シテ降參ノ場ニ至ルヘク　神國ニ生レテ匹夫ト云モ口惜次第ニハ無之哉況從來大祿ヲ領スル諸藩至誠ノ赤心承度事ニ候且右之場合ニ及フ節ハ

乘輿ヲ何ノ地ニ奉安ソ大樹公已下條約ヲ致候輩モ亦何ノ地ニ逃レ被安居候心得ニ候哉關東始諸大夫之見込詳ニ被聞食候上御返事御沙汰肝要ニ存上候右等每々恐入候得共奉爲國家ト存候間不顧忌諱言上仕候事

三月七日

忠　能
實　愛
實　德
隆　祐
通　富
實　麗
定　功

○(朱書)原書斷簡公親筆

又一旦洋夷ニ膝ヲ屈シ富國强兵之上國威ヲ可伸トノ義も可有之候得共其期實は甚無覺束且國民夷ニ化せられ本末取失ひ候樣成候上ニテ彼ゟ事ヲ

不破ハ因循苟且与可相成不然シテ我ゟ打破候ヘハ直彼ニ有之必勝無之哉
今又俄然与約ヲ變セハ戰爭ニ及ひ我ゟ事ヲ破之曲有之是亦專勝とも難申
との義ニ可有之哉」斷簡
前件之事情ヲ熟察致候へは現在國辱禍害有之義上下心力ヲ被盡再三理ヲ
以テ說得應接致シ條約仕直し被撰其器用被仰付度ト存候何分ニモ上下人
心不居合朝議難默止ハ國家之安危ヲ苦慮致ス所ニ有之關東ニモ厚御配慮
之義ニ候ヘハ御國体ヲ被立　朝廷ヲ始公武人心悅服ト」斷簡
存候乍去開闢以來ニ無之卽今大變革之御所置ニ可相成義ニ候へは　主上
大樹公深重之御熱談ならてハ實ニ御決着難被遊御事ト奉伺候

禁裏女房
山陵
神祇官
舊政告新

書類

○機密要言

一爰ニ神國廣大ノ重事至近之急務アリ其重事タルコトハ古今衆庶ノ思フトコロ言フ所ニシテ議者ノ王室ヲ論スル第一義ナリ其深切ノ餘リニハ迂遠ノ論マテニモ至レリ去レトモ末流ヲ擧テ說ヲ立ルノミニテ其源泉ノ混々タルヘキ樣ノコトニハ氣モツカヌモノナリ夫レハ輦轂ノ下ニ居スレハ知ヘカラサル故ナリ輦轂ノ下ニテ知タリトモ事宮壺ニワタル筋ナレハマタ猥リニ言フ可ラス然リト雖其本源ヲ察スルモノニシテハ知テ默止ス可ラス是至近ノ急務ト云フナリ其意趣左ニノフ

一皇太神ノ皇孫綿々タル皇胤彌御繁昌ナクテハナラス極大事ノ皇統皇子皇孫衆クマシマサンコトヲ祈リ奉ルハ天下萬民ノ一心ナリ然ルニ近皇

帝皇子降誕多クマシマセトモ御成長ノ親王トテハ今ニ不被爲在タヽ皇統ヲ繼マシマス一柱ノ君ノミ綿々タル皇位ヲ踐マセマシマシテ皇統ノ空シカラサルハ萬民ノ觀喜言フ可ラス是レ皇神ノ御加護ト仰奉ル義ナリ去ハタヽ神慮ニアル所ナレハ人意ヲ以テ彼是ト存上ルコトニハアラス然リト雖人臣ノ情トシテハ人事ヲ盡シ愈皇胤ノ昌ヘサセラルヽ樣ニ勘考イタスト・ハ・（本意ナルヘシ其昌サセラルヽ樣ニトハ）何分皇子多ク降誕マシマサ子ハナラヌ事ナリ夫ハ后妃御人ノ其仁アリテ無病壯實ニシテ胎妊アルヘキナリ是皇胤ノ昌ヘサセラルヽ本源タリ故ニ本源ノ堅固ニアルヘキ樣ハ人臣ノ商量ニテ人事ヲ盡スノ場所其上ハ天ナリト申スヘシサレハ急務トハ此事ナリ

一異邦ノ天下ヲ官ニスルトカ云ヘル不讓子讓德トカ云フ或ハ世ニ因リ簒奪相ツクモノアリテ必スシモ祖宗ノ胤ニナクトモ其人アレハ位ヲ繼クモノナレハ其道ハ廣クアレトモ猶無嗣爲不孝又不告娶爲無後ナト云ヘハ祖胤ノ絕ン事ヲ恐ルヽ義ナリ詩ノ螽斯ノ篇モ子孫ノ衆多ナルコトヲ

ホムルハ同シ義ナルヘシ況ンヤ神國ノ純粹ナル皇神ノ御血脈一系統ニシテ無二ノ大事ナレハ皇子皇孫ノ衆多ナラン事ヲ祈ラサルヘケンヤ去ハ彼本源ノ堅固ナル樣漢樣ニテ云ヘハ關雎ノ化行レスンハアルヘカラサル義ナリ

一古來天子皇后ノ外女御更衣其外宮女ノ御ニ當ルモノ多クアリ嬖幸ノ多キヲ云ニハアラス異邦ニサヘモ三夫人九嬪廿七世婦アリ七日當御ナト、云テ甚繼嗣之道潤澤ナルモノナリ下賤ニ至リテ匹夫ノ名アリ是色ヲ盛ニスルニハナク子孫ノ衆多ナラン爲メナリ然リト雖好色ヲ以テ後宮ノ充溢スルヲ欲セラル可ラス夫レハ主ノ賢愚ニアリ大欲ノ存スルヲ以テ媚ニハアラス又嬖臣之奸忽ニスヘカラス

禁裏女房前々ヨリ凡定員有之官女之向ニテハ上五人減少ノトキハ四人迄ハ被召置義此迄相整中四人下六人先右樣之趣ニ相見候得共別段申立之次第ニテ上六人・ニ相成有之候

候卽當時上六人
其中御ニ當候人体上中之內ニテ御時代ニ依リ多少有之候處當時其人体甚御無人之趣ニ被相伺何分年齡時過候人多分或ハ病身者等有之彼是御差支不少歟ニ恐察候事ニ有之然處此上御人增之義ハ頓ト難出來事ニテ其筋唯々心痛ノミ之趣ニ被相勘候御壯年ニ被爲在候得者、追々（コレヨリ）御繁昌可被爲在御時節之處右樣之次第ニテハ何共恐入候儀ニ有之尤上ヨリ御沙汰之被爲在事ニハ無之奧向トテモ所詮六人之上ハ難相成事ト申出モ無之候得者此姿ニテ年月推移自然ト皇胤モ御少ク候テハ實ニ無此上御大事心痛無極事ニ候尤皇統綿々タル事ハ申迄モ無之候得共何分當時一世親王ハ勿論皇親ノ御近キハ親王家ニ無之閑院家桂家等モ御直宮被爲渡儀ヲ奉待程之事（ニ在之）、但是迄ニモ御數方御降誕被爲在トモ御成長之宮當時御現存無之ハ無致方事ナカラ前件之次第ニテハ何共人事之不盡處歟ケ歟事ニハ無之哉申上迄モナク皇神之御遺体神國之一系統實ニ無二之大事ニ候得者古來皇胤ヲ弘ムル議論第一義ニテ其深切之餘リニハ法親王ヲ被相止被爲還俗候樣可然ナト丶申事尤ニハ候得共當時的實之處ヲ以テ相勘候得者右等之論ハ末派之事ニテ先源泉ノ混々タルヘキ道之流通シ難キ處ヲ弘メ奉ルト申儀ハ前條ニ申述筋唯今之急務ニ可有之哉其子細ハ輦轂之下ニナクテハ難察但事宮壺ニ涉ル筋ナレハ猥ニ難申出乍然其本源ヲ察スル時ハ不可默止事ニ有之候其筋ヲ推究スル時ハ給祿用費之事ニ相拘彼增員之儀容易ニ難相整候得共前件之等閑ニ難致次第其筋其人深察モ有之者相整儀モ可有之哉何分一應二應例之申立而已之儀ニテハ必取調ニモ落合申間敷哉ト相勘候何レ其正路ヲ以可申立事ニ候得共轉傳候テ存込之通リ至極之所迄照察無之候テハ其路難開通事ニ有之候何卒不拘積習當今之要務實ニ推察有之度何卒其筋之人厚勘辨有之度儀有之ト存候事

一縱令女房上五人ヲ定員トシテ其外御ニ當リ候人体三人トカ被定置定員之內其仁有之候者必シモ三人別段ニ被召置譯ニモ有之間敷所詮其人体

御差支之節ハ三人迄ハ闕補新規被召置儀出來候樣相成有之候者無際限儀ニモ無之誠ニ無御餘儀御時節之取計方可有之事

一當時之姿ニテハ年老之人隱居ニテモ願出候者子ハ新規被召出儀難相成候得共又年老之者モ勤仕相成候內者不被召置候テハ奥向之御締ニモ相拘候間此儀モ深勘辨有之度儀候事

一當時右人体被召出節相應之人ハ兎角難出來全堂上困窮之家々多分ニ候得ハ御受申候節ハ支度等尤手支之處不得止取調里方難澁跡々迄相殘候趣ニ付多クハ御斷申候テ無其人姿ニ相成精々被及穿鑿乍迷惑差出候ト申樣之次第ニ候得ハ是亦前條申述候筋御差支ニ相響一端ニ候何卒召出之節ハ御手當等被下候樣之勘考モ有之度但先何分御人增之儀出來不申候テハ難相成右等之儀ハ二段之事ニ候得共實ハ其邊迄モ勘察之取計有之度儀ト存候事

一右之通頻リニ御人增之事申立候得共嬖幸多カラシメ色ヲ盛ニセラルヽ

筋ニ落不申候樣肝要之事ニ候左樣之筋ハ決テ御止可申上事勿論之事ニ候

○極内密奉申上候書付　私儀

年來三條大納言樣蒙御懇命時々御講會等參上仕候處或時侍講之話次當時禁中奥向之御事柄ニ及ひ乍極秘段々御樣子承リ候而深恐入慨歎仕候ニ付乍恐奉申上候其子細當時宮女方之中寢御ニ當リ候人躰正妃之外纔々御壹人而已ニ而虚弱病氣なと時々御差支不少御事与申義ニ御座候右者元來禁中宮女之人數大抵典侍スケ上﨟五人　掌侍ナイシ中﨟四人　命婦下﨟六人与如此定員相立時宜ニより別段之譯合を以て上﨟六人迄者被召置候御義即當時六人ニ御座候右上﨟之人寢御ニ當るへき筈之處今日六人之中多分　御先代御先々代より勤仕之人ニ而年齡時を過き所詮其任ニ當リ不申噬壹人而已當御代之嬪御之備に候由ニ御座候偶々中﨟之人寵倖を被蒙候事無之ニ

而者無御座候得共是者格外之御義ニ而全体中﨟之人へは御直ニ被仰付も不被爲在御定之由ニ御座候尤御時代ニ〻如此計ニ而も無御座候得共當時は右之通之御次第ニて侍御之人甚御乏く被爲在候由乍去定員既ニ滿候上は御增加難相成但シ年老之人隱居ニ而も願出候得は新規被召出候御義ニ御座候得共左申而長々勤仕奥向御取締ニも可相成人々を何之故も無之隱居被仰付候者別而御不本意之義ニ付奥向ニ而も彼是心配奉恐察罷在候而已ニて誰も何共申出も無之因循打過候由ニ御座候竊ニ奉存候ニハ我邦皇統之連綿たる事實ニ四海万國ニ秀たる所にして苟も道を學ひ國家ニ志ある者第一仰き尊ひ候義先哲も此義を重んせられ近世之議論ニも法親王を被止度なと親切之說も承り及ひ候得共今日之御姿を奉伺候而は是等は却て枝葉に屬し眼前的切本源實地之處ニ於て大闕典有之候樣奉存候只今之儘ニて歲月を經候得は乍恐御血氣御强壯之御時節もいつしか推移り自然皇胤御手薄ニ被爲在候樣成行候而は實に無此上御大事ニ御座候へハ別

而近年　皇族微々たる御事僅に昨年御降誕之皇子樣御一方ニて當時之親王家ニも御近親ハ不被爲在閑院桂御兩家共御直宮樣被爲渡候を奉待候程之事唯偏ニ螽斯之詩意之如ク御繁昌を奉禱候事ニ御座候其上御降誕之多少御生育之有無は天ニ在る事ニて致方も無之只今之御姿ニてハ根本を開き候處ニ於て何共人事之不盡處有之候樣歟わ敷奉存候何卒今日之如き御時節ニは定員ニ不拘兩三人も嬪御を御增加被爲在候ハヽ螻蟻之微衷迄も難有奉存候古者天子ニ三夫人九嬪二十七世婦八十一御妻相備り各々進御之夕相定リ候由是等ハ漢土古昔之制度ニて其詳なるを相考へ不申必しも依據すへきに非れ共大抵古昔天子後宮之具備するを想像すへき事ニ御座候今万乘之尊を以て御閨門之間乍恐匹夫ニ均しき御姿ニてハ實ニ無勿体御事与竊ニ奉慨歎候義ニ御座候尤後宮女寵之盛なる事深く戒め有之候事ニ御座候得共當時之御事体ニてハ中々嬖倖衆多之弊を開き候樣之譯合ニ而は無御座候兎ニ角常格定例ニ拘リ候てハ本源之處開き不申何与歟格別

之大活計を以て此一路開通ニ相成候樣願わ敷奉存候扨又嬪御之人被召出候節兎角可然人躰を難被爲得每時御困リ之由其故は元來微祿御困窮之簪紳家之御義右御受申上候得は出勤之節支度調兼無據借財等ニて取繕被差上幷ニ御降誕之節等御所向ゟ御賄有之候得共御里方ニも無餘義多分之用費相掛リ後々迄被致難澁候ニ付內實被爲召出候事を被避外々ゟ之御緣組を被心掛候樣之義壹通リ御沙汰被爲在候ても先は御斷被申上段々御眷命之上無是非御受申上乍迷惑被差上候樣相成候由他日御繼体を御胎育被申上候任ニ御座候得は德性貞正氣体壯實之人を十分御詮議可被爲在筈之處右之御振合にてハ中々精選するに暇あらす自然与苟且疎略ニ成行可申哉是亦肝要之御義与奉存候何卒右出勤之砌御降誕之節等別段御手當被下置候樣相成候ハヽ御里方ニ於テも難有御受被申上自然与精選御自由ニて嬪御之任其人を易被爲得可相成哉ニ奉存候右等之事件相整候ハヽ皇胤益御繁昌之道相開き　天津日嗣万々世無窮之御基与奉存候右宮闈中之秘事誰

とても如此委曲迄ハ御推察難申上御義別而私共風情ゟ口外仕候ハ蹤分之罪深恐悚仕候得共不堪感慨候ニ付區々之微心書記し奉備電覽候別紙女房方御名前御年齢書付相添奉差上候間御參考被成下度奉願上候以上

丑二月　儒者　大澤雅五郎

内女房

中山故愛親卿女
大典侍從三位　藤原績子（イサ）　五十九

（朱書）元先帝女房大典侍
勸修寺故經逸公女
新中納言典侍從四位上　德子（ナリ）　六十六

（朱書）同上新中納言典侍
葉室顯孝卿女
大夫典侍從五位上　孝子（タカ）　三十四

(朱書)元東宮上臈高松
廣橋故胤定卿女
督典侍　靜(サダ)子　三十三
(朱書)元院中小上臈千種　後東宮小上臈四辻
庭田故重能卿女
宰相典侍　源　嗣(ツグ)子　三十四
(朱書)元先帝女房權典侍
中山忠能卿女
權典侍無位　藤原　慶(ヨシ)子　十九
(朱書)坊城俊明卿女新典侍藤原伸子卒去之替
梅園故實兄卿女
勾當掌侍正五位上　兄(サキ)子　六十三
高野保右卿女

侍從掌侍從五位下
今城定章朝臣女
衞門掌侍無位
堀川康親卿女
掌侍
官務壬生故敬義宿禰女
命婦正六位上
大外記押小路故師武朝臣女
正六位下
鴨社司鴨脚故秀豊卿女
無位
鴨社司鴨脚故光陳卿女
女藏人

房（フサ）子　三十一
重（シゲ）子　二十六
紀（モト）子　今参　十六
小槻　敬（シヅ）子　伊豫　六十七
中原　甫（ナミ）子　大御乳人　四十六
鴨　昭（アキ）子　越後　五十四
克（カツ）子　能登　三十八

鴨社司梨木祐持卿女　　持(モチ)子　三十五　因幡

松尾社前神主東故相村卿女　　秦　村(ムラ)子　四十四　伊賀

桂家諸大夫生嶋故成房朝臣女　　朝(アサ)子　五十五　駿河

御差

忠成公親筆
右は町奉行淺野中務大輔ゟ内々差出由也

嘉永六年三月

右趣意愚案所申含也

○神祇官事　欄外（朱書）神祇官再興ノ議　（以下朱書）考證　神祇官　白川家舊記

右ハ年久廢絶ニ相成候義先々　御代々被歎よりも思召候神祇官サヘ及荒廢候、迚即白川家ニ傳來ノ秘書ト有之候記錄勅書ニモ後奈良（柏原）帝歟此官ノ荒廢ニ及ひ候を深御愁歎之
神祇官サヘ跡方もなく成候ト

趣銘心肝候事ニ候元來神國之風儀天神地祇ヲ重スル故ニ以當官置諸官ノ
（被爲在）上也ト職原ニも有之義誰不知者モ無之候歟中世及破壞之比奏議之趣ニモ
神祇官者神宮以下諸社官幣發遣ノ地也就中有朝家重事時神祇官輩參籠本
官今致懇祈者歷代之通規明時之嘉模也百八神殿悉破壞大略無其形歟匪啻
廢神道尊崇之禮以失祠官祈謝之便然者急速被造立之條偏是神事興行之最
可爲王化太平之基由茂相見へ實ニ天下第一之官舍ニ有之（与存候）右御造立も有之
候ハヽ是ゟ神國之本源必相立自然國体も堅固ニ人心開明可致心得候樣可
相成候へは當今之急務ニ存候事哉

右故　御代々其　思召被爲在候趣候得共未被遂其儀神祇官ニ而可被行公
事ハ吉田之齋場所ニテ被行之式白川家（伯ノ家）里亭ニテ取行候事抔甚以闕典之義
ニ而實ニ歎ケ敷事候

既毎々右御造立被遊度トノ　御沙汰も有之是迄空地ニ相成居候日門通リ
正親町家屋敷地（當時故門院ノ舊地）其邊ニも被造立度由茂申傳候此義ハ實ニ國家之

急務とも可申哉右等表立御沙汰被仰進候而御都合如何哉何卒御再興被成遣下度事ト存候事

右之存意猥ニ可申出義ニハ無之候へとも前々ゟ御内沙汰之義ハ兼々伺居且傳承候事ニ候へは御内慮被仰出候而御都合成就可相成義哉役中先一存勘考内密其筋及物語候事ニ候得ハ是等も何分近來ノ御模樣ニテ外夷一條之義一段鎮定之上ならては御混雜中兎モ角被仰出かたくト存候き歟何卒御時節ヲ以て御造立被成進度事存候

○

亞墨利加使節申立之趣具被　聞食候　御國体相拘實ニ不容易之場合相迫候此上ハ

御國內人心第一之義候間三家以下諸大名之赤心被　聞食度　思召使令一應御取調有之各所存被爲書取被入　叡覽候樣被遊度候事

(欄外朱書)
○堀田への達書案歟近海警備之事

双方談判濟之上國内人心之居合方ヲ以指止候義は万國決テ無之筈江戸政府ニテ右調印出來不成は權有之方ゟ罷出談判可致ケ様之義は西洋各國ゟ相響候ハヽ向後外國ともの條約等之義ニ付而は必江戸ゟ（不カ）可罷出京師ゟ可罷出

一常節之形勢關東衆議（諸大名）之上關東ゟ言上有之迄ハ　御決答難被遊夫迄之處使節猶豫不致關東ニテ精々談判御取鎮メ可有之處万一從彼及異變候歟或當地近海ゟ渡來可致義茂難計哉其節ハ如何之取扱ニも可有之哉京師ゟ差迫リ伺ニ相成候共何分關東へ御返答可被爲在之筋ニ候故於當地御取扱方無之義ハ勿論之御事尤又當地騷擾不致様其筋取計有之候義ト存候先年以來毎々及御懸合候義も有之從關東御手厚御世話ニ而近海防禦之義夫々御下知も在之則紀阿之御手當其外別紙之趣等言上ニも相成差向御安心之御事ニ在之且又先達而魯西亞船渡來之節之御處置振も被達

候趣も在之候へは此度とても万一渡來候ハヽ先同樣之見込ニも可有之
哉乍去其節之事情とも方今之模樣ハ相替リ候都合も可有之哉ニ候へ共
兎ニ角京師ニテ唯今御取扱方無之筋合ハ其筋之辨別可有之事ト存候間
何分万一渡來候節ノ手都合京師　御安心之樣勘考有之度機變之誤リ無
之大事ニ不及公武何卒御安心之樣兼所司代大坂城代等へ厚被　仰付度
思召、、、、、、、

忠成公手錄書類寫第四

○安政六年三月十日以實美內々被爲見下候文書之內拔書　三條前內府へ引合之ヶ條ト有之

一昨年十一月頃水戸殿御家來鵜飼吉左衞門方へ罷越候節水戸老公御直書之由御書中ニ有之候通右御直書靑蓮院宮三條家ゟ大學ヨリ御心得ニ入御覽呉候樣吉左衞門申聞相渡候ニ付致拜見候處大意左之通

墨夷一條近來追々切迫ニ相成於關東モ追々御變革ニ相成諸侯之建白御採用無之此上ハ如何之御嚴重之御沙汰モ難計左候者ハチス三等ハ兼テ英明之御性質故關東ヨリ如何御處置ニ及候モ難計候間其邊第一ニ御用心可有之此段內々御心得之爲池ヲ以申入置候樣トノ御趣意

池內大學申口

右御直書之意味大學儀相考候得者關東ニテハ青蓮院宮ヲ大塔宮ト相唱候様風聞モ有之右宮英明之御方ニ付果テハ關東ヨリ大塔宮ノ如キ御所置ニモ可至哉ト推察致候儘右御直書青蓮院ヘ持參入御覽大學推察之意味ヲ含兼テ御用心被爲在候様申上候處宮御熟覽之上此方儀モ種々世上ニ風説致候故旁以此義ハ覺悟致可申様被仰御下ケニ付同日三條家ヽ持參前内府殿ヘ入御覽候處老公懇切之段御歡ヒニテ御一覽之上御下ケニ付夫々ニテノ御答振吉左衞門ヘ相達御直書同人ヘ差添

一前同斷前書吉左衞門方ヘ罷越候節老公御直書之由爲見青蓮院宮三條家ヘ前々手續キモ有之候ニ付大學ヨリ入御覽呉候様吉左衞門申聞拜見仕候處大意左之通

此度墨夷和親通商交易彌御治定ニ可相成數ケ所開港相成可申左候者其處々ニテ耶蘇之敎法堂ヲ造立致云々天主トハ勿体ナクモ天照太神宮ト同躰ナト疑惑爲致引込可申云々且又夷船伊勢海ヘ渡來之節ハ

兩太神宮御危被存候間兼テ朝廷ヨリ其邊之御手當モ關東ヘ被仰立候樣
思召候趣蓮三等ヘ申上置候樣トノ御書面
右御直書之意味大學ニモ御尤ニ存候ニ付旁右御直書靑蓮院宮ヘ持參入御
覽御直書之御趣意大學ニモ御尤ニ存候段申上候處宮御覽之上至極尤成趣
意神道ノ衰微而已ナラス佛法ニモ可相拘別テ一向宗抔ニテハ猶又相拘可
申旨被仰右御直書御下ケニ付同日三條家ヘ持參前內府殿ヘ入御覽候處至
極尤ナル趣意ニテ兼テ兩宮之義ハ勘考モ致居候先年伊勢足代權太夫上京
之節風ト其旨咄候處勢州祠官之心得方ハ萬一兩宮御危キ時節ニハ神体ヲ
奉シ上京可致旨咄有之候由ニテ右御直書暫ク預リ置度旨被仰候ニ付上ケ
置翌日取下ケ罷出夫々ニテノ御答振吉左衞門ヘ相達御直書同人ヘ差戾置
候旨
一當七月中頃老公御愼之義ニ付吉左衞門方ヘ見舞旁樣子尋ニ罷越物語中
吉左衞門儀此度之一件主人老公ノミナラス賢明之尾越兩家迄モ同樣御愼

被仰付天下暗夜之如クニテ何共歎ヶ敷次第ニ付何卒老公ハ勿論尾越之兩家トモ御救ヒ申上度大學儀靑蓮院宮三條家ニハ兼テ御懇命之事ニ付何トカ救ヒ方手入之儀吉左衞門相賴候ニ付同月十六七日頃三條家へ罷出前內府殿御目通ニテ吉左衞門願之次第委細申上候處右御三方御愼被仰付候儀ハ兼テ御承知之由ニテ誠ニ氣ノ毒ナル次第殊ニ三家共賢明ノ聞ヘモ有之候方々之儀ニ付何トカ勘考可致哉ニモ御沙汰ニ付猶モ可然樣御勘考相願候旨申上置其段吉左衞門へ申聞置

一八月十一日大學儀三條家へ罷出候處前內府殿御目通ニテ去ル六日宮中ニテ三公方其外烈敷御集會御評議有之先達テ申込置候三家之一件ハ勅諚ニ極リ此度水戶殿ハ勅諚御差出ニ相成候旨御噂有之右寫拜見被仰付大學儀兼テ東坊城家ニテ及承候ニハ御所向ヨリ三家方へ御直御通路等之儀ハ不相成旨傳奏衆御役成之節誓紙面ニ有之義ニ付右勅諚之義ハ御失策ト存シ其意內ニテ存念申上候處水戶殿計へ御差出ニテハ無之公邊ヘモ御差出

相成候儀之由ニテ御失策トハ不被思召候哉前内府殿御面色御變御氣障之体ニ相伺候ニ付其砌程克申成引取云云九月初頃吉左衛門方ヘ罷越面會致シ最前三條家ニテ承歸リ候趣委細申聞候處大學等段々骨折ニテ難有キ勅諚モ出候段吉左衛門ヨリ挨拶有之候旨

○

鵜飼吉左衛門申口

一三條家ヘ水戸前中納言殿御身分之儀願込有之候間御聞請宜様取計之儀清水成就院隱居月照ヘ相頼候旨

鵜飼吉左衛門

幸吉申口

一七月廿一日伊三次前内府殿ヘ目通リ申上候主意

當春備中守殿御上京之節外夷御處置之儀諸列侯之赤心御尋之上叡慮御伺可有筈之勅答ニ候處無其儀神奈川調判相濟候儀幷賢明年長之御方御

養君之思召叡慮之處御幼年之御方ヲ被仰出候儀全違勅之次第柄一体此度水尾愼等被仰出之義者温恭院樣御不例御大切後之御愼被仰出ニ有之哉ニテ台命之義トハ不被心得其上何故御愼被仰付哉罪狀之處モ相分不申不容易御時節柄右三侯之如キ英明之御方ヲ御愼御隱居等被仰付候者實以國家之安危ニモ係リ候ニ付老公ハ勿論尾越兩侯共御愼被爲解候樣勅諚ヲ以テ被仰遣度尤一橋殿ヲ西丸ヘ御移有之度存意之處御養君被仰出候後ニ付當上樣ハ御幼年ニ被爲在候間一橋殿御事御本丸ヘ御入當上樣ハ西丸ヘ御移追テ御養君ニ被遊度若其儀難整候者老公ヲ副將軍ニ成シ御後見有之樣關東之事情ヲ前顯之通委細申上候處前内府殿御答ニハ右關東事情之儀者書通等ニテ是迄追々承及候得共此度伊三次上京ニ付委ク承知之旨ニテ同人內意申込之趣ハ得ト御勘之上外々ヘモ御相談被及候旨被仰聞候由申聞候ニ付猶追々倶々申談候旨及返答候

七月廿三日頃三條家ヘ伊三次罷出御逢之節前内府殿被仰聞候此程申込

之趣意ヲ三公方始夫々へ御相談有之候處中々急速ニハ難相整猶御熟慮之上御評論可有之候得共關東事情書綴可差出外々ヨリ書通等ニテ申込候向モ有之候ニ付突合勘考相成候者都合モ宜旨被仰翌廿四日關東之事情書綴持參御養君之儀幷ニ外夷一條違勅之次第柄御所向ヨリ御難問之儀者嫌疑ヲ憚リ口上ヲ以テ申上置候由

一八月六日伊三次三條家ヘ罷出御逢之節申込置候御評議之御模樣相伺候處今日頃勅諚御差出之筈ニ候處昨日九條殿御參有之其砌勅書ヲ以被仰出候趣者於關東兎角叡慮之樣不相成候ニ付此上ハ御讓國可被遊旨之勅書九條殿ヘ御渡有之右勅書之趣九條殿ヨリ三公方其外ヘ御評論ニ相成右之騷ニテ六日頃差出可相成勅諚者御延引相成候得共何レ近々御差出ニ可相成御模樣之由前內大臣殿被仰旨伊三次罷越申聞然ル處同八日朝萬里小路家ヨリ呼出有之勅諚吉左衞門ヘ御渡相成候旨

八月三日恪太郎幸吉ニ面會三條家內話ニハ伊三次ヨリ內々申込候得共恪

太郎意內難計ニ付取敢不申候處同八日勅諚御渡後恪太郎罷越前內府殿被仰候ニハ彌勅諚相渡候哉暑氣之時分相厭候樣別段御使ニテモ可被遣之處嫌疑モ有之候ニ付無其儀旨被仰候由同人申聞候

一勅諚遵奉御催促之事御所向ヨリ御沙汰有之候樣三條家ヘ手入方恪太郎ヘ相賴候旨

民部少輔申口

九月十一日近衞家ヘ集會勅諚御催促之御評議右府殿ヶ條同斷

一御養君一條三條殿ニハ土州侯ヨリ御手入モ有之候故哉一橋殿之御見込之由

一九條殿此儘御在職ニテハ賢明之主上御不明ニ可相成何レ御退職相成候樣三條殿ヨリ被仰上候由云々

一當八日之勅諚評議近衞殿ヶ條同斷

一墨夷一條ニ付近衞殿等ヨリ水尾兩家ヘ書通評議之義近衞殿ヶ條同斷

一當九月十一日近衞家ヘ三公寄合之節將軍宣下御差延夫迄ニ三家大老御呼登セノ義三條殿被仰候趣民部權大輔儀右大臣殿ヨリ相伺居右三條殿被仰候趣元ハ列參之人ヨリ三條家ヘ被申立候故ニ可有之歟推察之旨
一八日之勅諚ハ三條前内府殿執筆宮中ニテ草稿御綴相成候由ハ及承候得共三條殿ニ候トテ右樣之長文之勅諚草稿卽座ニ御綴ト申ニモ有之間敷右勅諚之發意此節相考候得ハ先達攝家方三條殿御評議之上水尾ヘ被遣候御書ノ大意ト同樣之趣ニ付其以前ヨリ御發意有之候ト存候旨
一三條殿ヘ返上ト有之大老上京候樣ト有之書面之儀ハ同家ヨリ近衞殿ヘ被差出左大臣殿ヨリ右大臣殿ヘ被相廻候由ニテ席次第三條殿ヘ差返候樣右大臣殿被仰聞請取置其儘ニ相成有之候儀之旨
宇喜多一蕙申口
一八月十四日頃三條殿ヘ山本貞一郎罷出候由

森寺若狹守申口

當八月五日頃宇喜多一蕙方へ罷越云々無程山本貞一郎罷越、、、、、、、、、、水尾越三侯御愼御免等之儀內願致候ニ付テハ何レカ主家ヨリモ內命ニテ可有之哉ト同人へ相尋候得者右ハ何レノ、、、、、强テ相尋不申候得共何レ水尾越三侯之筋ヨリ賴込候儀ト推察罷在其日ハ相別レ候由

左內事

因幡守へ申來事」

一鷹司殿裏方附水戸殿御家來石川德五郎ト申者存生中當春頃迄ハ德五郎儀時々三條家へ罷出前內府殿面謁有之先達テモ水戸前中納言殿ヨリ・日本史ヲ前內
被遣其節ハ勿論其余ニモ折々前中納言殿ヨリ
府殿へ御直書到來被致候儀ハ有之候由乍去當春德五郎死去後者前中納言殿御直書到來被致候儀者及承不申旨

柳田加賀介

同木工少允申口

一封中上ノ字下ニ飯泉喜内ト有之云云封ノ儘差出

一當二月頃前内府殿ヨリ木工少允へ被申聞候ニハ毎々夷國一條喜内ヨリ申越御心得ニ相成候義モ有之滿足ニ被存候ニ付喜内へ相應挨拶ニ及ヒ置候樣被申出候間右之趣同月十二日附ヲ以テ同人へ出狀致候事

○

機密雜誌

一當月公家衆下向之義モ大嵐津波等ニテ御止メニ相成歟ノヨシニ候處内實ハ異船ノ模樣不一通ヨシ（追々承知之通リ我等ハ當正月ヨリ何事モ相談無之此程異船來リ候モ何モ一向ニ筋ヨリハ申聞無之故筋ヨリ聞入候事ニハ無之候得共自然存候所左ニ申聞候事）先達テ英艦長崎へ來リ御定之場ヲ乘リ越シ内迄乘入候故松平肥前ヨリ番船數多出シ（我等兼々番船ヲ出シ候ハ不宜何ノ役ニモ不相立ヨシ申候得共公邊例ノ掟故出サセ候）候處英

艦ニテ帆ヲ下候哉否船車ノ如ク廻リ候故火車船ノ車ヲ一方ニシテ廻シ候事ナルヘシ番船八艘計破船ト相成右船ニハ七八人宛モ人有之候處不殘海中ヘ入死候歟ノヨシ右ニ付肥前大ニ立腹致シ是非々々打拂可申云々奉行ヘ申聞候處奉行申候ニハ御定ノ場ヨリ内ヘ乘入候故打拂可然候得共一應先方ヲ聞テ上ニ可被成トカ申ニ付肥前扣ヒ候處奉行ニテ先方尋候得者何モ野心等有之候テ致候儀ニハ無之自然ニ船廻リ候トカ申候ヨシニテ野心無之者打拂ニハ如何故先々御打拂ハ御控トカ申候由敵方ニテイツニテモ野心有之候ト可申筈之レナシ敵ノ云フ事ヲ信シ候テハ無際限候尤當奉行ハ惡シキ人ニハ無之候得共幕只今ノ姿故無巳右樣申候事ト見ヘタリ是モ無據事ト被察申候然ル所肥前ニテハ承知不致候故黑田ニテ中ヘ入リ打拂ノ儀差止メ候テ彼是致候中ニ英艦ハ無事ニ出帆ノ由肥前ニテハ船ヲ失ヒ人ヲ失ヒ候計ナリ英夷ハ海外新話ニモ有之候如ク甚タ夷ノ中ニモ不法ノ國ニテ是迄長崎ヘ上陸候テモ樣々ノ不法ノミニテ事ヲ求度存意被察候其後浦賀ヘ蘭船注進ニ來リ浦賀ト聞候故其通リ認候得共是ハ下田ノ誤ナラン申候ニハ此度無程英艦四十餘艘來リ候故若是カ浦賀ヘ來ント云事カ御用心可被成此度ノハ御油斷ハ決テ不相成萬一願向不叶候者直ニ兵端ヲ開キ可申抔ノ由注進ト云ヘハ此御國ノ爲メノ樣ニ候得共銘々

我等申如ク必ス蘭人モ英夷ニ心ヲ合セ居候ニハ無謑ト被存候タトヘ蘭人ハ日本ト諸夷ト戰爭ニ相成リ日本强クシテ諸夷負ケ候者蘭人ハ是迄ノ振ニテ蘭交易ハ致可由又日本不殘諸夷ノ方ニテ奪取候者蘭人右ノ手引致シ候功ヲ以テ日本ノ地半分ナリ三ツ一ツナリ自分ノ物ニ致可申何レノ□損ハ不致ノ存寄ト被察申候如何ニモ蘭人ハ惡ガシゴク諸夷ヘモヨキ樣ニツキ合候樣子ナリニ聞ヘ申候扨願ト云フハ何願ニ有之哉一切幕ヨリ御申聞無之候得者存不申候得共一時ノ御計策ニテ御手當出來ニ中位ニ御濟ニテヨキ品モ可有之哉ニ候得共品ニ寄リ候得者一ト度御濟セニ相成候者二度御引カヘシ不相成樣ノ事モ可有之又每ニ寄リ候者大阪ニ直ニ乘入京地ナト志シ候程モ難計過日漸ク大阪御警衛ノ事モ被仰出候得共中々急ニ出來ニモ相成間敷實ニ天下之御爲ヲ存候テハ日夜心配ニ候右之次第故公家衆下向ノ處ヘ夷狄云云ニテハ御混雜ニ相成候故大風等ニカコツケテ御斷ニ相成候由我等退隱後間モナク幕御燒失其後西城御燒失或ハ一丈餘ノ人御屋上ヨリ御番仕ノ凉ミ居候所ヘ來リ又ハ奥御納戸ヨリ火ノ玉コロケ出又ハ長局ノ桃ノ木半ヨリ火モヱ又ハ御本丸御座間等ニ數ケ所ヘ雷落其後異船來候節愼德公御逝去又御逝去後ハ天變地妖モ一倍致シ地震津波モ度々當年

ハ雷モ又御座間邊ヘモ落候由昨年中納言紅葉山ヘ豫參ノ節戸忠供ニテ出候節ニハ將軍家通御之先ニ御ウスベリノ上ヘ三寸計ノ丸キ物何モナキ上ヨリ落ボンベン玉ノ散ル如ク音ツヨクシテ破候ヨシ中納言モ戸忠モ見候由御手水ノ方ヘ廻リ居候御小姓抔モキモチツブシ候由神祖ニテモ云云ノ御知ラセニ可有之哉御宮御拜ノ節如此ヨシナリ

右樣色々樣々ノ事有之ニモ無搆御不手當ニテハ今ニ事出來候時ハ如何トモ被成候事ト存候尤閣老初ハ精々骨折樣子ニ候得共承知ノ通リ將軍家御明々ニテ夷狄ナトニハ少モ御恐レ無之哉サク〳〵御指揮ナト無之故下々ニテノミ如何樣存候テモ可行屆儀ニハ無之勢州初ハサソ々々ト思ヒ遣レ候併ナカラ何ヲ云フモ今ハ勢州ニテ是程ニモ持合居事ト見ヘタリ此度英夷乘込候上ハ如何樣ノ事ニ相成モ難計候得ハ此段極密ニ咄申候故御序之節ニ鷹司殿ヘ極御內々御咄申上候樣可存候也御序ノ節トハ認候得共イツ御序有之モ難計候得者可相成ハ早々御含ノ爲ニ申上候方ト存候極密々々

九月十六日認

二白此書認置候中側ノ人々傘カ飛ヨシ申候故見候所今日ハ風ハ少モ無

之候所鳶ノ高舞候位ニテ傘小ク見ヘ候位ニ高ク舞上リ申候先々月ノ風
少モ無之ニ屋根板面白キ程ニ多ク共ニ舞上リ候風アレハツムシニテ卷
上ケ候事間々有之候得共更ニ風モ無之ニ上リ申候ハ奇ニ候

△押紙　大將軍ニテハ伺ニ出候者御ウルサク思召候故相成タケハ伺候事モ不相成候ヨシ何事モ御分リ無之故ナリ御庭ノ鷲鳥家鴨抔追カケ給フ哉又ハ御側ニテ豆抔チ煎又ハ菓子抔チ製シテ被下候位カ御慰ノヨシ右故文恭愼徳兩公程ニハ御入用モカヽリ不申由ナカラ異國艦ナトノ事ハ一切御分リモナク候テ恐入事ノミナリ德川ノ天下ハ御失ニ相成共無巳候得共左候時ハ京地迄モ失ヒ候樣ニ可相成恐入ノ上ナシナリ　直ニ火中々々

上封シニ九月十六日書認

書附之品

石河德五郎へ

九月廿八日ノ事ナリ

此書附極密德五郎隨身予限リ爲見申候

○

十月

三日鷹司准后ヨリ兩人被招退朝懸參入密々面話給水戸中納言殿呈書有之

外夷事情甚不容易趣巨細書面認之三通計細書也但必當地へ不相聞樣役筋ヨリ申入旨有之間堅固秘密他言決テ無之樣申來云云乍去准后一身御聞置ニテモ難相濟事故兩人ヘハ極密爲見給之旨猶存意モ有之候ハ可申上由ナリ

此事過日石川德五郎內話有之義ナリ

書面之大意、繁多之間不及記憶

五日鷹司准后殿同役方へ以使示給過日爲見給水府書狀內々可入叡覽尤極密之由雖示越上ヘハ御覽ニ入置可被申歟且過日面晤給之次第粗可申上置上ニモ御勘考被爲在度專近日准后被參候得共先書取可入御覽旨被命云云仍一封被授之後刻先封中以富小路上之委細ハ參御前可申上御都合御宜節被召候樣申上封中被留之猶明日可召于御前旨有仰又准后殿被命云議奏之中萬里小路ヘハ內々可噂之旨ナリ

一御所之儀ハ日本一体御收納云云ハ表向ノ事ニ候得共內實ハ御所へ御付

ニ相成居候者三萬石計ニ伺及候所右親攝初公家ノ被下迄モ入レ候テ三萬石歟又三萬石ハ全御所計ニテ親攝初公家ノ祿等ハ別物ニ候哉ノ事

一毎年公邊ヨリ御所ヘ被進候御金ト申物ニテモ有之候哉有之ハ何程宛候哉ノ事

一女御ノ御方御アテカイハ一ケ年何程ニ候哉ノ事

一兩局初御所女中ハ何人位ノ御人數ニ候哉被下物ハ何役ハ何程位ニ候哉

但是ハ御人末々ノ女迄ナリ又者ハ不入又者ヘハ共主人々々ヨリ遣候事ト見ヘ候得共何程位宛遣シ候者歟

一女御ノ御人モ同斷

一俗ニ世上ニテ十二ノキサキ抔申ス所右ハ兩局初ヲ總テ申事ニハ有之間敷全ク御手ノ付キ候テ御出生申婦人ノミヲ申事ト見ヘ申ス所若シ兩局ハ

御役女ノ事ニ候得共兩局ノ外ハ誰ヘ御手ノ付キ候テモ不苦毎ニ御定ノ者歟何レ公家柄ノ人ノ娘ニ無之候テハ御手ハ付不申事ト存候所女御ノ御人ニテモ思召ニ叶候得者御所之方ヘ被仰付御召遣被遊御出生申上候者歟

一女御之御方ハ勿論御所相勤申候公家ノ娘ヲ始其以下ニテモ其父弟等ニテ外々ヘ縁付度トカ又ハ病身トカノ願有之候得者御手ノ付キ不申人ニ有之候者御暇出候事モ有之者歟一体和漢共聖代ニ一生奉公ト云フ事ハ聞不申事ナリ左候得者一生御勤申度ハ一生願候者ハ相濟事カ男女共三度生ルル時ハ死テ又生ルト云フ事ハナシ皆父母ノ血脈ヲ殘シ度思フハ人情ナレハ一生不淫ト云事出家ノ邪法ノ外ハナキ事ナレハ御所抔ハ人情ニ戻リ候御法ハ無之事ト思フナリ

一一度縁付離縁ニ相成者トカ夫死候テ宿ヘ歸リ居者ナトモ御奉公願候得

者御所ニテ御召抱ニ相成候者歟

右等御内々關白殿へ伺候者可相分候如何ニモ御所御扱ハヨクモナキ様ニ承リ及ヒ女中ナトモ此方ノ目ヨリ見候得者少キ様ニモ被存何ヤ角ヤハ御不自由勝ノ様ニテ恐入候事ニ伺及ヒ申候先年仁孝天皇御不快ノ節ナト犀角御用之節如何ニモ下品指上候ト云フ事我等伺ヒ及ヒ切歯至極ニ存候得共甲辰後間モ無ク申候テモ不通事故殘念ト存候計ニテ止候ヘキ御所付ノ人々如何ニモ不宜御所ヲ引シメ候テ自分々々ノ功ニ致候事ト被察候處御所ヲ粗末ニ致シ候テ公邊ニ功可有之謂レナク全クハ將軍ニモ能ク右様ノ事不分勘定奉行限リノ事ト被察候唯今石河ニテ京地ニ居候コソ幸ヒ且又關白殿ニハ諸事御功者ノ事旁ヨキ時ニ候得ハ前文ノ事モ巨細伺候者我等心得迄ニ可申聞候我等承知致候トテ致方モ無之様ニハ候得共心得居候者行末建白致シ出來ル事ハ致シ候テ指上申度事故有体之處委細ニ伺候テ可申聞候他言ハ致シ不申全ク我等心中ニ納置候テ此末共扱ニ相成程ノ事ハ

御爲ニ相成候樣致シ指上度候故此段極密申聞候火中々々

八月念一　　石河德五郎へ

〇（朱書）近衞忠煕へノ書翰　二月四日

二白久德萬◎按スルニ久德萬ハ久我德大寺萬里小路ナルベシ共至極忠勇之志感佩候仍テハ其終始之處置不誤樣ナラテハ難相成精々肝膽被碎候樣申候事ニハ有之候本文ニ付愚案幷ニ到來之書面類モ差添且可入御覽ト認居候モノモ有之處少々出來兼又書面等久德ニ爲見置明朝ハ可相返ト存候其上夫々可差上候先本文之儀御勘考可相成事哉於久德モ其儀呉々被願候事ニ候先ハ極々密々申入候御覽後御投火希入候尊公御勘考ヲ以御往來奉祈候定テ早速ニ御內達可相成哉其返事モ御返答迄ニ不相分候テハ無詮殘念ト存候何モ不漏泄候樣御勘考專一ト存上候早々如此候也

夷一件追々差迫リ明日ハ備中守上京之由右御勘考ハ如何哉實ハ是迄之見込ニテハ十分手强ク出テ候テ可宜ト存居候處段々關東邊之模樣探索候處

餘程根深ク相成候ト存候無一二正論計ニテハ難被行忽チ大難引出可申哉ト被存候尤又柔弱不斷之事ニテハ不相成誠ニ此際之處六ケ敷所ニ候松平越前守ハ御承知之通賢才之譽有之候人物外夷之事情モ格別ニ考究國家之大体ヲモ辨知有之先年以來建白モ愉快ナル事ニ御坐候故此度ナト定テ傑出カト存候處内々手ニ入一覽候處粗此度申來候趣意無異存樣子ニ候乍去委曲ニ建白有之候間改革ニ成候事ニ候得者彼趣ニ可相成者宜ト存候右本意之事哉何分最早治定之事故無致方故トハ存候然ル上ハ唯今之處正論英斷出申候トモ末々ニ至迄之處御勘辨ナクテハ不容易事歟ト被存候夫ニ付色々ト折衷之處ヲモ存付一紙相試候得共イツレカ御宜歟何分夷情ハ勿論武情モ難分扨々當惑至極之事ニ候右ニ付尾州此頃之見込ハ如何哉水府太閣へ被上候書狀御覽ト存候是モ大ニ相違之見込ニ成候實ハ當今之勢不得已故之事ト存候左候得者何卒後々之恢復可致樣ノ手段ヲ附置度事ト存候彼西城急々出來候方兎ニ角急務ト存候唯今ハ夫迄之處ニ切迫ニ成リ來リ

候一向大樹上洛ニテモ被仰遣御直談可被遊ナトト申樣成事歟是モ迂遠之
上眞實當大樹ニテハ詮ナクト存候何卒尾州今日之御處置振的當之程御内
々御尋問相成間敷哉別紙ハ誠ニ不得已之拙劣愚策ニ候トント無致方節ニ
ハ此邊之事哉實ニ朝廷之英斷所仰候處人心危疑一致ニ無之候テハ所詮難
被行哉夫ノミナラス膝下ニ危變ヲ生シ可申モ難計風聞ナトモ有之候歟夷
人下田ニ引取是モ隱謀有之哉ト申咄モ有之候何分末々迄之處御考究所希
ニ候尾州幸在國之儀機變ニ寄候テハ上京ニテモ有之度事ト存候既ニ先年
之節其事申出シ候事ニ候今日之良策御内問所祈ニ候何卒急々御勘考相成
間敷哉御互ニ心術痞塞ト存候何分御勘考奉祈候也恐々謹言

二月四日　實萬

左府公　極密玉机下

〇

廿六日

一應接書六册自東坊城被送之令家司等寫之及黄昏終功七ノ册一册明朝可返申遣返送了

廿七日

自東坊城來書

一攝家衆所存言上昨日拜見仕候二條殿大分キヒシキ書取快然ニ候兩役モ久我之外皆々不同心之書取ニ候太閤殿何ト被仰候哉ト存候事

一現任所存被尋下候昨日申渡置候夫々御相談被申上候方モ可有之哉何卒御ツヨク所存御申上之樣ニ致度候小細工ハイラヌ事只々不承知之旨一人ニテモ多分有之方御爲ト存候何卒御勘考之御爲申上置候事

一明日明後日之內大學面會仕候何ソ御尋被遊度御事モ候者一寸御一筆可被仰下候聰長心得ニテ輕ク相尋候事ハ差支不申ト存候任序相伺候右御序ニ御伺否可被仰下候事

正月廿七日

老中所存御尋之事未タ御沙汰無之候
御近侍中　極密　聽長
右應接書入御覽候モ尤太閤殿ヘ申入候上之事ニ候間左思召候樣御申上
可被下候
昨日入御覽候應接書六冊返給謹領候第八卷未返來候間來次第速ニ可差上
候右等之趣宜御沙汰賴入候也
正月廿七日
追申此折文箱御直披被爲在候樣宜言上賴入候也
欄外ニ
廿八日所々可及尋問ケ條モ有之歟ニ候得共差向是ト申儀モ無之旨申遣
了
事々不審不少今瑣細尋問モ如何後日老中上京之上大綱ヲ可尋所存ナリ
廿八日

大樹公于今世子追々（無之）被及年長候養女篤姫其内誕生茂可有之哉ナカラ當時急務多端之時節西丸無之候テハ人心モ自不安候間早々養君治定有之度事ト存候就テハ急務之時節柄年長英明之人傑ナラテハ人望モ如何且政務扶助モ難相成候歟一橋ヽヽ（慶喜）卿ハ格別人望ニモ被叶候由承及候得者右ヽヽ卿ヲ以テ養君ニ可被立哉。（候様）　御内勅被仰遣候儀者相成間敷哉忠煕格別ノ間柄旁。懇。（心配）願之至候「於關東モ專右評議モ有之趣内々薩摩守ヨリモ申越」於篤姫モ尤同意之事ニ候旁早々可被仰遣哉養君治定西城守護モ出來候得者大樹公モ安心國家靜謐之基ト存候仍。懇。（内々）願旁此段申上候事

正廿七

（以下八行朱書）

右ハ近衛家ヨリ言上之内案從正房卿内談加愚案返進了

此義先日從薩州彼家幷當方ヘモ以書中申來之子細有之仍一昨夜托彼卿談合左府々々頃日所勞之間不能面談彼卿格別之間於臥床可被面會仍附屬了右之續ニ付自彼卿內談之事ナリ

廿八返書遣之書取至極可然但懇願之義如何先關東方示合之義ニ無之事故如何之由申答薩州之狀ハ殿下太閤へ別段被爲見可然申入了

武傳へ可被出歟之旨彼卿へ談置了

但太閤へ内談可然同ク申入候

○

一御變革之御處置不得止義ハ尤御如才無之候得共三家ヲ始下々ニ至迄人心居合方如何ニ候哉深恐入候御時節ニ候御模樣承リ度候事

一亞人手ヲ引候者英夷必渡來可仕候トノ事亞人被差置候者英夷ハ渡來無之トモ其外魯西亞以下之諸夷ハ如何哉不審候事

一墨夷同盟之合衆國トハ何之國々ニ候哉

一大統領トハ合衆國全体之大統領ニ候哉墨夷中之大統領ト相見候慥ニ難分候

一昨冬之書翰ニ千八百五十五年ト紀年候切支丹國ヲ本國ト致シ其紀年ニ

テ年數ヲ立候由承及候不憔候如何哉
一ハルリス語中ニ世界第一之合衆國トモ有之候合衆國中ニテハ墨夷第一ノ國柄ニ候哉

○

墨夷之事神州之大患國家之安危ニ係リ誠ニ不容易奉始神宮御代々被爲對恐多被思召東照宮以來之良法ヲ變革之儀者闔國人心之歸向ニモ相拘永世安全難量深被惱叡慮候尤往年下田開港之條約不容易之上今度假條約之趣ニテハ御國威難立被思召候且諸臣群議ニモ今度之條々殊ニ御國體ニ拘リ後患難測之由言上候猶三家諸大名ヘモ被下台命再應衆議之上可有言上被仰出候事

○

一昨日勅答之趣得ト奉拜見候深被惱叡慮候段奉恐入候儀ニ御坐候然ル處墨夷之儀ハ掛合向モ相詰候上之儀ニ付此上之異變難計候處勅答之趣モ有

之候上ハ此後何レトカ御決着相成候迄ハ於關東寛猛両樣共勅答ニ對シ御取扱被成兼候間萬一差向事端差縺候儀モ有之候節ハ其機ニ臨ミ片時モ難中延儀出來可仕モ難計其節者一方ヘ御決斷御取計有之候テ可然哉左候者英夷等渡來之節モ同樣御心得可有之哉非常之儀ハ何時ト申儀モ難相定候ニ付無餘義御旨意奉伺關東ヘ申遣度奉存候間早々御沙汰有之候樣仕度候事

○

一永世安全可被安叡慮事

一不拘國体後患無之計畧之事

一衆議言上之上叡慮猶難被決候者伊勢神宮神慮可被伺定議モ可有之哉之事

一下田條約之外者御許容難被遊ニ付萬一及異變之節防禦方略之事

一昨廿二日書取之趣及言上候處今度條約迚モ御許容難被遊自然差縺候節者御許容難被遊御趣意ヲ以テ精々取鎭談判其上彼ヨリ及異變候節ハ無是非儀ト思召候右叡慮之旨衆議可有之台命之儀頼思召候間宜被差含御取計可有之候事

○

廿八日夜

去廿五日御參ニテ御衆評之上御治定被爲在候書付二枚翌廿六日老中旅館ヘ持向候處備中守承知候テ不間違タメ川路左衛門尉呼出備中守ヨリ申聞候處此一紙之通御書添願度旨申出則備中守ヨリ差出候ニ付尙両御內覽三公御方ヘモ伺候上可及左右ト申置持歸候テ両御內覽ヘ申上候處御返答幷ニ廿六日之両通ニテ相分候儀故書添遣ニ不及候歟尙三公三條前內府公ヘモ申入宜取計被命候事

一昨廿六日御預リ申候川路左衛門尉相認候一紙之趣關白殿太閤殿ヘ申

入候處去ル二十日御返答幷ニ廿六日之兩通ニテ相分リ候儀故不及書添
之旨被命候間此段申入候事
三月
廣――
久――
坊――

一紙
一昨廿六日川路左衞門尉相認候一紙
三家
右關白殿太閤殿へ申入候處去二十日御返答幷ニ廿六日之兩通ニテ相分リ
候儀故書添ニ不及旨被命候仍此段申入候事
三月
――
――

○

五月廿日內府廻達

別紙之通自關東申越候間御廻覽可有之旨御沙汰候事

五月　　　　光成

正房

堀田備中守歸府後亞墨利加使節へ仮條約調判即今難相成次第等及應接公方樣ヨリ彼大統領ヘノ御返翰相渡候處去廿七日江戸表出立下田表へ相越申候依之右御返翰寫和解共差越候間御兩卿爲心得御達置可申旨年寄共ヨリ申越候事

五　月

○

六月廿七日

一自　內兩傳奏狀到來
自關東言上之儀有之唯今可令參給之旨被仰出候此旨宜預洩達候也
六月廿七日　光成
正房
三條前內大臣殿
諸大夫中
答承之旨申入了
卽刻召具用意申付相整之上着衣冠參內右府參入於廊下會合相共向休息所於廊下被談云件事ハ墨夷使節强訴之間
○
十四日
一從左府來狀所司代ヨリ廣橋ヘノ書狀昨日極內々御前ニテ拜見申下シ寫取候儘密々入覽候其狀

一翰呈上仕候其後ハ御粗濶ニ打過申候先以大暑之節愈御安榮奉賀候將又私義此度所司代再勤被仰付難有奉存候右ニ付テハ此頃之御儀何事モ捨置早速上京仕久々ニテ得貴顏可申ト大慶仕罷在候扨今般之一條叡慮之趣ヲ始メ誠ニ不堪感激切齒罷在兼々御承知モ可被下哉私家之儀者先祖忠勝若州拜領致候以來代々致教訓候テ別テ皇朝ヲ大切ニ相心得候儀之處近來當路之者共兎角御崇敬筋ニ心入薄ク御坐候哉ニテ兼々如何敷存罷在候此度之一條醜夷之取扱甚以不得其意追々超過爲致其上時々御地ヘモ不申上甚自儘之取計致候義ト殘念至極ニ存罷在候處此度勅諚之趣誠以御尤至極之御儀難有奉存候何卒當路之者共心付斷然ト相改リ候樣仕度ト竊ニ存罷在候處先頃大老老中ヨリ度々内話之義モ御坐候ニ付誠ニ幸之義ト存勅諚之趣十分相立候樣仕度ト種々辨論推究仕候處何分是迄之流弊相止ミ不申兎角偷安苟且之說ニ陷リ勅諚御主意何分相立不申模樣ニテ私存念更ニ貫徹不仕候ニ付右議論ニ加リ候詮モ無御坐ト存

其後病ニ托シ久々引込罷在候處仮條約ハ於神奈川無據調判致候旨達有之誠以驚入實ニ主謀之者其分ニ難差置次第ト深憤激仕候處天地神明モ不許儀哉翌日速ニ被下台命主謀之面々者退役跡役夫々撰擧被爲在候義ニテ聊愉快ニ存候處尚又翌廿四日三家兩卿其外登城有之私義モ押テ登城可致旨大老職ヨリ申來候ニ付登城仕候處群議衆論有之翌々廿六日當役再勤被仰付候右ニ付テハ乍此上何卒叡慮之御主意十分モ餘慶相立候樣仕度猶又大老老中ヘモ十分ニ談判仕候テ近々上京仕候心得ニ御坐候尚委細之儀ハ不遠得貴顏萬々可申上候先ハ兼テ御懇切被仰下候儀ニ御坐候間御吹聽御賴旁呈愚札候儀ニ御坐候以上

六月二十七日　忠義

廣橋大納言殿　机下

尚以萬里小路ヘモ宜敷御傳聲奉相願候議奏衆御一同ヘモ是又宜敷奉願候以上

○

中山大納言へ投書返上之次〔第脱カ〕被示送曰

昨夕左モ參朝ニテ久忠能御一緒ニ御相談モ被爲在何分十分御靜謐ニテ唯々叡慮ハ開闢以來如此夷族被親近義神國國体ニ拘リ付テハ皇太神奉始御代々ヘ被對無被仰譯段ノミ深歎入被思召候此外何事モ無之於此條ハ仮令何方ヨリ何樣ニ願ヒ又ハ御勸メ申上候トモイツク迄モ難被爲替由計被仰張候外無之旨ニ御決著之處ヘ彥上京僞說之聞有之先差當恐悅之事ニ候尙又拜面委細言上候

一井伊掃部頭大老不意上洛驚嚇京師之浮說流布甚奇怪之至也此事去日來專有沙汰可爲虛說之旨存之但先日左府內々有命被及聞食被惱叡慮之間彥藩可探索之旨被示依之留主居山下兵五郎申付在藩之者ヘ內々可尋申含候處虛僞無相違旨注一紙出之卽左府ヘ入覽寫覽中山許了

然內大老被召登之處依當今夷舶取扱事暫猶豫申旨申來云云然ハ突然上

洛尤僞說歟ニ候
世上妖言惑衆實可恐之時勢ナリ
○
十五日
一參賀無御對面
一謁左府被談世事痛歎無極
談云過日三家大老之內上京可有之被仰遣之處大樹被申御受然ル處三家ハ不束之儀有之被咎之間不能上洛於大老者無御沙汰共可被差登之處當節夷舶渡來繁劇之間上京延引御猶豫願申旨近々所司代間部等上京候間右へ被仰含候儀不相叶哉旨傳奏へ申來之旨武傳有談之趣被示了
十六日
一自萬里小路大納言許被示送
關東ヨリ申來候寫外ニ一封等入尊覽候近々下総守上京其節之御模樣何

卒御勘考置奉願候下官少々僻案モ有之候議印之處如何ト甚心配何卒正當之議論此度之應答一大事ト存候何モ委細奉得尊顔可及言上候此書付每々恐入奉存候得共御一覽後左府公へ御上ヶ奉願候也

正房

○（朱書）關東來狀

亞墨利加條約之儀先般被仰進候通無御餘義次第ニテ條約調判相濟候儀之處其頃魯西亞船も渡來去巳年仮條約爲取替相濟居候廉々取廣條約取結度旨申立魯西亞之儀者貿易御差許ニモ相成居候儀ニ付申立之件々精々談判之上取縮メ亞墨利加之振合ヲ以テ條約御取結可相成候先達テ被仰進候叡慮之趣未御答不被仰進內右之通御取極之儀御不審可被爲在哉ニ候得共右次第ニ相成候趣ハ不日御使之者上京之上可被仰進候右之趣先被達叡聞候樣御兩卿に御達可申旨年寄共申聞候事

七月八日

貴翰致拜見候然ハ六月廿一日奉書ヲ以テ言上之儀ニ付御三家幷大老之
內早々上京可有之候樣被遊度此旨公方樣ヘ被仰進候旨叡慮之趣及言上
候處則御領掌被遊候旨被仰出候猶委細之儀ハ別紙ヲ以被仰進候此旨宜
預奏達候恐惶謹言

七月九日

內藤紀伊守信親判

松平和泉守乘全判

間部下總守詮勝判

太田備後守資始判

廣橋大納言殿

萬里小路大納言殿

六月廿一日奉書ヲ以言上之儀ニ付御三家幷大老之內早々上京可有之候
樣被遊度此旨被仰進候段叡慮之趣御領掌被遊候然ル處御三家之內尾張
中納言殿水戶前中納言殿ニハ不束之事共被有之尾張殿ニハ隱居之上下

屋敷ニ居住急度愼罷在水戶前中納言殿ニモ下屋敷ニ居住急度愼罷在候樣被仰出水戶中納言殿ニモ愼罷在其外ハ若輩之仁体ニ付何レモ上京等難被仰付候大老井伊掃部頭儀者御守護御警衛向一体之取締爲取調兼テ上京被仰付候御含茂被爲在候折柄旁以早速上京被仰付度思召候然處魯亞英三國之船神奈川品川ヘ入津猶英佛等軍艦數十艘追々渡來可致趣ニモ相聞當節之要務諸般引請罷在候間暫時御猶豫之儀被仰進度候尤廿一日言上之儀ニ付テハ間部下総守爲御使上京被仰付委細之事柄言上候樣去月二十六日被仰出酒井若狹守儀モ差急罷登候筈ニ候間先下總守被差登ニテ可有之候間委細之事柄御垂問被爲在候樣被遊度思召候此段兩卿御心得候テ宜被達叡聞候樣被遊度候事

（朱書）○關白尚忠ヨリ近衞忠熈ヘノ書翰

追申御所存書兩三日之內ニ被仰上候樣御沙汰候也

秋暑難去候節彌御安全候哉承度存候抑今日此封中之內勅書御趣意之條々

貴公御始三條前內府等へ御所意被尋下候甚以不容易之御事恐承候此度御
一封ニテ言上被爲有候樣御時宜ニ候間御傳申入候御落手希候先ハ要用ノ
ミ亂筆ノ儘如此候也恐々謹言
八月五日　尚忠
內々用事
左大臣殿玉机下
○（朱書）鷹司輔熙ヨリ一條忠香への書翰
尚々右封中ハ三條ヨリ殿下へ被返上之由自左府申參候也
秋暑難去候彌以御安全之條尙承度候抑今朝從左府關白書狀封中勅書傳達
被致候儘御傳申入候御落手可給候也恐々謹言
八月六日午半刻　輔熙
內大臣殿　机下
○

八月廿七日

自內府以書狀被傳達其狀ニ云

唯今內々御用トシテ議奏正親町中納言入來對面致候處去七日於禁中御評議

以下欠

○

蠻夷國賊降伏國內一致平穩之御祈神職僧侶名譽之一体被相撰被仰付可然哉ト存候得共當時名譽ト申候テハ如何可有之哉右人体之儀ハ差置何分夷賊追々及强請既ニ神州之瑕瑾ニモ可相成哉ト只々春來格別被惱宸襟候御事諸臣一同實ニ不堪恐懼尙又關東所置モ不尋常治亂之際ト深令心配候折柄近後崇光院御記應永年中天下擾亂且唐人襲來之間諸社奉幣發遣有之奇瑞之趣見當候間右拔書相認申立試候尤無御如才去六月中神宮加茂石淸水等ヘ別勅使且諸社之宣命辭別其他社家ヘ被附候御祈禱之儀者每度之事ニ

候得共如斯御時節右例書御熟考ニテ此上格別之御祈願ニ可相成候樣㒵々
相願候且又過日來彗星見レ如何存候處則同御記永享五年九月占文勘進之
儀モ見當候間是又別紙差出候右文中モ甚不穩候歟旁以格別之御祈禱廿二
社幷七ケ寺等之所被仰出可然且當時關東ヘ難仰遣候者非常之儀卽今之處
御手沙汰ニテモ哉ト存候此邊偏ニ相願試候事
但今度ハ兩公幷兩役ヘモ同樣申立候間尙衆議之上早々御採用願存候事

忠香
齊敬

關白殿

兩公幷兩役

忠香
齊敬

但今度

左大臣殿
右大臣殿

但今度　殿下幷兩役へモ
議奏中　忠香
傳奏中　齊敬

一應永御記廿二社奉幣使
參向之由ニハ祈年穀奉幣當時無御再興候得共實ニ國家未曾有之大患ニ
候間早々立奉幣使格別之御祈願可被爲在哉
但於三社ハ既ニ六月被奉候得ハ殘ノ神社可被奉獻哉尤華餝ヲ去リ實情
ヲ被盡可然哉使公卿殿上人可被撰用哉
一於七ヶ寺モ格別之御祈願可被在哉
但不拘多少御寄附物可被爲在哉
一眞言天台之類自昔年國家御祈禱正敷宗門ニテハ夫々夷賊皇國ニ不近寄

降伏之大秘法別段勤修可被仰出哉

一神武天皇以後可然山陵奉幣御祈禱被爲在哉

○公武一体之意底

此天下を御先代ヨリ關東御先代ゟ御預ヶ置被遊　東照宮以來保護被成
公武御合体御安心臣下ニモ安堵之處近世外夷覬覦之勢誠ニ不堪痛苦・（如何体之）之處
征夷之御任職御相當ノ御所置ニモ可相成哉ト存候處當時之形勢トハ申な
から思ハク違之御處置ニテ皆々切齒イタシ居候得共無致方先達而來　御
所向ヨリハ御遠慮ニテ被　仰出モしかとハ無之候得共何分御國辱瑕瑾ニ
不相成様ニと被賴　思召旨を度々被　仰入關東よりもツト〱申來リ候
次第無餘義御事ト心得居然ルニ昨冬大變革ニテ條約取結之條々以前何之
伺もなく粗治定いたし其ヶ條實ニ不容易廉々有之是迄申來リ有之筋ニ齟
齬いたし候は如何ナル事哉・（御所表ヲ）俗ニ申ス御出シ抜キノ御取計大變革ニ御坐候
ハ誠ニ重キ御事故關東ニテハ諸大名へ存寄御尋御參考モ有之由左程ニ御

大切ニ被　思召候は全國家ヲ被　思召而ノ御事左候へは一天下之御主之思召御伺之上御取究メ可有之は勿論之御義ニ候半然ルニ何分不容易事ニテ人心不居向とて　叡慮御伺ト有之は御尤之御事ニテ猶又　御所向ニモ御心配被遊諸大名之見込方御尋ニモ相成且　神宮始御代々ヘ被對御心配之段ヲ被仰入候處最初　叡慮御伺トノ御趣意ト相振且御心配之廉ヲモ御挨拶なく人心居合御引受相成候ト計之御返答故再應被遊方（人々不審ニ存シ）今度之御返答ニ相成候天下之爲ハ勿論御双方之爲ヲ被　思召被　被仰出れ候御趣意之大義ハ蔽候而枝葉ノミ諸大名ヘ觸示候歟其模樣最初關東之見込ニ不違樣ニト云計之觸歟ニ相聞候左候ハヽ必定諸大名實心ハ不申出歟仍テハ更ニ押付可申來歟ト人々疑心ヲ存ス

○機密取扱之事

一堂上近習內々外樣小番御免之內ニテモ御用掛リ人撰ニテ被　仰付度歟事

一對談之人被定度事中山万里歟
一於省中對談或行向兩様歟
一一同了簡敦篤ニ可申出様被致度事
一副將軍之事
一大老進退之事
一官符之事
忠能卿狀云々
一西側辭之義宮御參後ニ出候由ニ候是ハ先被返表候方御爲方ト存候賢考如何候ヤ
上モ先其御積リニ伺候

本体ヲ申候ヘハ是迄ノ處置向後ノ見込甚以大事ヲ誤リ候歟ト深痛心候關於義ハ雖執柄大臣難被猶豫ハ勿論衆庶之具瞻旁以大事ト存候然レハ自本人被辭之義上ヨリ被召上譯ニモ無之候ヘハ爲天下此機會ニ被　聞食ハ人心モ歸服一洗之明政ト被存候乍去今度辭出候原緣如何未得熟察候竊ニ窺トコロハ天上ヨリ右座ノ二公王エ下リ候歟故ニ右專周旋トヤラ承候然ルニモヤ〳〵ト致シ候趣風聞候天象モ難測議評モ難決上下晴陰不定其間ニ不可解之義共有之時勢ニ候ヘハ亦大害ヲ

（欄外朱書）不論細事被失執柄大臣之体

釀シ候歟一致一貫ノ義ニ候ハヽ此時節執柄之任誠ニ大切之義ト存候間可有御勘辨事ト存候但　天氣更晴傍議因循可然トノ義ニ候ヘハ其邊ノ事ト被存候

一東側ノ老公モ内覽辭出候是ハ先御勘考ト申物ニテ暫此儘御爲方ト存候賢考如何候也

一貿易之義ハ御拒不被爲在事

一傳奏進退之事

一元來之叡慮　神宮チ奉始被恐思召事

一災變凶兆被恐思召候事

永世之安全難測事

一行先ノ見居如何之事　巨細之條目ハ懸リヨリ尋問之事

一副將軍之事

一御趣意行違之事說得

一開闢以來未曾有之時節故以人撰征夷將軍被仰出歟之事

一廟筭ノ了
一三家ヘ尋之義殿下無沙汰イカヽ哉
一施米賑給等之事
一東坊之事父子之事
一老中上京ノ手續
一外夷關東ノカタン不致哉之事
一兩役三公議定之上殿下ゟ內覽伺定事
一近習以下三番所非藏人三公方家來迄懸リ役可申付事
一文書回覽之事
一加奈川條約利不利見計之上可然事
年延之間勘考事

一改革之義

將軍上洛之事

○

一今度上京老中備中守以下ニ一應御尋有之度事

尤御返答ハ當今之時勢至當之處ヲ以テ公武御一体御處置之次第御穩裁後患無之樣國辱ヲ御引戻シ方御勘考之御返答有之度存候

一本ヲ糺シ其上御處置方ハ別段事

右ハ大樹公ヘ被爲對一應御尋無之而は御親切ニも不相成事

一兵權之儀万端關東ヘ被托殊ニ征夷御職掌之義は申迄モ無之候得は閣老トシテ專ラ其心得輔翼匡救可有之筈之處追々御國辱ハ勿論大樹公之御名ニも拘リ既ニ列國諸藩等を被制ノ御大任事候ヘハ閣老之心得方如何候哉初發以來申來リ候御趣意次第トハ每々齟齬之義モ有之ハ向後之御處置振ニ

モ相拘リ大樹公之御爲被　思召候間一通リ心得方之義御尋之事
皇國之大事輕卒ニ取扱ニハ無之哉　叡慮ハ申迄ナク大樹公
一御政務關東ゟ被托候御事ニハ候得共大義之所係ハ　東照宮以來被從皇
國之舊典被保護國体候而至于今候然ニ此度洋夷之舌頭ニ被從不由皇國
之舊典不從御列祖之法諸事法憲を彼洋夷之者ニ取豫被定條約之後以重
大之事件被奏聞　宸衷不安民心不穩既皇國之體基ヲ誤ラハ東照宮以來
被保護國家之御趣意ニ相背　皇國未曾有之事件不慮他日之大患而倉卒
定條約之義ハ如何之次第ニ候哉ト御不審ニ被思召候右は其許之心得一
應御尋被仰出事

一下田箱舘ゟ入港被差許之節達書之趣
此方ニおゐてハ御國内ゟ異人差置候義素ゟ不好筋ニ候得共――――
右ニ付テハ邪敎傳染不致樣其外取締筋嚴重取計家居等も可成丈取縮

（欄外墨書）
此通リ申來リ有之候所條約定之趣ト相違事

取建貸遣シ候積――然處彼是浮說申唱候者茂有之自然流傳いたし候は　御所向ニおゐて御心配も可被爲在義ニ付當節之御所置振先不取敢申越候間御兩卿へ爲御心得御達置候樣年寄共ゟ申越候事

九月

一每々懇切ニ候と有之事不審

閣老に御尋可有之与存候條々

一先般外國ト條約被取結交通相成候は實ニ無據御不本意儀なから不被得止趣夫ゟシテ當今古來之御制度ニ不脫カ被從候而ハ御國勢御挽回候期無之トノ義

一墨夷一條ニ付過日存寄御尋有之候

一中興之御大業被爲立御國威御更張之機會ト有之儀大變革被爲在度之處

當時人心、、、、、、

右ハ如何樣之見込ニ候哉（至極之御美事候へハ）將來之定見有之候事ト被存今度條約取結之次第は彼ヨリ取定ハ是ゟハ甚驕傲之應對縱令開港三港ト取極之外港ケ所相増候國ニ相成不被得已今日之次第ニ成行候ハ彼カ虛喝動モスレハ兵威ヲ示シ候ニ付追々申儘ニ加増相成候ハ一通リ之見込ニテハ彼カ術中へ陷候歟ニ被存候得は夫ゟシテ國威更張之機會とも難存是（相成ハ如何樣之譯柄哉）ゟ彼ヲ被制御之威勢も相見候へハ神武之心面を以御國威ヲ外國諸蕃ニ被及世界中ヲ一國とも可被遊御見込とも人心感服いたし可申候へ共十分侮慢之擧動ニテ彼ゟ條約ヲ定候ニ被從候上（冠履倒置之樣ニ被存候）列祖之制度ヲ被變改更張之機會ト相成候は愚昧之輩ニテハ難解得候故臣下一同人心不服之事ニ候此一擧定見ノ程委細御聞取ヲ以臣下ゟ被仰諭候樣致度候

事

一邪教傳染候事

一事々件々可制之處（雖御不本意）彼兵威ヲ以脅シ候故吾ニ兵備無之（未整）候唯今及戰爭は無

一二損國体は無挽回之期トノ義ハ今日疲弊ニ至リ進退爰窮候事（ニテ）候ハヽ

不得已候は姑被任彼意共必引戻シ可相成樣之勘辨無之（哉）候

一交易條約之次第ハ無據事ト心得歟得意之事歟

一手廣貿易被開候義後患無之哉

一下田官吏指置場所トミニストル場所ト相違（イカ）申候

一條約面ニ相違事所詮難改歟可改は其違約之罰人無之而は難成左スレハ

右ハ幕府ニ可然人出來之上

一不容易廉々イカヽ

一條約取究之通ならてハ直ニ兵端ヲ開義イカカ

外夷御處置ニ付　御所内之御規則

一調役書役等被　仰付度事（兩役之下ニ）
　堂上地下之內ニテモ可然人柄之學問出來者ヲ被仰付漏泄不致樣誓狀
　ニても被取候而被　仰付候ハヽ其疑も無之哉

一兩役人加勢之差別無之御用取掛リ之人武邊へ被達置度事

○

一大變革トアレハ先朝廷之義も如古代被仰出度事
　大極殿以下諸寮等可被立事無左候テハ手薄事　（欄外墨書）應仁以前之姿

一墨夷不戰舌戰ニテ勝ト承ル當邦西洋被行候事ナレハ同舌戰ニテモ可宜
歟

一元來應接ハ其節之人々之了簡歟又受命事歟

一朝使ノアシラヒ亞使トハ甚不アシラヒ親睦少シ又恭禮モ少シ

一勅答書閣老ゟ被爲見事不宜公卿僉議之分ハ格別此度之御尋ハ實ニ機密ヲ掌ル人之事關東ニテモ閣老之建白ハ世上ゟも不出申是ハ左ナクテハ不相成別テ此度之義ハ朝廷一致之上御決答ニ候へは誠ニ股肱輔弼之忠言ニ候へは不避忌諱事夫ヲ彼ゟ被爲見ト申ハ其意甚如何世上流布一席話ニ被成候誰ノハ宜シ惡シナト評出申候テハあしき樞機洩候委候此事可勘兩殿下ナトノハ別而如何

一京師畿內或近國ハ必可拒其外ハ不得已ト申義非公論縱令武家ヨリ强テ申行ハヽ武家之處置ニテ取計候事ハ格別被　聞食而ハ難被許ト申事强テ可有御沙汰事

一所存被尋事公卿一同・歟其外ニモ被尋歟學院儒者モ被尋度事

○西城副將軍可申出期事万ト可談陽明

○獻物之事久我ゟ可申事

應接彼ゟ輕蔑いたし候ニ其儘十分畏縮ノ應對イカヽ

應接之体不尊我國尊彼ハイカヽ

應接中毎々事々懇切々々ト有之候ハ實ニ懇切ト存スルカ又諛言カイカヽ」大体始終無餘義ト申事ナカラ底意被好義ヤイカヽ不好否ニヨリ應接相替ルヘシ

外國の習風ヲ士人見習ヲ便利トスルハイカヽ

貿易ノ盛大ニナルヲ好ムトアルハイカヽノヿヤ

都府ニ差置事兩人ハ談決ト申事イカヽ

假條約ハ此節可爲取替ヿイカヽ

實國体ヲ辱シメル返答也

（欄外墨書）此條尋度事大意虚偽ニテアシラフカ本心ノ事カ兩端イカヽ我ヨリ

一ミニストル差置義大統領懇切之意ヲ感スルハイカヽ

條約草稿ヲ火中セヨト申所應答イカヽ

國人ヲ頑愚ト彼ヘスルイカヽ

自亡自棄トナルヿ疑ナカルヘシ

一官吏往來ハ都而公事ト心得トノヿ本邦之人ニテモ同斷カ

一日本旅行ノ權アルヨシノヿ

墨夷ヘ被許事日本ニ邦人ニ增ルハイカヽ是ニテハ迚モ不居合ニ道理アルヘシノ富士山ノ條

（欄外墨書）此事可尋

建物ノ廣狹彼好ヲ尋候ナトイカヽ

○港ノ一條兩人共心力ヲ盡シ評論イタスナレト六ケ敷トアルハ　心力ヲ盡スハ六ケ敷カ

忠カ邪カ

各　成鄙劣ノ義ハ不仕ナト十分輕蔑ノヿ也　夫ライカヽセサルヤ

日本ハ政府ノ權アル國ト云ヿ

アカ

衆庶ノ不欲事ハ難致トフルニイカヽ

○卽答ノケ條不容易國体ニ拘ハル筋モ見ヘ候イカヽ

國中之人心外國人ヲ忌嫌候情何分解兼ノヿ

堺開ノヿ兵庫ノヿナト申出スイカヽ

國中ノ人心折合ノ事計申政府ニハ相分居ナトイカヽ

旅行無差支旨決シ候トノ事産業ノ様子ヲミル

京師へも參られ候との事

十二月十八日　末十三枚殘之分

始終當今之規則ヲ變シ候儀はなりかたきトノ趣意は無之候此方」

居合次第便宜之取計方モ可有之ノ事

國人ヲシテ外國之人情風俗をも知らしめ候見込モ有之由候事

十二月廿一日　末十九枚殘ノ分

銅幷米麥とも其仕法ニテ無差障候間其段素ゟ公然ト速ニ相觸候積リ候事」

商人送狀天ニ誓テ申立トノ事

直ニ過料百兩取立之事

テレガラフを相用二千里位一時位ニ應答相成事

夷狄之情弱則侮之勇則怯之耳　（欄外墨書）宋

嗚呼夷狄非我族類身雖爲人心則爲禽獸焉此春秋所以賤而外之也安可之通使往來哉　（欄外墨書）仁宗

不勞寸兵卒成和好此固豺狼無厭之求宜遏而不宜縱也　（欄外墨書）神宗

殆欲偷安于一時不料禍出於目下

聖人所以擧（拳カ）々焉嚴中國外夷之辨者蓋懼後世罹禍之慘也

高宗惟恃和議不修戰略中原之境悉爲外物　（欄外墨書）孝宗

ミニストル居宅間口十七間奥行三十間位之由初發手狹ニ致シ追々建廣トノ事

○

老公日々御執筆は的證茂無之候得共多分京地ゟノ御書ニ茂可有之哉此上

は京地ヨリ嚴敷御沙汰之品茂無之候而は今度之御愼御遺懷御晴シ可相成樣無之与之趣內實老公ニ茂御底意有之候ヨシニ申沙汰シ候奸臣は勿論早ク御愼御免相成候樣工風專ラ之樣子ニ風評仕御家中之輕輩無我無心之者共無程掃部頭殿ヲ始京地ゟ御沙汰有之老公無故御愼御免御再勤可相成は必定之旨申唱居候よし扨亦老公方奸臣ニは末々ゟ茂媚諂候モノ多くおのつから奸人枝葉はひとり時めき候折柄今度御愼以來銘々其身之安危ハ只老公之御愼御免之義ニ付前條之外種々胸中ニ取巧罷在候哉之處此程御國詰太田丹波守同人は五十六七才生溫々ニシテ才器在之仁厚ノ風專ラニテ眞ノ良臣ト沙汰仕元家老ニテ貳千七百石チ領シ忠誠之志專成處ヨリ先年老公ゟ諫言イタシ候義有之候處却テ其身ノ禍ニ相成線姬君樣御引移之節御住居向御普請筋ニテ如何之取計有之候哉ニテ速ニ御國詰當時千石ニ減高罷成候得トモ全ク前件ノ御諫言一事老公御心ニ障リ兼々憤リ不晴實ハ失ナキヲ右樣ノ廉チ以御廢シ相成其比擧テ良臣力ヲ失ヒ候ヨシ申沙汰シ候程ニ一同氣伏罷在候由鈴木石見守同人モ六十四五才是亦丹波守ニ續キ候人物ニテ當時於御國許家老職之ヨシ右兩士再勤之義公邊ゟ御內意モ有之候哉ニテ昨今老公方之モノ兩士再勤ニテハ必銘々身分ニモ可相拘義ト專ラ此程奸計ヲ廻ラシ內實混雜罷在候由相聞申候既ニ武田修理組下兼テ隱密之役目相勤

ノ者共種々内意承候様子ニテ此節ニ至リ外宅等爲致候茂有之候ヨシニ付何樣之義取巧可申哉ト風聞仕候ヨシ一説ニハ前書丹波守石見守再勤之義御當主强テ御斷被仰立候ヨシモ風評仕候得共御當主ヲ始老公御愼御日數相立御免之上ハ如何之者与萬事御掛念之義モ可有之哉ニテ右ハ深キ御意味合之義ト申沙汰シ候よし末々ニ至り候而は却テなま中之義申出大害之基ト銘々危蹈（此義先年結城寅壽御仕置之節悉く一類迄御絶シ相成候テ深ク恐怖イタシ右等ヲ見合其身ヲ思ヒ有志モ存意ヲ不出時勢ヲ考差扣候多く有之候由）去ル十一日水道橋切手御門ヨリ忍出候者は前書武田修理ノ与しニテ駒込御下屋敷に罷越候与し之趣ニ風評仕此義子細難相分候得共前書之兩士再勤之内事ニモ可有之哉ニ申沙汰シ扨亦松平播磨守同大學頭ハ内實是迄老公ニ諂輕薄之人与沙汰仕是亦老公御愼御免之上ヲ恐レ御當主同腹ハ如何可有之哉極意之程ハ難計候得共讃岐守ト同日ニ可論人ニテハ無之老公方トモ御當主方共難見極旨竊ニ申沙汰シ候者も有之候由

一大場彌右衛門其餘出府シ外高橋太一郎ト申者（改名不知最前申上候雜賀牛之允は出府不仕候ヨシ）其外

去ル十六日用人久木何某外兩人出府何レモ老公方之モノトモ之由
右之趣風聞及承申候依之申上候以上

七月

○

今般水戸前中納言殿御愼被仰出候後別紙之通風聞有之候一体前中納言殿
言行御相違不容易義モ有之無據御次第ニテ御愼被仰出候義ニ候處隔地之
義ニ付如何樣ニ御聞込可有之茂難計自然相違之義相聞ヘ候共御政務筋ニ
付御口入等決テ無之筈ニ候得共万一御聞込違ヒ何等之御沙汰御座候樣相
成兩御地之御場合ニモ相拘リ候御義ニ至リ候テハ以之外之義ト一同深ク
心配仕候尤私上京仕候上委細之譯柄可申上候得共此節　公方樣御大病ニ
テ彼是延引ニ茂可相成前條風聞之趣茂有之候ニ付不取敢此段申上候宜御
差含御座候樣仕度存候

七月廿一日　　間部下總守詮勝

廣橋大納言殿
万里小路大納言殿
右一紙
風聞書庵紙ニ御座候間寫取可申處差急候間其儘差進申候
右一紙
傳奏衆ヘ呈書翰候間早々可被達候以上
七月廿一日　間部下總守
大久保大隅守殿
大久保伊勢守殿
猶以東海道川支之程難計候間中山道通宿次差立候事ニ候且又傳奏衆ゟ返翰被差越候ハヽ是又中山道通早々刻附宿次ヲ以可被越候以上
右一紙光成卿筆
○

間部下總守殿

慶、、――
萬、、――

貴翰令披誦候今般水戸前中納言愼被　仰出候後別紙之通風聞有之處一体前中納言言行相違不容易義茂有之無據御次第ニテ愼被　仰出候義ニ候處隔地之義ニ付如何樣ニ御聞込ニ可有之茂難計自然相違之義相聞候共御政務筋ニ付　御口入等決テ無之筈ニ候得共万一御聞込違何等之御沙汰御座候樣相成　兩御地ノ御場合ニ茂拘リ候義ニ至リ而は以之外之義ト一同深ク御心配被成候由御尤之義且貴殿御上京之上委細之譯柄御申上可相成候得共此節　大樹公御大病ニテ彼此延引ニ茂可相成前條風聞之趣モ有之候ニ付不取敢此段御申越宜差含候樣被示聞委細致承知候

七月廿五日

尚々別紙風聞書內々令一覽候於當地は右樣之風聞は一切未承候猶亦差含可申候去廿一日之書翰今日到著先爲早速及御答候

右一紙同役執筆

風聞書麁紙ニ付寫取可相成之處御差急其儘御差越之旨入御念候儀令承
知候

右一紙以上光成卿筆

間部下總守殿　廣、、
萬、、

一翰令啓達候愈御勇健珍重存候然は此度　勅諚之趣被　仰進候右は無
據御次第モ御座候テ被仰進候義ニ候先日內々御申越外々より風聞等御
聞込ニ相成御口入なと有之候義ニテハ毛頭無之候へ共書取ニテハ角々
敷相聞へ候場所モ有之候故御聞取樣ニテ兩御地之御場合ニモ拘リ候義
出來候テハ實以深心配致候右之邊不惡御差含可被下候猶委細之義は御
上京之上可申述候以上

右一紙正房卿筆

廣橋大納言殿

万里小路大納言殿

貴翰奉拜見候益御勇健被成御座珍重之御義奉存候然ハ此度　勅諚之趣被仰進候右は無據御次第モ御座候テ被仰進候義ニ候先日內々申上置候外々より風聞等御聞込ニ相成御口入なと有之候義ニテハ毛頭無御座候へ共御書取ニテハ角々敷相聞候場所モ有之候故伺取樣ニテ兩御地之御場合ニモ拘リ候義出來候テハ實ニ以深ク御心配被下候ニ付右之邊不惡差含可申旨猶委細之義ハ上京之上御示談可被下段被仰下候趣奉畏候右御請如斯御座候以上

八月廿日

右一紙八通八月廿五日迄秘藏

八月廿四日自關東返狀到着披露廿五

猶以此度御沙汰之趣有之廉ヲ以御中陰中ニは候得共下總守義此節發足上京ニ而茂御不都合之義は有之間敷哉何分其地ニおゐて御模

様難相分候間勘考之上早々申進候様被成度旨被示聞令承知候下総守之義ハ元來被召候ニテモ無之上京之可否幷比合等ハ不申進候自關東被差登候義ニ候ハヽ忌中ハ參內等難被成候間其心得ニテ治定有之候様ト存候事

日御內評廿六日武傳ヨリ返答如左尤伺定有之廿七日相達

○長崎市中之商人より來狀（欄外）忠成公親筆

異船之儀追々申上候後當朔日イキリス頭分四人西御役所江上陸御奉行御對面ニ相成申候イキリスコルヘルト船號此船當地之川砂リ石上荷船百艘丈ケ俵詰ニして積入當二日出帆歸國相成候定而洋中船輕足ゆへに石を積入候儀と奉存候其後イキリス六日不殘出帆仕候處內壹艘火輪船近海大村領松島ト云瀨方ニ而乘上ケ破船仕助ケ船を以乘組之者無難船は當湊ニ挽來リ修理相加可申爲此船壹艘殘リ居申候當三日比迄沖合ニ見江船合圖有之フランス大船壹艘入津仕候此船當十一日上陸之人數六人唐人壹人西御奉行所ニ上陸いたし十三日フランス船皆濟出帆出拂ニ相成候又々八月廿

七日歟九月二日兩日見當ニ參著致スト申而出帆仕候粗承リ申候處イキリスもフランス船も是ゟ松前エソロッフニ參上可申由ニ御坐候其譯はイキリスフランスニ茂日天子月天子を祭信仰仕當時專ラ流行仕ヲロシヤニ相進メ申候得共ヲロシヤ人夫ニ組入不申信仰不致ヲロシヤ一國はなれものと相成夫々日本丈ケ同宗ニ不相成候よしニ付ヲロシヤ本國ゟ合戰差起ヲロシヤ至而手强勝を取外國は敗北仕居候よし依之松前ニヲロシヤ出張いたし居候處ニフランスイキリス人參リ合戰ニ及ひ可申趣を噂仕候當五日フランス大船壹艘入津之砌乘付檢使幷ニ通詞役人共乘入對面之折柄一間ニ案内いたし佛の樣成ものを正面ニ懸左右燈燭貳拾本を立テ誠ニ敬ヤ敬ヤ敷夫々拜禮を致セト申候間其時之檢使旣ニ拜禮致スト被致候處を付添居候通詞より拜禮ハ御見合被成候樣押而申候得は心付相見合被申候處フランス人共不輕立腹いたし役人達を其部屋より突出し候趣不輕事ニ而其時拜禮抔被致候ハヽ切支丹与相成大切之御身之上ニも相拘リ可申處通詞

方押留申候間危き處をのかれ被申候此佛与申は近年琉球ニ而流布爲致申度与云天主教与云法ニ候哉全切支丹ハテレン宗ニ御座候琉球國よりハ返答當國之儀孔子孟子之道を守リ外ニ天主教与申法は傳受いたし可申事相斷候由ニ御座候全此法与相見申候右之法組入不申國者日本与ヲロシヤ琉球丈ケト申噂ニ御座候當時異船出挑難船之修理壹艘殘リ有之候

一㊉片浦より挽來候豆唐船當二日出帆歸唐仕候此船當地役々より書翰御傳言蘇州左甫是迄通商之荷主船頭唐人ヘ書狀御遣し被成當夏船渡來可致樣被仰遣候商法之義は如何樣ニも取計方可有之ゆへいつれ夏船仕出し可申樣急度御掛合相成居申候此書翰之寫手ニ入申度筋ニ賴入候得共秘密事ニ而難手ニ入候

〇

九條關白殿辭職之儀今般　御內慮之趣被　仰進早速御答可被仰進之處此度間部下総守　御使被仰進候一條は不容易事柄ニ付九條殿光成正房を以

被達　叡聞候樣　溫恭院殿被仰含候御儀も有之候間下總守上京之上委細可被申上候依而御返答暫御延引ニ可相成候間宜差含兩人へ被達候樣老中方ゟ被申越候旨致承知及披露候然ル處九條殿ニは所勞健忘之症ニ而辭職も被願辭表茂被止　御前有之候儀奏達邊之儀如何可有之哉九條殿へ御尋問有之候處所勞殊ニ健忘ニ而被引籠候事故迚も　奏達之儀は勿論外御用も難相勤旨御理被申上候就而は外夷之儀不容易事柄ニも候は傳奏兩人議奏等承候而內覽之上達　叡聞候樣との　御沙汰候間此段御差含可被申達候事

九月

○

九條關白殿一昨年被蒙　重職深被畏入候得共其後持病差發到此比逆上強健忘迚も急速快氣之期如何可有之哉繁務之御時節被恐入候付辭職之儀被相願候事故願之通被遊勅許候而近衞左大臣殿へ關白　宣下可有之被　思

召候ニ付御内慮被　仰進候間　思召之通無滯相濟候樣宜取計旨被　仰聞
則關東ゟ相達及言上候處　御内慮被　仰進候儀彼是御斟酌被　思召候得
共九條殿未格別御老年与申ニも無之其上當職御間も無之候間御差留被遊
候樣被思召候旨被仰出候間此段程能御兩卿ゟ御達可申旨年寄共より申越
候事

十月

○

九條關白殿當職辭退之事被願申候願之通

勅許候而近衛左大臣殿ゟ關白　宣下可有之被思召候　御内慮之趣關東ゟ
宜申入旨被　仰聞則關東へ相達及言上候處九條殿御辭職御差留別紙之通
被　仰進候間其段御兩卿ゟ宜御達可申旨年寄共より申越候事

十月

○

九條關白殿內覽之儀㦮被辭申候付當時繁務之折柄候間直被　聞食近衞左大臣殿〻內覽　宣旨被下候旨私心得迄內々被仰聞候趣關東〻相達及言上候處九條殿辭職御差留別紙之通被　仰進候ニ付而は內覽之儀㦮是迄之通被　仰出候樣被　思召候旨被　仰出候間私心得候樣御兩卿〻御達可申旨年寄共ゟ申越候事

十月

忠成公手錄書類寫第五

〇去六月廿一日出ノ言上　披露　（欄外朱書）大原重德ノ上書

此度關東ゟ申上方甚不當千萬之事ニ候其文面中先諸大名追々差出シ候返答書入　御覽其上可有御所置ト云ヒ又被惱　叡慮候御次第被　仰出候段御尤之御儀ト云ヒ又諸大名赤心モ今少シニテ存意書モ揃ヒ其上ニ而ト思召候處ヘ魯西亞墨夷渡來ト云ヒ又　朝廷ヘ御申上濟ニ相成不申而ハ御取計被遊かたきト云ヒ又誠無御據御場合ト云ヒ又　朝廷御配慮ハ御尤之御儀ト云ヒ尤ラシク書幷候得共其實心ハ强テ頓著不仕ト相見ヘ候其證據ハケ様ニ尤ラシク墨夷江可申聞筈之處却テ　朝廷江對シ申幷候ハ何事ニ候ゾ又此後御取締方沿海御手當等充實ニ相成被爲安　叡慮候様思召候由夫ハ畢竟俗諺ニコヽマテゴサレ甘酒ノマソト申様ナヿニ候其上追々迹ゟ申

上ルトハ何事ヲ申上候哉不存候へとも畢竟鳫も鳩も起タ跡多クハ無用之事ニても候歟ケ様ニ無據譯合ニ成行無是非尤ナコジヤト聞ヘル様ニ十分ニ書弁候へとも其實ハ　禁中ゟハ墨夷ノ存意ニ叶ヲノレ（俗吏）ノ慾心ヲ満タス了見實以言語道斷　朝敵同前ノ致方ニ候扨又墨夷ゟ理様ハ如何様共可有之先去三月御返答之砌兩役人方へ應對相伺書取ニも差向候節異變之節寛猛兩様之内御取計方之儀ハ此度　勅答之趣ニ付於關東衆議之趣言上仕御決答被仰出候迄ニ候間萬一異變之節心得方相伺候迄申伺候間御返答ニ精々取鎮斷判之上彼ゟ異變候節ハ無是非儀ト被思召候右　叡慮之趣相立候様被思召候間宜差含可取計賴思食候ト被　仰渡候事故願意不相叶儀ハ勿論制シ方も相分リ有之候其上調印延引之事國書ヲ以申達シ已ニ承知いたし候墨夷ニ候其上九十日之中ニ候得ハ如何様共應接ハ可相成譯ニ候何程英佛ノ二國勢ニ乘シ押掛リ候振合ニ候共近來和親同様ノ日本ゟ向ケ様ニ申候ヨリハ英佛二國ゟ如何ニも心膽ヲ碎キ說諭いたし可申筈之處左なくして

調印取替を爲濟候ハヽ如何樣共可諭申ト申シ調印不致ハシラヌト申モ同前ノ申方ハ決テ有間敷筋ニ候ケ樣ノ事ニ重役之人々心付ヌト申事ハ有間敷儀ニ候是則虛妄ノコシラヘヿノ證據ニ候全　朝廷ヲ始日本ノ人々にイカニモ致し方なく無據場合ニ相成實ニ是非モなき次第トイフ謂譯ノ爲夷人ト馴合入魂事ニ相違無之應對振ニ候但シケ樣ノ儀ヲ實ニ申募リ候事ニ候ハヽ則夫カ人面獸心ノ夷狄實ニ不可近付筋ニて人々後患ヲ述候元因ニ候左モなく候ハヽケ樣ナル應對ハ實以小兒ヲタブラカスト申次第誰カ尤ナト申者も有之間敷是以虛妄ニて實事ニハ無之ト存候餘リ　朝廷ヲアホニいたしタル申分實以無念至極ニ候元ゟ調印いたし遣ス了見ニ候ヘハコソ此通リ之應對ニ及ヒ申ス者ニ候調印いたさぬ心組ニ候ハヽ前條之通いか樣ニも應對振ハ出來申候儀ハ申迄モなき事ニ候何分ニモ有司之人々
天子日本ノ衆人國躰國辱後患ナトノ儀ハ無頓著只々墨夷ニ許シ度キ所存故ケ樣ニ成行キ申候實ニ可惡事ニてハ無之哉切齒扼腕此事ニ候但　朝廷

ゟ向我意ヲ立ル了見候歟左候ハヽ急度嚴重之御沙汰モ可有之歟何分三家
家門大老ノ內應　召上洛仕候ハヽ其人ニ能々此次第ヲ被爲仰聞候歟左ナク
候共再應被　仰達候　神宮御代々ゟ被爲對恐多思召ト申處ハ於關東何レ
モ諸大名ニ至ル迄何ト相心得候哉此儀篤ト御押引有之御尤之由相答候ハ
ヽイカ樣共勘考いたし下田ノ應接ニ引戾し候歟但三港ノ外ハ假條約之儀
ハ各不相成趣ヲ以應接仕直シ候樣急度被仰渡可然存候若又迚も左樣之儀
ハ出來不申旨申上候ハヽ有左ハ於「禁中如何樣共御勘辨可被爲在候尤關東（此以下朱書ノ心得）
も依時宜舊來ノ制法も被爲變革候事故於　禁中も思召通リニ御政事御變
革も可被爲在候但天下擾亂德川家滅亡ニ爲及候樣之暴逆ノ御取計ハ勿論
不被爲遊只々天下和平　宗神幷御代々ヲ御尊崇被爲遊　朝廷異儀なく德
川家も無難ニ萬民平穩ノ良策ヲ被爲回候　叡慮ニ候ト申處ヲ以手强ク御
應接有之候ハヽ左候ハヽ於　朝廷御勘考可被遊ト申上候筈ハ決テ無之若（是以下七十九字朱書）
自然於　朝廷御勘考可被遊ト申候ハヽ有志之大名ゟ可被仰付是ハ兼而

被仰遣有之候諸大名獻白ヲ御覽遊シ被置候テ朝命ヲ遵奉ノ大名へ可被仰付事ニ候間先被召候間部ニもいたせ上京ノ者ニ先諸大名獻白御催促有之候テ御熟覽之上之事ニ候（此以下墨書）此御樣子ヲ先方察シ候ハヽ中々御理ハ申間敷候間夫ゟシテ段々御應對臨期應變何分ニも下田ノ應接歟三港ノ處ニ御決著ニ可相成樣ニと御應接可被爲在ト存候何分國辱後患ハ　神州ノ大儀ニ候間俗吏ノ自由ニ可相成譯ハ實ニ無之候ト無念至極ニ奉存候事

（原藍書）右原書朱墨共大原重德公手跡

（原藍書）右原書上包ニ
○（極機密水戸ヨリ政通公へ內書寫）（欄外朱書）水戸ゟ政通公へ內書寫年月不詳

異國船之義ニ付てハ日夜被爲懸
叡念候所千万里の波濤を凌來候事故風波ニ堪兼兵粮ニ迫リ引退候義と被
思召候處蝦夷の千島ハ古來ゟ歌ニも詠しカンサツカ迄ハ正しく日本の地ニ有之處松前志摩守へ被任置候由ニ候へハ今ニ夷狄共住居等無之義トハ被　思召候へ共ヲロシャも古昔と相違今大ニ相成義故　御懸念ニ被　思

召候右之外万一日本廻リの島々へ夷狄住居候様ニてハ古昔千万里を隔來候節とハ相違　御不安心ニ被　思召候尤　神功皇后ハ女帝ニて三韓の征伐も被遊候程の御義　徳川家ハ東照宮ゟ代々賢主ニテ御任せの上は右島々へ夷狄抔住居候義ハ勿論有之間敷とハ被　思召候へ共千万里隔候ハヽヶ様ニ度々渡來も有間敷候へ〔共〕ハ日本廻リの島々ニ住居有之も難計万一左様の事ニテハ領主の不届ニ被　思召候へ共將軍家にても御如才ハ無之事ニ候へ共万々一日本内地廻リ島々ニ住居の夷狄も有之候ハヽ時宜ニ寛猛の以扱何レの道退散候様被遊度云々と申御意味ニて御達ニ相成候ハヽ老中抔も一際身ニ入可申と存奉り候實ニ〳〵上の義存上候てハ夜々中々快寝不仕ニ候夷狄ハ世界一王ニ相成候か本ゟの望ニ有之候處清國も御承知〔被遊候〕之通ニ候へハ只今ニ而ハ日本計ニ有之万國を敵ニ引うけ申候てハ一小島の日本容易の備にてハ六ヶ敷御坐候故極々々々御内々此たん申上奉リ候前ニも奉申上候如く此節泉州留主故只今中老中へ被　仰達候ハヽ老中の

方にても取調ニ都合可然と察申候故極御内々申上奉リ候

（欄外朱書）
○公上書案文參考之上取捨スヘシ　◎尙同書第十七ニモ收載

墨夷之事先達而以來深被惱　叡慮關東ニ茂御配慮之儀彼是熟考候處國家之大事を被思召候ハ公武理におゐて御相違無之筈と存候へは聊御確執は被爲有間敷事与存候但其筋京都御見込ニてハ先外夷と伍をなし万國同盟の姿ニて國躰を誤り畿内迄茂開港京師咽喉の大坂ニて貿易其外自由交易教法堂舍取建等不容易之事件國難を引出候も難計（御許容有之候テハ忽禍害ヲ可生）・殊ニ邪敎延蔓候而は國民蠻夷ニ推移中國之正氣を失候樣暫時之内ニ茂可相成噬臍候歟と深　御心配之御事与奉伺候尤夫々御取締ハ出來可申候へ共元來之事情ハ申迄なく御取締とても容易之事ニハ有之間敷盗人を藏ニ入置番をするの類ニも可有之哉何時異變も難計と被存候既ニ下田條約之後官吏被差置之儀ニ付（取締筋嚴重被取計旨）・邪敎傳染不致樣其外取締筋嚴重被取計家居等も可成丈取縮取建被借遣候積後來迄之御取締方御取計有之筈之旨然處浮說申唱者も有之自然流轉い

たし候は御所向ニおゐて御心配も可被爲在儀ニ付其節之御處置振先不取敢被申越趣も有之候處昨冬以來應接之模樣假條約等之次第ニてハ此上如何体之義ニ可相成も難量深く御心配被思召候

（以下八行欄外朱書）
達書之要文　亞墨利加船下田箱館江入港御差許相成候付テハ彼國官吏差置候義（中略）右ニ付而は邪教傳染不致樣其外取締筋嚴重取計家居等茂可成丈取縮取建貸遣シ候積夫々申渡御目付岩瀨修理彼地へ被差遣下田奉行申談後來迄之御取締筋諸事爲取計候筈ニ候然處彼是浮說申唱へ候者茂有之自然流轉いたし候は
御所向ニおゐて御心配茂可被爲在義ニ付當節之御所置振先不取敢申越候間御兩卿へ爲御心得御達置候樣年寄共ゟ申越候事

九月

皇大神を奉始　御代々江被爲對於當御代國難を被開候義を被爲恐入候御事と相伺候尤又中州江夷人入込候事ハ古代より無之ニハあらす但野心難測

義を深憂と相成外夷を被待候ニハ舊範有之　東照宮以來之御掟も有之古來邊要之守備等嚴令も毎々相見候へは忽ニ難相成義ハ申迄なく然ニ當今華夷之分別不相立國体之弁別無之万國同等之應接世界通例之仕向ニ被從候てハ兎ニ角國躰を損し皇國之瑕瑾ニ可相成義を御苦心（腦）之筋（御事）ニ有之候

右ハ朝廷ハ之御見込

就而ハ（臣下）一同之意内を推察（候ニ）致候處俗言ニ申候へは此天下を（之政務ハ）御先代より關東へ御先代ゟ御預け（委任）被遊　東照宮御以來御保護被成（有之）　公武御合躰御安心臣下も安堵之處近來外夷覬覦之勢誠ニ不堪痛苦如何体之御所置ニ可相成哉と存候處是迄無御餘義平穩之御處置なから夫々御達書之趣も有之其内ニハ何とか御勘考も附可申と存居候處　御所向ヨリハ何分御國辱ニ不相成樣　神州之瑕瑾無之樣ニと被　思召旨度々被仰入關東よりも是迄申來候事ハ時々無御餘儀不被得止と心得居候處舊冬來申來候義は不容易大御變革与有之條約取結可相成條々以前役人衆より何ノ伺

もなく粗治定之應接其廉々實ニ不容易是迄申來候筋ニも齟齬いたし如
何なる事哉御大政〔務〕ハ關東ヘ御委任勿論之御事なから斯る皇國之御大事
ハ何レニ　天朝ヘ御伺之上ならてハ御治定可相成譯ニハ有之間敷殊ニ
大變革之義ハ誠ニ重事ニ有之〔ト存候〕關東ニ而も〔ハ〕諸大名ヘ存寄御尋之上御參考
も有之候由左程ニ御大切ニ被思召候ハ全國家之大事を被思召而之御事
左候ヘハ一天下之御主君之思召御伺之上被仰談御取極可有之は勿論之
御義ニ候半哉然ルニ何分不容易事ニて人心不居合とて　叡慮御伺と有
之候は御尤之御事ニて猶又御所向ニも不容易御大事之儀故深御心配被
遊〔諸臣ヘも所存御尋之上〕諸大名之見込等御尋ニ相成且神宮を始御代々ヘ被爲對被爲恐入候段
を被仰入候處最初　叡慮御伺〔（欄外朱書）一体御心配之筋ハ御挨拶なく〕との御趣意と相振レ且御心配之廉をも御
挨拶なく人心居合ハ〔之義ハ關東ニ而〕御引受相成候計〔との〕之御返答故如何にも國家之安危ニ
拘リ候義故國家之御爲關東之御爲をも被思召御趣意通リ被仰入猶又衆
議を被聞食度旨　勅答被仰出候御事と奉伺尤御伺と有之柄ハ御治定切

之御儀ニ無之義と存候へは猶重而勅答之御振も可有之何分心配致居
共此後衆議被仰上候都合如何之御模様歟ト一同心配致居候事ニ候
候事ニ候

等
右京都ニ而之御見込方人々之存念此處ニ可有之候へ共猶關東之形勢事情を相考候て（以下朱書）ハ元來親睦ヲ申立段々今日ノ次第ニ成既ニ和親ノ廉ヲ以中募應接再三差向彼申通りニ（以下墨書）許容不相成候而ハ忽チ艦ヲ可差向兵威を示し品川に五十艘之軍艦差向なと嘘喝いたすニより無餘義是を許し彼を許し最初三港之外ハ差支之筋有之と申なから遂ニ數港ニも及ひ今更兵庫サへ應接仕替難成との事素より其役筋適意之事とも不被存趣應接之處不得已ノ勢ト被存候へ共唯上之命ニ従ひ彼カ威を恐れニ屈シ無余義如此中間ニて不得止之事ニ成候事歟と被存候然處今假條約を變セハ違約ニ成候て信を彼ニ失ひ若兵端を開候節ハ曲テ改メかたきトノ我ニアリト聊も動カセヌ見込ニも候歟實ハ甚心得ぬ事ニ候何之爲御伺事歟名實不立事と存候叡慮又一ニハ國威更張之機會も亦在此時非常之功ハ非常之時ニ無之候而ハ難成との見込大變革ニ而富國强兵いたし五大洲迄も制御之機此時を不可失との

見込故ニ拒絶致し仇讐之姿と相成候而は國威挽回之期も無之近ハ禍を生し遠ハ五州制御之望を失ふとの事ニ候歟彼是を斟酌シテハ今諸大名疲弊軍備無之所詮戰爭ニ及候てハ敗衄と可相成一二もなく成へし仍兎ニ角ニ今度條約之通リ御許容無之候而は難成との事ニ候歟是畢竟叡慮ヲ奉安之義とヤ辯論を不待大政委任之上ハ國家ノ良計無此他且万國一變之時勢を察し舊制ニ拘泥候てハ大業不就然處　京師之人ハ不達事情固陋ニて舊制をのみ守り時勢を不知と義故かく被存込義道理なからとの見込ニも候歟

右兩端を執て勘候ニ此後幕府御陳奏之義如何相成候哉公武御隔意無之樣所祈候若御趣意双方御徹底無之候而ハ甚心配と存候三家以下諸大名之衆議之趣をも被　仰上猶又前條御察しニ而何とか御所置振も可有之樣之天裁を被爲待候御事ニ候へは實ニ公武御和合之義ニ候得共當今之形勢ニてハ左樣ニハ有之間敷哉且墨夷差迫居候事ニ候へハ

（朱線）——先達而同樣之義を被　仰上ニも可相成歟〔哉〕左候節は再度勅答如何可被　仰出哉と竊ニ痛心至極ニ存居申候一旦仮條約迄相成候事拒絕難相成義ニ可有之候へ共京師ニハ今度　叡慮御伺之義ニ候へは總て決定之譯ニハ無之と被　思召候筋と存候乍去於關東段々是迄應接十分被盡力之上斯迄ニ相成今更一圖ニ御拒絕之儀ハ關東御所置全く御行違ニ相成〔義ニ〕候てハ御心配之御義ニ候へハ夫是御詮議を被盡先度之　勅答ニ被為對叡慮を被察可相成丈之御勘考を被為附事情を被分候而被仰上ニ茂相成候てハ格別前々申述候如く〔唯一通之〕十把一束之御儀ニ而ハ心痛之至と苦慮致居候両端之中を執て〔竊ニ〕相勘候ニハ關東ニて假條約迄濟候上御伺と申ハ〔ニテ御伺ト〕名實如何〔申ハ〕ナカラ公武之御間外夷ニ對候てハ邦内之義無異義我より信を失候を名と致して〔候〕候ハ兵端を開候を憚其所謝ナクテハ夷人屈服致す間敷候ハ勿論と存候又富國强兵之上五大洲制御國威更張之義被主張〔向き〕ニ付而ハ旁卽今事を敗戰爭之〔御〕見込〔も〕ハ毛頭無之歟何分兵備不整ニハ相違も無之歟然ハ

（欄外朱書）右兩端竊ニ考候ニ詰リニ國威ヲ外夷ニ被耀

（欄外朱書）竊考ルニ詰り京江戸共國威ヲ外夷ニ被耀度トノ御見込ハ同一致ト存候但京都ハ皇國ノ舊輙チ被守暫時トいヘとも神州ヲ醜靡ニ不汚トノ御見

今度條約中實ニ難被許事件を被除候義（而）應接仕直候義ニ候ハヽ姑く御許容有之急度軍事全備可有之様嚴令有之因循と不相成様ニ致し挽回可有之候見込を被立（可然哉）候様可被仰出哉

右實ニ難被許事條

以上差向禍害可有之義ハ前條ニ申候如く被惱　叡慮之事件先當今不得止如此御所置ニて姑く形勢を被　御覽急度御拒絶ニ可相成共實ニ武威盛大ニ相成万國を制御せらるヽ事ニ成候共何レニ國家之光輝を洋外ニ被推弘候義ハ可・有（背）　叡慮事ニ・候（ハ無之ト存）唯當今之姿ニ而國威更張との事ハ御不安心之御事与被存候國体之本不相立彼ゟ條約を定候ニ被從候上ハ釁隙無之候而は違約ハ不相成其中人心洋夷ニ馴染邪教蔓延不可挽回ニ至リ可申然るを富國强兵ニサヘ成レハ不足憂と說者ノ論も可有之候へ共先外夷と伍をなし同盟之約を結候而は國躰ニ拘リ禍害を生候事國富之期を不待　又富國ニ成候とて約を變候ハヽ曲我ニ有之如何と

も難成彼和親懇篤を唱候茂万國通例之義ニて皇國ニ歸化之意ニハ無之ハ素よりなから打拂なと丶狭き了簡ニ而ハ神國之本意ニあらす所謂八十綱打掛氏引寄事乃如寄し奉との神誓も可在此時追々國威を宣揚すへきとの義ハ實ニ所企望ニ有之然るに今日之容躰ニ而は始終之見据難遙察候當今國体を不損國力を養ひ人心一致して神國之武威を被輝候樣之義ニ候ハヽ誠ニ更張之事与不堪雀躍候又一旦ハ洋夷ニ膝を屈し富國强兵之上可伸國威との義も可有之候へ共膝を伸るの期實ハ甚無覺束且國民夷ニ化せられ本末取失ひ候樣成候上ニて彼より事を不破ハ因循苟且と可成申歟不然して我より打破候へハ直彼ニ有之必勝とも難云候唯今假約を俄然と拒絕ニ相成戰爭ニ及候てハ我より事を破之曲有之又和を乞來を外民を令順服五州制御之道隔絕するを遺憾とも云へき事も候ハヽ姑く折中之義ニて前條ニ記する所之現在國辱禍害可默止之事件上下心力を盡し再三理を以て說得應接致し條約仕直しの撰其人被仰付度事

と存候抑大變革之儀非常之功非常之時ニ無之候而は難成國威更張之機
會も亦在此時との義尤其期不可失事然るに前條之如く狐疑猶豫有之者
固陋之拙論と稱候向も可有之候へ共何分上下人心不居合　朝議難決ハ
國家之安危を深苦慮致す所委曲前ニ注する如也關東ニも折角大業を被
立候御趣意ニ候へハ　朝廷ハ勿論公武上下人心悅服いたし不可間然之
御國體ヲ被立候而
御所置有之度・其旨具ニ被記載征夷府之御上奏宗廟ニ被告申群臣ニ茂被
布告
皇家之御可許
皇太神を奉始　御代々ニ被爲對御缺失無之處ニ至リ中候樣所懇祈候左
候へハ實ニ被休　叡念公武永久御安全往々實ニ國威御更張之義ニ而蠻
夷猾夏之憂無之黎庶皷腹之時ニ可至中と存候乍去開闢以來ニ無之卽今
大變革ニ可相成ニ候へハ　主上大樹公深重之御熟談之上十分被盡群議
候上ならてハ實ニ御決著難被遊ニ付而は爲御相談大樹公御上洛ニ而も

被仰進度義と存候へとも當時御差支も有之儀ニ候ヘハ西丸ニ賢明年長之方早々御取究其人躰上京可有之被仰出度儀

（以下六行朱書）右兩端ヲ執テ竊相考候ニハ詰リ國威ヲ外夷ニ被耀度御趣意京江戸共相違ハ無之ト存候但京都ニハ先神州腥羶ノ氣ニ不汚樣國体ヲ不誤樣專務ト被思召關東ニハ貿易ヲ盛ニシ國ヲ富シ國威ヲ外夷ニ宣揚セムトノ御見込ト被察候此中方今諸國疲弊之時及異議開兵端ハ敗衂ニ可及候間所詮今度假條約難及變改トノ見込

　彼カ申通ニ無許容テハ難相成

（以下藍書）右原書墨字ハ實美公手跡朱字◎（行間六號文字ハ原書ノ朱書ナリ）ハ實萬公手跡ナリ案スルニ實萬公（欄外朱書）實美公ヲシテ起草セシメタルモノ歟

○此分モ亦意見書ノ原案ナラン取捨未決

一、

外夷近年頻ニ渡來乞通好其中犯國禁傍若無人之所業茂有之旨ニ候處當

時船軍御備向茂未整折柄ニ付無餘儀平穩之御處置被相成候段達　叡聞候右方今水陸軍事全備無之上は不得止儀ニ被　思召候但此姿ニ而自然年月差延候ハヽ夷類侮を加へ賊謀相熟し候樣成行候哉と深被惱　宸襟候既ニ弘化丙午年御沙汰之旨先役より御達無之中候通武門之面々洋蠻之不侮小寇不畏大賊宜籌策有之神州之瑕瑾無之精々御指揮候而彌可被安　宸襟旨御沙汰之御儀茂有之候へハ何卒武門之面々一際相勵速ニ武備全整候而御國威を外夷ニ被示後禍を不遺候樣各國之力を盡し候ハヽ神國之瑕瑾無之可被安　叡慮關東ニも御安堵万民心堅固ニ士氣相振　叡慮之趣關東より向々ニも被達候樣ニと被思召候此等之趣關東へ宜被申入候事

（欄外朱書）
神風ノ規模
相立可申

二

外夷防禦之儀は古來　皇國之大事ニ候處近年覬覦之萠不相止候ニ付公武御安心之爲大樹之御輔翼として副將軍職を被置軍旅之儀精練指麾

有之候樣被　仰出候ハヽ可然哉と被　思召候御內慮之趣先可及御內談
旨關白殿被命候事

右大義

三

先達而以來外夷之儀御取扱振內々被　聞食度旨度々申進候ニ付老中方
より被申越候趣爲心得被示聞候儀幷ニ諸向ゟ被達之觸書寫等達　叡聞
候右書面之趣異人共品々御制度ニ振候事共申立且滯船中彼是自儘之所
業等有之候より意外之兵端を相開候義も難計然處御備向いまた御整ニ
も不相成折柄無餘義平穩寬大之御所置ニ被成置候由猶又役々之者下田
箱館ニおゐて應接有之儀ニ付委細ハ追而可被申越旨先達而被示聞候右
は當節如何之御模樣ニ相成居候哉尤關東ゟ厚御配慮之被托候御儀夫々抽精被致候哉ニ候
へハ御安心之御儀ニハ有之候得共何分　神州御國体ニ拘り候筋は公武
一体之御事柄ニ付旦暮御心配ニ被　思召候此比之模樣且爾後之御取扱振

四

等被聞食度御内沙汰候猶宜御勘考有之候・様（被示聞候）可申入旨—被命候事

近來異國船度々渡來ニ付京都表御警衛筋之儀御大切被思召候ニ付井伊掃部頭京都御守衛之儀猶一際手厚可相心得被仰出候此外當地御備向之儀は猶追而可被相達旨老中方より被申越候由先達而被示聞達　叡聞・猶（欄外朱書）御安心被思召候）又當地御備向ハ追而可被相達・（之趣ニ候ヘハ）得共其内被示聞候事と存候得共何分近海ヘ・（乘込候義）渡來有之候節は京師之騒動無此上と存候間・（其節ハ）速ニ打拂・（ニ相成決テ）上陸不爲致候様之御備向嚴重被　仰付候儀と存候攝泉播若丹・（等）土之海岸京師之咽喉ニ候ヘハ右海防如何之御手當ニ相成可申哉万一此堺不意ニ乘入候儀有之節ハ京師御警衛ハ申迄無之前　御手厚ク相成居申候ヘとも上陸有之候節ハ實ニ東西之要路相遮リ（都合ニも）可申も難計不容易之至リニ可有之京地而已之事ニハ無之關東御往反差障リ可申深々御心配之御事ニ候尤右邊之儀も夫々御手當被仰付候事と存候ヘとも格別之御大事ニ候ヘハ御模様

内々被示聞候樣致度分而厚御勘考有之度存候事

淡路守へ物語之申候趣意

御物語ニ及候趣意

御内話申候趣意

先達而以來御内話申入度存候儀ニ有之候得共容易ニ申出候筋ニハ無之彼是苦心いたし居候實ニ公武之御大事と存候へハ度外ニ默然打置候ハ甚た不本意之至リ何とも進退惟谷義と存候昨冬參向之節老中方ニも頻々　公武之御間柄段々懇篤ニ被申述候趣有之茂實ニ不堪感佩候左候へハ然上ハ當地ニも思召付被爲在候ハヽ御沙汰も可被　仰出歟候得とも何分當地にてハ實境實事難相分儀ニ候へハ何共　御沙汰難被仰出臣下之面々ニも何之勘考も無之万一心付之儀も有之候ハヽ公武之御爲にハ愚情を盡し可申ハ本意之事ニ有之

五、

外夷之義ニ付
一・先達而以來御取扱振被　聞食度との御事ヽニ而申入置其後老中方より申
沙汰
來候趣先々平穩之由然處先比豆州下田松前箱館兩所にて船中闕乏之品
被下とのヽヽヽ儀・猶又應接も有之趣追而ハ申越候樣致承知候嘸關東不一方御
積御聞届相成候由
心配閣老方ニも如何程歟配慮被致候事と遠察候然上は十分手を被盡候
上之事と存候夷人共自儘之所業いたし候共御嚴制難相成何分御備向御
整ニ不相成候由意外兵端を開候節御防方出來かね無餘儀右等之御取扱
此上水陸之軍事一際相勵非常之義モ有之候ハヽ
振と有之候段ハ何共無致方不得止と存候乍去往々勇武を被勵士風一新
速ニ本邦之御武威相立候樣可心懸向々へ被觸候趣
御國辱を被示神州之瑕瑾と不相成申候樣後禍をも不被遺候御見込ハ御
威
座候儀哉と存候如何程之御模樣ニ可有之哉難察候ニ付而ハ人々歎慨仕
居候但又永々此分ニ被差置國害ニ無之との御見込ニも可有之哉色々と
竊ニ苦心候事ニ御座候人々心配いたし候筋ハ尤方今平穩ニ有之候共夷
情難測ハ申迄も無之他邦侵奪いたし候古轍も有之候事故其姿ニ成候半

哉と往々之處を深ク案シ候而之事ニ有之尤關東ニおゐて其邊之儀ハ素より無御如才と存候へとも未然國家　公武之御大事を存候へハ唯々痛心候事ニ候間御模樣致承知度と存候

一前條之處ハ往々御勘弁も有之事と被存候猶又下田箱館ニ商館のこときと被建候とか申風說有之候右ハ虛實難計(如何哉)虛說ニ候へハ尤安心之事ニ候へ共万一右本邦之土地被貸渡候とか申事ニ成候而は誠以不容易筋ニ可有之哉永世之瑕瑾ニも可相成哉夫より諸夷同樣申立候も四方外夷を近海へ引受候而ハ實ニ異變難計哉何卒右風說のことき儀も有之候事ニ候ハヽ此處ハ御勘辨之不相成義哉是迚も關東御如才無候事ニ候共御見込之邊も難分ニ付而ハ彼是苦心候事ニ有之候

一當時之折柄自然內憂出來候義茂有之候而ハ甚た不安事と存候其釁ニ外患蜂起候而ハ內外紛亂實ニ其節ハ大變と存候へハ何卒(時体)未然を被察何分國家を御大切ニ被思召士氣相振候樣御英斷有之候ハヽ外寇ハ內憂外寇

無之候様御勘弁申迄も無之候へとも一際御取扱方無之候哉と苦心候事

ニ候

一夷人死骸ヲ内地ニ葬埋いたし候ト申趣も相聞候右ハ決テ有之間敷ト存候へとも實ニ右之義有之候而は甚以苦々敷事ニ有之候へは是亦如何之御處置ニ相成候哉ト竊ニ存候事（以上朱書）

一當時　御所表ニハ御差構も無之都而關東ゟ被托　御安心之御事　東照宮御勳勞厚被思召候御儀ニ候へハ永久公武御安心之様ニと存候右ニ付而ハ今般外夷之御取扱振實ニ御大事と存候

一畿内近海ゟ乘入候儀有之候而ハ不容易御心配候京地之處ハ彦藩一際手厚可心得被　仰出尤所司代御役御警衛臨機御取計方も可有之万一變事起リ候共御安心ニハ有之候へ共何分海口先入之事ニ候處右海國御備御手薄之様ニも相聞今一段御勘辨有之度事と存候

浪華表之模様なと風聞も有之如何哉と被存候

一京地先達而以來非常遠所御立退御手當ニ付人心疑惑之事ニも有之候處先般炎上自然之應猶々可懼可愼と人々（危懼い）懷恐縮候但外夷襲來皇居を被避と申邊ニ成候而ハ實ニ大變ニ而候へハ（關東ニも御心配至極之御事ト存候）決而左様不相成様急度未然を被

防度万一一騒有之候節（而）ハ　内裏御造營結構ニ御出來候而も誠ニ上下憂苦無此上候返々も有而ハならぬ事ニ候へハ飽迄も其本根を御防有之度唯々人心（堅固ニ相成）相和し候樣有之度事

一昨冬參向之節も閣老方段々懇切ニ被申述候關東御趣意之程不堪感佩候事ニ候思召も被爲在候へハ無御遠慮被仰出候樣との御事ニも被爲在候へとも何分當地ニ而實境實事難相分儀ニ候へハ左右之　御沙汰も難被仰出（拙官）共にも何之勘考も無之候万一心付之儀も有之候ハヽ公武之御爲ニハ愚情を（盡シ）不包可申出ハ本意之事ニ有之候へとも短（才）慮之質唯々恐懼而已之（當役之）事ニ有之候乍去心痛仕候事柄其儘打置候ハ實ニ公武へ對し無申譯事ともニ付存付之分申出試候事ニ候不惡預御照察度存候

一世上之情態を相察し候ニ見込之程區分と存候安逸を欲し候姑息も有之又慷慨憤懣之向も有之候或ハ唯時勢を察し候而度外ニ置候も有之候歟何（分）卒無偏黨公平當今之容躰ニ付而ハ未然之機變をも熟察（有之）いたし國（害）弊無

之候樣神州之瑕瑾ニ不相成　公武御平安之勘弁有之度其筋ニ而不得止
外夷之邪曲を以て戰爭ニ及候事ハ自然　神國之冥助も可有之と存候何
分人事不盡候ハヽ、神助も無之と痛心之外無他と存候

○――――

頃春（先般）　內裏炎上畿內近國大地震昨夏ハ（炎旱渉旬）彗星出現近來彼是災異有之自然
之儀ニも可有之候得共御國体ニ拘リ候儀ハいつれ　聖躬へ歸し候事故
如右異類中國を覬覦之趣ニ相見候へハ神祇之御託告も可有哉与深御恐
懼御愼被遊候　叡慮之程をも伺得實ニ無油斷候

○

付箋
「堀田上京ニ付詰問案
蓋係某人建議」（朱書）

先其元ヲ不正シテ末ノ治ル道理無御坐候此御取しまり第
一ニ候牛歟故蝶ノ聲也草

御尋之事

一大日本皇國者開闢以來　神孫之寶祚ニシチ普天之下無非皇臣者率土之濱無非皇土者　天皇照臨知　宇内任官叙爵使群臣掌諸政以至于今此義既致承知居候哉

一征夷大將軍之職掌如何致承知居候哉

一皇國者自往古待外夷之則有之如何致承知居候哉

一東照宮能掌其職從皇國之舊典保護國体和人心給ニより　天皇勞其功績詔贈　神号給ひ毎年幣使不闕之給使累代掌其職官爵極人臣給ひ至今十餘代トナル其初　東照宮遺訓之事柳營之老トシテ如何致承知居候哉

一日本大君之稱墨使ト應接書中ニ有之因何而稱之哉於國家は不正之名義於周易モ不祥之詞ニテ先哲之所論辨ナリ若亦自彼受其稱則有受夷爵之嫌公然トシテ書之其心得方如何

一大變革被成度思召之由申條不審　天皇未曾下大變革之詔給然則本末顚

倒之詞氣ニシテ似有不知非其有之嫌者是等之義如何之心得ニ候哉
一今不由皇國之舊典不從列祖之法乃似心醉墨使之舌頭而將取法憲于彼洋夷者多ク豫定條約而后以重大之事件奏之是以　宸衷不寧民心亦不穩如斯則如何之心得ニ候哉
一係墨使之舌頭若誤皇國之体基則可謂能爲保護乎
皇國未曾有之事件任私議而不慮他日之大患而倉卒定條約可謂忠乎
東照宮遺訓中誡變古法行新法之大害尤深切ニシテ且多シ子孫從其遺訓以鎭護國家ありしところ今大樹背其列祖之遺誡欲爲大變革可謂孝乎如何其方等柳營之老中而不能匡救其主之過可謂義乎凡是等之義如何心得居候哉
右八箇條早々可致返答者也
月日
右之通之御書附ヲ以先最初備中守ゟ各條御詰問可被爲在候御事歟此一

擧ニテ眞僞忽ち相分可申候自然眞實忠臣之者ニ御座候半ニ其御所置可被遊候事歟右之條無滯返答いたし御納得被爲遊候樣ノ事なれハ實ニ可然之道理なくてハ叶ふましき事ニ御坐候

さすれハ後段ニ左之通りの條々被　仰出可然候事歟ト奉存候尤最〔初脱カ〕之御尋第一御義ニ候歟

此策ハ庖丁解牛の意ニ不違歟不爲如斯いたつらニ精心ヲつひやし其刀ヲ損する事のみ多からん穴かしこ

返答無滯申上候上ニ而後段に被　仰出候事

一右之次第ニ候半ニ實々以無據時勢被惱　宸衷候得共人心之所一致に候半ニ乍　御不本意一先可被任其策歟ニ候得共彌以不取皇國之瑕瑾無後患之懼爲衆夷不變國俗之由柳營慮遠之良策謹而同心仕候上者可被安

宸衷万々一異變有之候節者盡列國之力擊攘聊モ國体ハ奉損間敷候由を
以三家始列國司連印或ハ別々ニ而茂　天朝ゟ差出可申其上可被決　叡
斷而后施行可有之事
一大變革者唱不宜尤衆庶之氣合ニモ可相懸先亂世後之流弊ヲ大復古シ順
時宜斟酌古今大ニ變奢侈怯懦之風而可歸皇國本來之良俗事但其余之條々追テ可被仰出候事
一然上者自今列國司ゟ被仰出候事者小事之外毎事被下　太政官之符候て
諸國ゟ可致施行候事以上
月　日
（藍書）右一通實萬公ノ手跡ニアラス
○
過日爲心得被達候亞國大統領ゟ御返翰之寫達　叡聞候右は尤艸案之義
御決答之御模樣ニ寄更ニ談判相成候事ト存候得は御文面期日不得不緩ト

の義　爲心得内々御尋申入候御文面ニテハ被延期限候而已ニ而草案之樣ニも被存候ニ付彼是疑慮いたし但先達而　勅答ニ被仰出通（之趣ニ有之間）御國威相立候樣御勘弁ハ有之候義ト存候元來御國体ヲ本トシテ（第一御主張）皇國和同之本立候而公武御一体（國家之御爲）御處置國家之御爲御勘考乍去万事關東へ被爲在度應接條約之趣ニ付万（邦）國之宗國たる御規模ヲ不被失樣武門之面々御國体之義ヲ厚辨別有之候而夷人にも相及候樣　扨大變革之義ハ誠ニ不容易唯今人心ゟ御決着難被遊とくと公武御熟談ナクテハ於當御代非常之御模樣替相成候義候十分人心歸服御納得之上ならてハ實ニ御見定被遊兼候義ハ御推察被爲在候樣乍去（以下斷文本ノマヽ）

○

廣橋ノヿ勘考

殿下太閤

御所存御推詰有之度事

右公
同斷
先達申立も有之候通委細可相尋事
一此後之御所置
○同樣之義申來候ハヽ、其通御聞濟歟事
○同斷総而關東へ御振向　叡慮ハ先達被　仰出ノ御通リノ外不被爲
在旨被　仰出歟事
○同斷此分ニテハ御許容不被遊旨御拒絶ノ御返答歟ノ事
○同斷是々ハ必可被止与條約中御差略被　仰出歟ノ事
右四ヶ之內
一德へ　先達テトハ怠慢ニ成由　御沙汰小子ナトモ同樣其心得一体輕
忽歟シックリ

一万へ　同斷

浪華京地警衛事

過日達書ノヿニ付御沙汰御省略

○

前中納言殿年來被致配慮候者墨夷等崎陽武州之港口ニテハ彼是隙取面倒成事ニ思ひ兼テ大坂表之義者　帝都御近海ト申事を心得居候趣ニ付攝泉之海岸へ乘込候事茂難計其節ハ如何樣之御手當ニ相成居候哉此所日夜寢食茂不安程ニ被致配慮候處閣老衆抔者江戸表之事さへ屆兼候折柄ニ付京都之評義抔存茂不寄扨々恐入候御事ト被申實ニ被致歎息候就夫右被致苦心候處ヲ竊ニ御耳打仕候樣左候而從京都關東に防禦筋之御沙汰茂被爲在候ハヽ少敷評議茂發候半其節ハ被致了簡之方モ可有之トの御事ニ付早行取計仕候樣側向ゟ內々申越候依テ此段各方迄無急度及御物語候事

（藍書）右原書奉書半切水戸云々之書也

池内家所藏

忠成公書狀　其外

今曉大震誠ニ以驚存候其許何之障りも無之哉承度扨一昨日内々附屬いたし置候秘密之案圖等若々先方へ被遣候哉と存候へともいまた不被遣候ハヽ爰ニ一案附候事も有之候ニ付一先見合可申哉と存候間自然彼圖乍内々彼邊へ相廻り何方へ内達も難計ニ付而は曉來之地變猶又愚案候事も有之候今一應面會いたし可及内話と存候右等之處被差含候樣頼入候明朝にても一寸入來相成間敷哉何分早々申入置度如此候也

六月十五日

明日ハ少々早く參　内之間何卒夫迄ニ面談頼入存候也

池内大學頭殿内々　　實萬

○

口演

過日は入來大幸存候雪中別而苦勞之至痛心候名字之儀甚以面倒相賴殊多忙之中預配慮氣毒千万存候美ノ字トミノ訓彌相用可無子細哉毎々申兼候得共今夕ニハ職事へ可附哉と存候自然又々入來ニ相成候而は重疊苦勞之至と存候間一筆預示答候ハヽ忝存候仁齊之書被許拜見深々畏入存候是迄一向不得見殊格別之一軸珍重無他誠以渴望之物ニ有之甚たほしき事ニ候然處當時拂底之折柄實ニ殘念至極ニ存候得共不任心底先以返上仕候當役中外見トハ大相違赤面ニ候此比家來共當惑最中御一笑々々くれ〳〵も殘心千万存候併御鴻情之程深以畏入存候以高庇無比類眞蹟拜觀誠幸甚畏入存候御禮之儀可然執成言上賴入候萬々期面謝候草々亂筆推覽賴存候也

十二月九日　實萬

池内大學殿

○

去一日之飛札十五日着一見候益　御所々々御機嫌よく恐悦候奉時無事芳出度候扨々當歲ハ不順之上殘炎甚十日以後日々堪かね江戸ニ而も二三十年來稀成暑ト申居候扨は內密修學院一條ニ付敎授御人數へも可被加哉ニ付云々細書一々令承知候誠ニ　聖代之印復古之　思召、節千万令慶賀候右ハ願下候も不叶義全く　朝廷之御用格別之義御請申上可然存候尤長卿ゟも可被示處角立候よし奉時ゟ申越し候段令承知候（可然同卿えも可申入存候）先年認遣候文章可立身時節到來と存候敎授ハ輕キ樣なから行々ハ進講之列ニも可加何分畏候事ニ候又京邸用事此頃ハ尤可爲閑暇予歸洛後ハ又々如何樣ニも手段可盡中候何分朝用相勤候事身ニとり畏候事ニ存候當春ミを等之事萬縷承候諸事難盡筆端要ノミ申答候也

七月十七日　

池內奉時江

○

一攘夷論於與中再三熟讀候至當之論公武〻之忠實無此上感入候事
一右於關東發露之機會ハ能々勘辨如才無之義ニハ候得共深思慮有之度同志之者ニおゐてハ悅服候と存候へとも當時彼地士風不一樣ニ被存候へハ内從候とも外乖き邪謀ニ陷レ奸計ニ逢候も難計被存用心可有之事
其膈　非其人ハ不可說歟
一文中忌諱ヲ不避段固ヨリ之趣意ト存候へとも前々申通同志之者ハ尤ト可存候得共彼士風ニ候へハ轉傳披見之者忌諱ニ觸ル丶所ヲ以テ如何申觸し候も難計ケレハ其邊勘辨有之度事
唯議論ヲ立ツル計ニ而實用ニ心懸無之事ナレハ無子細且者尤トイタスヘク夫ニテ宜ケレト的實ノ爲ニスルノ議論ニオイテハカタ〳〵其人ヲ見込ニテ被爲見候ハ丶無詮哉
一帶酒氣議論有之間敷其失流布候而ハ不宜何分謹密專一ニ候
（朱書）右小菊紙ニ認忠成公手蹟

○

頃日嚴寒難耐候彌堅固珍重存候然者甚面倒之義御坐候へとも何卒示敎賴入度候此度末男名字令治定度兼テ存付候ハ

實美　充實謂之美トカ孟子ニ有之候歟引書不十分候へとも差支

候字多分ニ付此字ニモ可致哉ト存居候如何可有之哉

右ノ字訓ヨシニ候へハ相當ト存候へとも差支有之候佗訓何トカ有之間敷哉字註ニ有之好善ナト當時スンタル（ミカ）ノ訓有之候へとも是亦差支美仁親王ハルト被訓候とも（存候、）是又差支とんと可相用訓不得勘考今度末子之義別段翰林家勘文ヲ相賴候迄ニも無之兼テノ心付ニテ可令治定哉と存候但右訓之（黑書）末男義近々叙爵可申上ト存候ニ付此比名字令治定度存候義ニ有之候處致當惑候何卒勘考之處預示訓候ハヽ忝存候委細期面談候乍略義以書狀如此候參内前紛冗亂書可免給候也

十二月五日　實萬

池内大學殿

〇

不順之時令彌無障珍重存候然は去日從家來令問合候藤波家懇意ニモ有之候哉申入候子細は内々承合度筋有之候事ニ候從下官尋問候テハ差支如何敷ト存候間極密其許心得ヲ以承繕賴入度存候事ニ候昨冬異船之義ニ付諸社御祈被仰出其内　風宮伊世別宮兼テ御沙汰ニ相成居候處右ハ被止伊雑宮被　仰出候其節從御祈奉行祭主ヘ彼是往復モ有之候歟小子奉行中總而不令存知歸京之上承候處祭主ヨリ被申上候而風宮ハ御止ニ相成候由　伊雑宮同体ト被申趣ニテ　風宮ヘハ別段御祈不被爲及トノ由ニ候右ニも何カ間違モ有之哉ハ難計候へは何分祭主カ御尋有之哉ニ候右ニテ御治定と申事然ル處實々ハ世上彼是不審之者共有之神名秘書なと勘付候而御同体ニハ無之ナトヽ申義申出實ハ以何可爲是哉朝家之御定ハ祭主之申狀ニ被從候事勿論定而祭主家幷伊世神官之所傳分明ト存候へは佗嫌無之ト存候被承知候通弘安度　風宮事世上一般傳承候事故不審モ尤之事ト被存候何

カ今一段しかと不致候ニ付内々尋合度事ト存候則昨年□□上卿中ニ候へハ總而右邊取扱無之奉行ゟ御調之趣ニ承候事ニ候何卒極内々其許含ニテ問合候樣致度候委細ハ面會ニ可申述候先ハ早々如此候也

四月二日　　實萬

灿内大學殿内密

○

爲火防塗屋石造三四階造取建之事

石造三四階造リハ震災之節患有之不可然候哉外國ハ震災之患無之故一般ニ三四階ハ勿論八階造リ位迄モ有之日本ハ震災甚可恐事ト存候一塗屋ハ可然併一時ニ不殘塗屋ニ建揃候譯ニハ不至三四階之家屋ニテハ出火之節消防怪我人夥敷事ニ可至塗屋二階造位ナレハ可然哉ト愚考尙御勘考御坐候樣奉存候事

周防守

○

去十六日三條中納言卿ゟ學習所　御用被仰達罷出候處非藏人松尾但馬吉田遠江ゟ　御書取被相接候旨趣者但馬國之義賊衝ニ當リ殊ニ京都僅四十里內之地方兵備切迫之時勢ニ付農兵組立速ニ出來候樣周旋可致條被仰出且美玉三平被差下候旨趣者尙　朝廷ゟ其筋ヲ以早々可被仰達旨奉承知致入國候此段及御屆候以上

八月廿六日　美玉三平

久美濱

御代官所

忠成公手錄書類寫第六

謹而拙牘拜呈仕候春暖彌加候候御坐候處先以禁闕倍御機嫌能被爲渉候御義ト乍恐恭悦無量奉万福候次ニ閣下愈御淸康被成御坐候半奉恐賀候近日は堀田備中守上京有司も隨從仕居候趣定而閣下奉始御賢慮御敎督被成御坐候御義ト奉遙賀候實以此度こそ　神州御爲御緊要夢覺之關トモ可申上秋候得ハ英明之列卿御充分御論示ト奉想像竊ニ奉仰願候野夫義爲東上本月十一日出船仕今日當所迄着仕候間御動靜奉伺度乍不珍此品先達獲物仕候故附便進呈仕於御叱留忝奉存候取込亂略之段御海量奉仰候恐惶謹言

三月廿五日　　伊達遠江守

宇內無大聖三條公閣下侍史執奏

再敬白時下爲　神州御保練御坐候樣奉万祈候將又此度備中守罷出

ニ付如何樣之御都合ニ相成候ヤ甚以唐突之義奉恐怖候得共被　仰
出候
天意之御模樣極密概略樞要之處御內々相伺度參東之上無此上心得
且ハ決心之覺悟ニ相成候儀伏テ奉願度別而恐入候得共明後日伏見
驛へ止宿仕候故彼驛ニ奉照手候得ハ尙更難有奉存候將關東建儲之
義ニ付先頃薩摩守ゟ內密申上候半ト奉存候此義も如何之御都合御
坐候哉相伺度多分備中守歸府後御發令相成可申ト奉存候得共痛心
之餘相伺申候委曲ハ江戶表ゟ密奏可仕候恐懼頓首
三伸　此貴酬可相成ハ於伏見明後拜見之義前文ニ申上候處貴館へ
御安否相伺候ため明後午過頃家僕差出候間其時御請暇被成御坐御
投書被成下候義相叶候ハヽ右賤价ヘ御渡被下候ハヽ別而難有仕合
奉存上候以上

○

芳翰薰誦候如來教春暖之候先以　禁裏益御機嫌克被爲涉可有御安心存候貴官彌御安全珍重存候今般御參府之由一昨廿五日伏見驛へ御著被成候趣御旅中無御障重疊恭賀之至存候右ニ付預御尋問御懇札被下且兩品御惠賜千万忝存候殊ニ御獲物ノ由賞翫不少忝存候早速致拜味御芳情不堪感謝候將又先比堀田備中守上京之義ニ付御内問之趣承候如賢察　朝廷ニハ深（東照宮以來良法御國体ニ拘リ後患難測永世御安全）被惱　叡慮臣下一同誠ニ痛苦之至不堪候御許否共至難之事トモ何分被盡人事候上ナラテハ御決著も被遊兼候御模樣ニテ三家以下諸大名衆へ台命ヲ被下衆議之上被　聞食度トノ御事ニテ去日備中守へ一應御返答御坐候實ニ不容易之義（・今度之條約ノ儘被許候節ハ實後患難測　・又全國疲弊ニテ忽敗亡可相成ト被聞召候ハヽ何共〱ヽ）・唯今一概ニ拒絕ト被仰出候而ハ忽戰爭ト相成・其なり眼前之事も有之候而ハ當今之形勢實以億万之人命ニ拘リ候事是以甚御心配之御義兎ニ角列國諸藩之見込被聞食候上御決斷被爲在度トノ御事ニテ有之何分世上人氣不靜當惑之秋候「於朝廷御心配被遊候も尤關東之御事とも厚被　思召候而ノ御事」（欄外藍書）「」本文ノ黄ニアリ」。吳々公武御合体ニテ御處置有之候樣所祈候其邊御行達ニ不相成申樣致度事候定而御詮議被仰出哉とも何卒實ニ被安　叡慮候樣所希候關東建儲之義ニ付薩摩守殿ゟ先達而內密御申越モ御坐候義彼是先達以來則近衞殿其外とも申合居申候事ニテ早速も御沙汰出候樣祈入居候得ハ彼是入組候都合モ有之心配候處此比其儀通達ニハ相成申候併達方今少シ行屆ニも成兼候哉ト痛心候此上ハ不任心底次第共も有之猶又御周旋所祈國家之御爲ト存候

浪花ハ万一渡來も有之も難計當地之警衞方充分ニ無之候事故其段甚恐怖懸念之事候是ハ急ニ關東ゟ御世話相成申候樣ニと祈入候段々御念篤之貴札千万忝存候、ニも委曲申入度候得共彼是取紛略亂背本懷候將又先比御內獻之品相廻申候下官へも御賜物千万忝存候夫々取計申候而猶又跡ゟ可申入候先は當用而已申入度閣筆候此時候折角御厭御旅行專一候下官義も先格別之障も無之候御休意可被下候乍去當節之義候へハ虛弱之質不堪痛苦病義御坐候御賢察可被下候其內ニも種々不任心底事共有之候尙期後信候恐惶謹

言

○

芳札薫誦候如來教春暖之候　禁裏益御機嫌克被爲渉可有御安心候貴官彌御安全珍重存候今般御參府之由一昨廿五日伏見驛へ御著被成候趣御旅中無御障重疊恭賀之至候御懇念之御狀御芳問千万忝存候且兩品御惠賜大慶之至存候殊ニ御獲物之由賞翫不少不堪感謝候將又先頃堀田備中守上京之義ニ付御内問之趣委曲承及候如賢察　朝廷ニハ深被惱　叡慮候臣下一同ニも誠ニ痛苦之至ニ存候御許否共至難之御事ト存候今度條約之通ニテハ實ニ後患難測全國之人心歸服モ難相成候ヘハ此處　天許有之候節ハ忽禍端ヲ引出可申哉又不被許ト在之候而ハ戰爭ニモ可趣候ヘハ諸國疲弊當今ノ形勢敗亡ニ可至トの見込モ有之義ニテハ是亦不容易但被許候共不待十年國患ヲ生シ可申候ハヽ其節ハ挽回之期モ無之哉ト人々痛心之事候何卒御良策有之間敷事哉朝議難決兎ニ角列藩之見込方被　聞食候上　御決斷

被爲在度トノ御事ニ伺居申候　朝廷ニテ深御心配被爲在も尤關東ヲモ厚
被　思召候而ノ御事公武御合体ニテノ御處置ト所祈候（必關東ニ於テ）御行違ニ、、、不相成、、、申、、
樣、、、とも定テ御詮議被仰出哉とも何卒實ニ被安　叡慮公武・（永久）御安穩之樣所仰
候（御警衛方）扱又關東建儲之事薩摩守殿ゟ先達テ内々御申越モ御坐候義彼是先達以
來近衛殿其外とも申合居事ニ候、、、――
（藍書）
右二通共忠成公親筆草稿
（朱書）
○嘉永七二廿八水戸留守居へ以正庸
申達案文
墨夷等渡來ニ付而は　帝都御近海防禦筋之義厚御配慮之趣御側向ヨリ御
内々御申越御坐候由ニテ無急度御物語ノ趣内密申入度先以御精忠之程深
被致感佩候右之義ニ付テハ昨年來甚以心配被致居候舊臘其筋ゟ尋合被申
入置候處一向御模樣も相分リ不申差向異船之形勢靜謐ノ趣ニハ有之候へ
は、、、彼是取沙汰モ有之候儀異情難測候へハ（甚不安心在之候）、、、何共安心難相成義ニ候何卒早々

御詮議候得ハ然處何分關東御指揮無御坐候而は奈何トモ難相成唯々心痛被致候關東差向御混雜ニテ自然御手延ニハ相成居不申哉乍去當地ニテ心配有之候樣不意ニ近海ヘ乘込候義ハ決テ無之義与御見居ヘ之御事哉御安心たるへく哉其段ハ尤關東ニ御如才も無之義トハ被心得候へとも何分此御姿ニテハ万一之節甚心配之事ニ付猶又當春月初旬ニ至リ再應其筋ゟ被申達早々關東京師近海防禦等夫々御模樣早々相分リ候樣被致度被申入置候義ニ在之候處いまた何等之趣も相聞ヘ不申當惑被致居候併定テ關東ニテハ彼是ト御詮議ニも相成居申候哉ト被存居日々相待被申候處ニ御坐候幸御内々御申越之趣ニ付而ハ何卒御差含前件振合密々被申入何卒程克御勘考も被爲付候ハヽ京都御靜謐ノ候其御地御評議も發し御勘考方ニも被爲在候ハヽ　朝廷御安心之御義ニ可有御坐候厚御差含相成候樣被致度從是も無急度御答旁內々及御物語候事

二月

（藍書）右朱墨共忠成公親筆（◎行間六號文字ハ原書ノ朱書ナリ）

○

御手紙致拜見候如命追日暖和ニ相成候處彌御安靜御勤奉賀候然者先達而御內々各樣迄御物語仕候一條ニ付　關白樣ゟ云々被　仰進候處其後ノ模樣相分リ候ハヽ御內々得御意候樣御內書之趣致拜承候未何等不申來候得とも內實ハ前中納言殿ゟ發言之事ハ被指支候半ト致推考候右故急速之御返答ニも難被及歟何程御內緣邊ニテ御賴被仰進候共年寄衆之批を被入候樣ニ相當候而は不相濟次第ニ御座候間可相成御儀ニ御座候得は所司代衆ゟ嚴重ノ御催促被爲在夫ゟ事發候得は順路ニテ前中納言殿も被致大慶候事ト奉存候是等之處御含之上宜御取合被下度奉願候依テ右御答旁得御意度如此御坐候以上

三月廿四日　鵜飼吉左衛門

丹羽豐前守樣

○

本月十四日之貴翰今廿一日到著拜披候彌御揃御安泰珍重候扨墨夷一條實
以旦暮苦心之外無之候於　朝廷ハ誠以被惱　叡慮候昨廿日備中守被召御
返答被　仰出候共御趣意は　皇太神ヲ始メ　御代々ゝ被爲對恐多被　思
食候關東ニも東照宮已來之良法變革之義人心ノ歸向ニも相拘假條約之趣
ニテハ御國威も難立猶三家以下諸大名へも台命被下而再應衆議之上言上
之樣ニト申御趣意御書取ニハ不相見候得とも今日之勢上下一同心力ヲ盡
シ奉安　叡慮万民心服候ヽ波ヽ同樣之方略ヲ被　聞食度御趣意トも何卒其邊公武
樣致度事とも」
一致ニテ御處斷有之候へハ誠ニ幸甚とも今度之一擧夷人之申通リ被許レ
ハ國辱とも相成後患も難測候又不被許候時は昨年應接假條約迄ニ及候上
ハ夷人承伏ハ致間敷此際誠ニ誠ニ　御心配之御事伺候而痛心至極候先以
御返答之次第ハ定テ御聞取ニも可相成候得ハ內々早々別紙寫取進覽候但
ツト拒絶ト申被仰出ニハ無之衆議被　聞食候上ノ事ト候就テハ伊勢之神
慮ヲ御伺と事　御沙汰ニ御坐候先日來も御模樣もとくと御

（此間欠紙）

之趣ニ被爲在候得共唯今ツト拒絶ト被仰出候も難被遊夫故何分ニも上下一同盡心力公武一致實ニ被安　叡慮万民心服候樣之方略有之度御事ト存候　叡慮ノ御模樣決テ御暴ナル御義ニハ不被爲在御互ニ御趣意通熟候樣相成御處置之程一同祈入居申候唯今ニテハ何共通熟無之哉ト皆々夫ノミ心配候事ニ御坐候役之人ゟ精々被申入候筈ニ御坐候

一昨廿日備中守へ御返答出申候右御趣意柄ハ前文ニ申入候通之御意味ニ而候得共(は)荒々之御事ニテ委曲ハ其役筋ゟ實々無御餘義御心配之御程被申述候樣有之度とも何分(共)唯今御決答ハ難被遊趣ニ有之候

一西城事每々御建白も御坐候由至當之御事と此儀はいつれ備中守へ御內沙汰被爲在候哉ニ被相伺候如何被取扱候事哉難計候得共何分年長賢明之人と申て　御沙汰ニ可相成哉とも被伺候左樣へは自然と相當之御人体ニ可相成哉此義ハ當地一同ニも大きニ望ヲ屬シ申候何分基本御堅固

ニ無之而ハ難相成於朝廷ハ德川家ヲ御扶助之御趣意ニ有之候段ハ決テ
此邊之處ニ而も御分リ相成候事ト被存候
賢輔をも被定度事哉此義は京都ゟ出申候事哉是ハ關東ニ而御取扱出來
申候事歟と被存候
一先日來段々稽留ニ成居申候定テ於其御地色色取沙汰も可有之ト存候當
地之模樣もとかく六ヶ敷時勢ニテ無餘義御模樣も有之御手延ニ相成候
とも
一越州へも乍內々宜御噂被下度候先日左內上京之節染筆物ノ事所望ニ付
被贈物御坐候不存寄大慶之至候見事之畫珍藏いたし可申日々懸置慰鬱
情候又々御序ニ無急度御內々御挨拶被下度候左內義至極能被相心得候人物感心候
一先達而密封中ニ入置申候書取御覽被下候而委曲之御內諭忝存候右ハ決
而建白ト申ニハ無之候誠ニ草按ト申迄もなく心付候儘書付試候迄候其
段ハ其節ニも申入候歟決テ御懸念無之樣致度候過便御書狀ニテ實ハ大

ニ驚申候左樣之意ニ相係リ候トハ不存事ニ而候必々御火中願入度候㒵
々も此義ハ尊公之事故フト認試候品入御覽候事尤又賢考之次第決テ當
今之形勢御同意之事候間必々御安心可被下候　英明之御事ニ付又御配
意之段ハ至極候御至忠之義とも如下官も尤此段ハ御大事ニ候間御心配
之樣ナル御筋ハ決而〱無之候實ニ左樣之筋ハとんと不達時務義ト心
得居申候無御腹藏御内諭之義ハ幾重ニも感佩候貴君ナラテハト存候万
期後便候先達來呈書申入度存なから何共御模樣も分りかね不本意打過
申候先ハ荒々中入度如此候也頓首謹言

三月廿一日　　三條前内府

土佐侍從殿

極密　玉机下

（藍書）
〇忠成公親筆草稿片簡

一橋本左内至極心得候人ニ而毎々得面大幸之至候不日歸府之上ハ宜々御
　申入可被下候
右等早々申入度如此候實ハ過日早便ニ呈書之覺悟候處懸違出足相成更ニ
又々御家來交替之便宜ト承リ一書内々呈上候也匆々謹言
　三月廿四日
〇同斷簡（藍書）

去月廿四日被出候貴翰同廿九日夕到著拜披候先以愈御安福珍重存候然は
墨夷之義ニ付極密申入候處縷々御答示之趣致承知厚御配慮殊密々越前守
內存等も御尋問之由御紙上逐一致披見感佩候實ニ此度之義ハ誠ニ痛心至
極候先年以來可及此場ト苦心之事候處果テ時節到來噬臍候事ト存候何ト
カ至此期　朝廷之御勘考方も無之事哉ト歎慨候得共御示之通之次第尺蠖
之屈方とも有之哉乍去實々ハ先日來紛々之說ニ候ヘ共所歸人心憤懣之事
候いつれも左樣可有之事ト一通リ存候義ニ候又相勘候ヘハ如何樣以名義

被處斷候共殤
○同斷簡（藍書）
土佐侍從殿内答　三條内大臣
○同斷簡（藍書）
條約之義御往復之次第等相勘候へハ實ニ唯今ニ至リ
叡慮御伺ハ甚不堪恐懼事候乍去右等之義唯今申而も無詮事ニ候唯々當今
國家之大義不失様とも年來憤懣之人氣一時ニ輻輳候而歟ハ何共困入候事候
朝廷御鎭靜と御聽所冀居事候優柔不斷ニ而は難相成又一概正論ニテも其
害も難測誠ニ進退惟谷とも年來之見込ニてハ苟且偸安ニテ段々相募候
何卒被振勇武候様致度事ト懇祈之所候へとも當今之容体重症ニも相成候
へハ劇

〇(藍書)同斷簡

條約之節ニも事濟之後事情都筑ヲ以被仰上候其後御挨拶有之猶此上不拘御國体樣御賴与迄被　仰入候其時其義ハ幾重ニも　御敬承被爲在候得ハ外夷之義通辨ヲ以之御扱故臨機之御所置も可被爲在との事其儀ハ兼而被仰入置トの事ニ候然處今度假條約之次第事々拘國躰大事共有之候夫を夷人之申狀ニ大略被許容今日至極ノ難事ニ及ひ叡慮御伺トハ實ニ難解事と實ニハ皆々痛苦いたし候右臨機之御所置トハ所謂閫以外將軍制之云々分乎諸不順者トノ儀ニも可有之は當然なから夷人ノ申狀ノ臨機ニテ國家ノ定則御伺無之被規定今日難題申出人心不居合とて被伺　叡慮ト在之實ニ御難題と內實ハ人々憤懣ヲ懷候事ニ候へとも當時之御勢ひ何申義も不相成廷臣ニも正論家も有之候へとも又阿諛ノ向も在之實ハ內輪甚六ケ敷事也今日ニ至リ候而ハ兎角泰平ヲ公武共專要ト

相成候時節勿論眞ノ太平是ニて無申分候苟且偷安之事ニ而ハ後患不可測
其段甚可恐事ト存候此度之

〇同斷簡（藍書）

唯今下田條約之廉々引戻し之義ハ迚もく難出來模樣候哉ト令察候京大
坂を申より外ハなく哉其大坂甚六ケ敷樣ニも相聞へ重々難事候何卒公武
一体之義勘考方無之もの哉

〇同斷簡（藍書）

二月三日

餘寒難去御自愛專一存候御方々へも宜御申入可給候
本書之義ハ總而極々密々御一覽後早々御投火可被下候
本文之義必御他言御無用希候當時大ニ嫌疑可有之實ニ下官義聊も異
心無之唯公武御和融ヲ希候事候へとも

○

（以下六行朱書）
先達而之貴翰ニ被添候越州建白等も卽青蓮院宮其外入覽ト事候右青門義ハ其表ニテモ有名之由ニ承候彼是沙汰も可有之哉ニ候得は隨分心得有之方候異狀ハ無之候此度貴官御胸中之御赤心拜吟候實以不堪感存候實ニ爲國爲朝御憑敷存候

もののふのやまと心はたのまるゝ
雲の上にもきこへあけなんと存候

貴札致拜見候漸催夏色候愈御多祥恭賀候日夜御關心之一義御同意ニ存候

實ニ此度之儀此上之處治リ方如何可相成哉苦心之事候當今執職之方六ケ敷次第共有之而事之齟齬

堀田閣老諸有司在京都合不宜趣ニ御傳聞も御座候旨於

不少心配之至仇地へ漏泄畢竟人々雷同左樣之筋ハ無之成かたき事候精々申談其弊無之樣致度事候

朝廷ハ首尾惡義も無之役人出逢之都合等ハ隨分宜御趣意を弁知之樣子應對向圭角も無之熟談相成旨ニ承候世上ニテハ種々浮說申唱不穩候堂上向

是等之事誠ニ口外不可致事御聞流ニ願入候

。。。なとも讐敵之ことく申成候得ハ皆々ハ雷同とも扨大脇輿之進御指出シ有

心事難盡筆紙候荒涼御答申入候余事御家臣に申合候亂書御免可被下候

之卽一夜得寬面今夕又々出逢申候縷々咄合申候猶御聞取可被下候最前橋

本左内歸府ニ付彼是申含候定而早速御承知ニも可相成ハも朝廷之御密議等ハ巨細何も與之進へ申含候事候猶此上爲天下御周旋所祈候即今關東へ御手入神州之恥辱云々を御譴責ハ却テ御無策歟ト御賢考之段ハ御尤至極ニ候過日　叡慮深重之御義段々御模樣も在之既ニ被　仰出ハ御坐候事ニハ有之候得は何分御決答之御義ニハ無之一体之　思召御沙汰ニ相成時務ニ難叶哉如何と尙々痛心之事ニハ有之諸大名方見込之處衆議被致候處を被　聞食度トノ御事ニ候へハ嚴命被仰下候ニハ無之國家安静之良策如何ト被思召候御義ト存來諭之趣御赤誠之程ハ感佩候尙此上とも心得相成大幸候實ニ蕭墻之憂在之候而ハ外患有之候節難防誠ニ不容易ト其段精々傍輩へも示合候事候御忠魂令感悦候小子不學無術幹事之才分無之徒妨賢路尸位素餐恐縮之外無之斯ル大事在之候時節進退惟窮義ニ有之當時御用之人々ニテハ久我右大將德大寺大納言萬里小路大納言中山大納言正親町三條中納言是等之人ハ隨分了簡も在之其中性質ニも色々御坐

候事候

（藍書）
右戊午四月土佐侍従に答書朱墨共忠成公親筆斷簡（◎行間六號文字ハ原書ノ朱書ナリ）

○

一大脇興之進御差登之節ハ出立取急之場合書狀誠ニ不束之事書載甚如何御聞取相成候哉ト心配候「唯有之儘尊公限リ極御內問ニ付」申入候計候分（極御內問ニ付唯有之儘尊公限リ）テ御賢察可給候其他書面中失禮成文体共有之ト跡ニテ心付候義實ニ不文之至御海容可被下候

一貴官御赤誠之程ハ其筋兼テ申置候事ニ在之尙又此程御書面之御趣意は（右御內問ニ付堅固密々申入候事ニハ。）（四行目有之候へ共ニ續クカ）通達致候樣要路之權家へも內々申出申候事候當今衆議御尋之上如何樣之御次第ニ可成申哉實ニ心配之至ニ候

•有之候へ共右ハ元來之御模樣伺居候分申述候事何分唯今之處ハ衆議之（其筋ヘ承候）
。。上實ニ御勘考被爲在候御義ト奉察御前申入候御都合ニ必相成候樣トノ（被聞召）（御都合ニ相成候樣ト申。。。。。。）
。。御事ニハ無之哉何卒右之義ハ今度之御處置如何衆議被　聞食候而之其（譯。。。。。。。。。。）（存上候間其處ハ無申迄。）

處ハ申迄なく御事と存候間左樣御含置御坐候樣ニとも（致度候）何分重キ御事容易ニ漏泄いたし樣ノ筋ニ無之候得は（御精誠之御内問ニ付存心ノ分申入候㒵々モ）差障リニ相成不申樣ニ致度ト一同見込邊も同前之事ニ有之候

一兼テ御内示も在之候姑ク屈膝武備相整候上挽回之御勘考云々之事是又御見込實ニ當今之形勢御洞察之御事ト存候下官義兼々之見込一途ニ正論ヲ信シ申候事ニ候處段々時勢之義ヲ御曉解も承リ後ハ如何ニも其處勘辨無之テハならぬ事ト始終一歩退き（思惟）勘考ニ相成申候事乍（候）去朝廷之議如何ニも小子周旋候譯ニハ參リかたく猶々事ノ破レニ不相成樣ト心懸申候事有之候

一極密小子心配之意底御咄申入候此義ハ御間柄之事分而御聞置被下自然御承知之義も有之候ハヽ御内諭希入候右一件專ニ周旋いたし居候事之樣ニ御聞ニハ相成居不申哉實ニ段々子細モ有之心配候事柄有之候次第ハ一々難申陳何共〳〵不堪痛苦候一向ニ建言候事ニハ無之候處自然風

評彼是ト承込候而ハ誠ニ心痛候身構ニハ無之候得共一体之筋ニ相響不宜唯々退遜之心得ニ候間決而強驕ヶ間敷趣意申募〔立〕候譯ハ更無之候公武之御間柄専ラ不悪樣ト心配致候事ニ候其段ハ分而御含置相成候樣ニ致度ト事候

如何樣心配筋之義ハ一々他へ不相聞風聞有之哉甚痛心候（六號朱書）

一極密之伊達遠州内書〔問〕有之其節も格別之荒々答申候儀共御聞及ニも可相成候ハヽ程克御挨拶被下候樣自然差障候事なと認〔在之〕候而は不宜偏ニ公武一致御爲方之樣ト存候義ニ付テハ内問之筋其人ニ寄意中相明申候事差支ニ相成不申樣ニと心配候間分而御含置被下度候

一先便御書通ニ若他諸侯之内御荷擔申候人有之候而ハ却テ　朝廷之御不爲云々之義至極之御誠精感佩候其邊ハ心得居可申事ト兼テも存居候猶又御至言とも存候　御深慮之程心服候御安心候樣ニと先度荒凉御答申入候ともニ付爲念御坐候

一世上風評種々承入候事實ニ難堪事共ニ候僞妄定而其御地へも相廻リ候

事ト令察候余リニ如何敷筋御聞之事も御坐候ハヽ御内示被下度候
一堀閣歸府後如何之模樣哉とも一体在京中顯要之大任一方熟話等有之候ヘハ双方御都合之事ト申候義ニも在之候得とも無餘儀其通リニも相成リ不申遺憾とも乍去先便も申入候通両役人面話之都合ハ宜一段之義ニ候
一唯々竊ニ懸念候ニハ當地ゟ達書之文面振等候
一橋本最早著有之候ハヽ
一先便御加筆（書中）御認有之候御精忠之御胸懷令感心候

○

二白時候折角御自愛專一奉存候呉々も御覽後早々御投火希入候也

早寒日加候彌御揃御安福恭賀之至候然は當節江戸如何之形勢候哉難察彼是御配慮之義哉承度存候當地間部上京後探索甚ク相成有志之者共召捕糺尋嚴重之趣候尤平生篤學之者ニも無之歟實ニ又可憐輩も有之候右等之勢

ニテ蕭然ト相成申候何分水老之徒破滅之筋ト相勘申候一体之事情公武行
達候事（ハ相分候）ト存候間部も廿四日ニ初而參內候夫迄ハ何事も無音ニ候酒井若州
ニハ両度下官ニも面會候其御地之模樣ハ粗承申候實ニいつれか眞面目か
相分りかね痛心候但若州ハ随分事理分別有之候人ニテ先年所司代中モ毎
々面會候事候扱極內々御尋申入候國守方ノ內此比ニも譴責或罸ヲ被蒙候
向も在之候哉貴君（官）幷伊達遠州ナト何も御別條ハ無之哉先比風說書ナトニ
テ御案申居候得ハ其後何等之沙汰も不承候一寸御國人俄ニ出府之樣ニも
承及如何哉ト心痛候事候一向委敷御模樣も不相分彌以御案シ申入候當今
誠ニ嫌疑有之默然ナラテハ忽害ヲ生シ可申ト心痛之事候越州年來御知已
先達以來ノ都合實ニ如何ト存續候事候當地も種々心配之事共御察可被下
候下官ニも先日來ハ御用向御斷申上閉居候事ニ候但度外ニ存候筋は無之
竊ニ苦心事ニ候何卒万端御都合能公武一和ニ相成治平祈入候近々將軍宣
下ニハ二條大納言近衛大納言其外傳奏幷准后御使堀川三位高倉士御門陰

陽頭なと下向ニ相成申候間部歸府何比ニ可相成哉未相分候何分時事御互ニ不安ニ候其內一陽來復之時可至とも明春早々御暇候樣候先比御申越ニも如何之御樣子哉何も承度候右書狀進呈ニも當節心配之次第も在之候堅固御內密ニ希入候万々期後信候也頓首

十月廿七日

（朱書）戊午年土佐侍從ゟ御書草稿

（藍書）○安政元水戶侯ゟ御遣書翰

外夷之義ニ付而は從來御配慮之趣致承知候然ル處近來頻々渡來去歲以來不容易次第當地ニハ委儀も難分候得共何分大難事ト心配いたし候先比內々御側向より被仰越候趣致承知候事とも有之種々御肝膽を被碎候段感悅仕候當節其御地之模樣如何眞實之處難分唯々痛心而已之事ニ候右ニ付極密貴官御見込之程承知いたし度左ニ申入候

貴官先達來御出仕無之海防御用御斷トやら申樣承候右ハ如何之御子細も

候哉今一段國家公武之御爲ニハ御深慮御勘考有之候義哉ト存候
一此度之御模樣時勢ヲ察せられ專平穩之御處置ヲ以テ漂民撫恤幷伊豆下田松前箱館兩所ニテ薪水食料石炭等所望ニ被任候趣致承知候且商館こときも渠ゟ取建候義免許候哉之風說有之候右ハ虛實如何哉所詮被嚴制候事ハ相成かね意外之兵端ヲ開候節御備向いまた御整ニ不相成折柄右之御取扱ト在之候ハ無餘儀故候乍去往々武勇ヲ勵まされ士風之一新皇國之汚辱ヲ被滌國威ヲ外夷ニ被示　神州之瑕瑾と不相成樣後禍を遺されさる御見込ハ有之候義哉ト存候又ハ永世此分ニテ國害ニハ無之との御見込ニも可有之哉
一卽今平穩ニ有之候へ共衆人不安枕處有之候ハ往々夷情之難測ハ申迄も無之且蕭墻之憂万一出來候而ハ其釁ニ外患蜂起候歟ト心配候事候然時ハ內外紛亂朝野騷擾其機ニ及候ハヽ實ニ國家之大變ト存候
但右ハ人々推察之義ニ而其緣源要路ニおゐて御嫌疑無之候事ニ候ハ

、一段安堵之事ト存候

一當時　朝廷ニハ都而其御地ヘ被託　御安心被遊　東照宮御勳勞厚被
思召候事ニ候ヘハ永久御瑕瑾無之樣所仰ニ存候

一夷賊万一京師近海ヘ乘入上陸候義も難量ト京都警衛之義心配いたし候
處此度井伊家守衛可相心得被仰出先以安心仕候事ニ候

猶又右海口防禦ハ如何相成可申候哉當時浪華之兵器大炮等ハ多分其
御地ヘ御取寄ニ相成彼地至テ手薄之趣ニも風聞いたし候へとも何分
當地之儀も御大切被　思召候との御事ニ候へハ其邊迄も追々御詮議
相成候義トハ遠察仕居候

一今般　內裏炎上誠ニ不思儀迅速絕言語候　主上御始御立退　神器無御
別條上下安堵之事ニ候得共此上彌靜謐變異無之樣所祈ニ存候

一當地ニテ彼是心配候へとも都而推察之義ニ有之候間實境實事只今之容
体ニテ賢考之程致承知度懇祈之所ニ有之候但一切機密之義御漏洩ハ無之

事ト存候得共國家之安危實ニ難忍候ニ付内密呈片楮候御一筆被下候ハヽ
銘肝候事ニ有之候心事御賢察希入候事

五月廿七日

○

一

彼是ト相勘候ニ今度総州被言上候御模様も難計素ゟ　朝廷之衆議　叡慮之程ハ何共唯今難奉察何分初ゟ　御沙汰之御趣意　神宮始御代々ゟ被爲對被爲恐入候ト申御事ニ候而今大意ハ條約中數港ヲ開キ所々蕃館ヲ建國内遊歩勝手ニ貿易いたし夷人雜居且天主教堂取建候ヘハ邪教蔓延可相成総而蠻夷之風ニ推移人民も利欲ニ自然ト相靡可申候ヘハ中國ノ正氣ヲ失ひ竟ニ不可挽回ニ至リ可申哉ト（申邊チ深）御心配之趣も兼々伺居申候就而ハ當今之（然ルニ）處如何相成可申哉一切愚案見込等ハ（濟）假條約調判も相渡候事右ハ委細総州被申上候次第ニ而又々御沙汰ニも可

相成哉とも其儘ニテハ如何之御都合ニも可有之哉いつれ御評議ニハ夫々存意も御尋可被成見込も不一樣候へ共其上　叡斷ハ申迄なく愚身一存之見込關東之御都合　不避忌諱極密申入候樣トノ御內示ニ付而ハ相勘候へハ先年以來之次第實ハ愚案をも內々御在役へ申入候事も有之其後於關東老中方へ申入候も有之候下田條約之節認候僻按も有之候へともいつれニ時勢ニ合かたき事實ニ固陋之迂說赤面之至候へとも差向至當ト存候愚按も無之候ニ付先以別紙之物共內々入御覽候猶又當節ニ至リ候而ハ所詮以前之義申入候ハ無益之事ニ有之候へとも御一覽も候ハヽ本懷候扨今時ニ至候而ハ打拂鎖國なと候論ハ申迄なく又

○

當節外夷一條ニ付心附之義無之哉內密御尋問之趣甚幸之至ニ候素ゟ愚昧短才何等之勘考も無之唯々苦心而已之事ニ有之候併折角御內問之義無包藏申入度存候へとも當今之御模樣柄ニ付而は甚以心配いたし居申候貴官

ニハ格別御考慮之趣は兼而致承知今度御再役國家之幸とも前年傳奏役中
嘉永七年之比ゟ近年ニ至リ時々御先役御方へ御談話申入候事共ハ草按反
古同樣之物殘リ有之候時ニ有之處當時ニ至候而ハ不容易之形勢ニ相成不
堪痛心候當春　勅答被　仰出候後今日ニ及ひ公武御心配之御事近々下総
守殿ヲ以被書上候趣被　聞食候上ニ伺との被（ハ御都合ニも候へは被）仰出ニ可相成哉御双方　夫
ニ付過日御内問之義格別御誠忠之御趣意致感佩候彼是ト相勘候ニ何卒今
樣ニも相成候へハ御宜（都合）敷ト存候筋書面も盡しかたく　過日御家臣へ申述
候節ニ（面話之節ニテ）勘考候附猶又書取候而内々申入候樣も申入置候得ハ

（藍書）右本書忠成公親筆斷簡

○（藍書）幕府之御達面案忠成公親筆

先般渡來之亞米利加退帆候處右滯船中彼是自儘之所業等有之且品々制度
ニ振候事共申立候趣ニ候處（得共）當時船軍之御備向茂未　整折柄ニ付無餘儀平
穩之御所置ニ相成候趣先達而達　叡聞候方今水陸之軍事全備無之上は不

得止伐与被　思召候但此姿ニテ自然年月差延異類侮ヲ加ヘ賊謀熟シ候様成行候而は實ニ不容易哉其上諸夷追々渡來致シ候ハヽ國家疲弊ニ及ひ國体如何与（實ニ叡慮不安候）不一方惱　叡慮候右之通異類覬覦之模様有之候義ハ誠ニ神國之蠹害ニ候へは近來災異不輕莵自然譴告之儀哉と深御愼被　思召候彼是聖慮之程被察候而彌武門之面々彌不懈國力ヲ養ひ速ニ武備嚴整有之人心堅固ニ士氣相振更ニ御國威ヲ外夷ニ覗シ後害ヲ不遺候様被遊度被　思召候嚮ニ弘化三年八月　御沙汰之趣莵有之候得共尚又各國之力ヲ盡シ神州之規模相立國家無恙被安　宸襟關東ニも御安堵万民悅服候様ニト被　思召候右ニ付テハ關東不一方御配慮之程且（武事相整）武門之面々辛勞之義ト是亦被惱叡慮候得共此上ニも精々御指揮候而・神州之瑕瑾無之様被　思召候（關東ニ宜可被申入候事）叡慮之趣向々ニも被仰達候様致度

○

此度之一條ニ付存寄可申上旨・蒙（叡慮之）御沙汰誠以當惑至極ニ存候先今日之次

第ハ差置下田條約之後駿河守（其許）ヲ以事情委細御申上有之候右大樹公御趣意之處國家御鎮護之　思召ニ候得共　御挨拶も有之候處猶又別紙之通淡路守ゟ時之執柄ゟ被申出候は卽言上ニも相成兩役人共も拜承御尤之御事ニ存居申候右　大樹公之御趣意想察候ニハ國家御鎮護之　思召ニ候得は時宜ニ應シ臨機之御所置も可被爲在との事尤御職務之大斷ニ候へハ左茂可有之御事ト存候國家之定則は臨機之筋ニハ無之哉ト存候へハ今日之次第如何なる御模樣之事哉　御國体ニ不拘樣　御賴与迄被　仰入候義は實ニ不容易勅詔ニハ無之哉又幾重ニも御敬承トノ御事　叡感ハ申迄なく右拜承之人々は實ニ感服いたし候事候然ルニ懸リ之役々ハ遷替も可有之候へ共幕府之御趣意通貫無之候而ハ万事之御政務ニも相拘り候事と存候ハヽ決而右樣之御齟齬（無之義）ハ有之間敷義とも併（尤）かゝる大事ニ候へは（役々）無伺取計ハ有之間敷義ト存候處唯今ニ至リ極御難題　叡慮御伺ハ如何なる御筋ニも可有之哉甚以當惑候下田條約之處ニ御引戾リニテ　叡慮御伺ト有之候へハ

御當然之事とも然處應接書一見候處最早夫々談判濟之樣ニも相見候歟左候へハ唯今ニ至リ　叡慮御伺ニ而御處置振存寄可申上との御沙汰候は誠ニ進退惟谷何共不堪痛苦存候反覆相勘候ニ臨機之事ハ格別國家之定則ニ拘リ候筋ハ何分下田條約之處へ御引戻し之上御伺ニ無之而は　大樹公之御名義ハ勿論先達而　叡慮御敬承との御筋御行違ニハ相成不申哉　公武之御間柄ヲ存シ候而ハ誠ニ痛心至極候右故此度御尋之　勅答何共實ニ申上兼居申候併拙者之見込違ニも可有之哉其筋難辨何卒無腹藏内々預教諭度候互ニ公武之御爲可盡精忠之時と存候（大事之御事ト存候）

御國体ニ不拘樣との義ハ中々京師大坂計之事ニハ無之候哉右ハ申迄なく各意内ニ可有之とも（候へ共）彼是不惡聞取有之候樣致度存候事

先年以來内外其筋へ及示談候手續書取跡ゟ内々可入覽候併既往（相濟候義ハ）之義ハ相濟候義候逝而不可追候へハ何分當今之處大事とも事候

右ハ駿河守へも內々申置候覺悟候此段も申入置候

〇

右本書斷簡忠成公親筆草稿（藍書）

復

陳は過便極密申上候一條ニも可有之哉今般林大學頭等上京之趣承知一入不堪痛心愚意を申上候抑佛者之地獄ヲ以愚昧ヲ怖レ西洋之炮艦ヲ以惰弱ヲ脅シ候ハ同一之旨ニ而高堂偸安之輩腐儒俗士之類動モスレハ堂々タル神州ヲ初（マヽ）之穢候趣ニより士氣も解体スヘキ哉と朝暮不安寢食仕合御坐候かゝる御一大事元ゟ容易之御決策ハ御坐有間敷候へ共今一應爲念申上置度御參考之御一助ニも相成候ハヽ幸甚之至奉存候尤以極々秘々之御事ニ付早々御投火奉希候樞要而已申上候ヽヽヽ――

十二月廿六日

前　内密
關東御靜謐ニハ候へとも兎角夷情ハ何トモ難相辨心痛此事ニ御坐候追々
願立候義ニ付愚策も毎度建白水戸も同意ニ候へ共齟齬勝ニ御坐候果シ而
段々願募候處紛々之説難相決哉夷人も長逗留之よし承リ申候此上御所置
如何相成可申哉實ニ爲　全國痛歎罷在候尤極御内々之義ニ付必々御漏泄
被下間敷候第一九重之
御神策如何被爲在哉竊ニ御洩被下候樣奉申望候何も高諭乍略義御動止相
伺度餘は後便之期ト閣筆仕候
慶恕
近衛殿
（藍書）
右近衛家尾州侯往復忠成公親筆寫
○

剩寒難退候彌御安福奉賀候抑昨鳥は御投書畏存候捧略答爲恐候將又極内密御勘考之程伺試候此度之一條御互ニ痛心至極之事種々碎肝膽候得共良計無之今一段　英決ニも可相成義候へハ全勘考無之ニシモ非スとも然ルニ甚疑惑候事ニハ有之列國有志之者ハ定而此度之次第憤激有之候事ト存候ニ案外平日之忠魂ト相違候向モ相見候歟ニ候御承知之通越前守ナド世ニ聞候有志之人ニ候處是亦薩州同樣之見込夫ゟハ弘大之見込ニ御坐候實ニ其分赤心之事ヤ又今日幕府之次第ニテハ不得已應其意候事哉尤優柔不斷ニテ此姿之儘ニ候へハ如何ニモ左モ可有之ト存候但當今之建白一向改革トアラハ云々トノ了簡ニも候歟と被存候素意ニハ有之間敷哉其程何とも難曉解候尾州之建白ハ如何候哉是モ表向ハ前同樣之事哉赤心之處極密尊公御心得之爲御内間ハ相成不申哉一旦仮條約ハ有之候共初而達　叡聞候從下官申上候誠ニ御大事故十分衆議候テ被盡度義ニ候今度閣老へ三家始所存御尋相成候共表向一通リ之事ニテハ實ハ其深意難分候幸先日被上密書候御續柄故極内々御勘考相成候

ハ、爲國恐悦候但此節嫌疑甚時節堅固御秘密ニ御用心專一候尾州當時在國之樣ニも候間御急便被仰遣候ハヽ早速相分可申哉猶御勘考ト存候心事期拜面申候也

（以下五行朱書）
二白此間一寸御書中ニ伺候歟先日之後又々尾州ゟ被申上候事も有之歟其外御緣家ゟ御聞取も被爲在候由ニ伺候　今邊ハ如何之見込候哉御序ニ御聞セ願入度土州も越前仝同意ニ承候實ニ上裁御六ヶ敷處候猶又愚案も拜謁申上度ト存事候御講中ニハ御參ヽ示被爲在候哉如何万期拜眉候也

（藍書）
右忠成公親筆

○

先日御家臣東下ニ付貴書被投忙手拜讀仕候閣下御剛健之御樣子爲　朝廷奉欣躍候寒喧不定之候御自愛可被爲在奉存候御家臣ヘも御傳言萬事御周

旋御心勞之程奉察候小生ニは天下之勢ニ付定見御下問恐怖之至御坐候先日は水藩ニも御不審等被　仰出右御書取寫拜見實ニ恐入候何卒　公武之御間御熟談被爲整候ハヽ此上御國家之御幸日夜憂懼仕候閣老も漸上京最早應接ニ及可申如何之樣子ニ御坐候哉小生定見ト申も無之此度之御都合閣老首尾宜相濟且將軍宣下兩樣共御滯不被爲在（候脱カ）ハヽ人心定可申何分此節ニ而ハ京師關東之御間如何哉と俗人ニ至迄狐疑仕甚不宜事ニ奉存候小生も來正月ニハ御暇奉願度相含居申候いつれ上京をも可仕其節肺肝可申上先ハ時候御安否相伺度拜復旁奉呈寸楮候頓首

九月望　　　　　　　　　　　　容堂拜

前內府明公閣下拜復

二伸

皆々樣ニ宜奉冀候御家臣も毎々弊屋ニ被參狹小之所加之格別之饗應無御坐赤面之至宜奉冀候粟田宮中山亞相公之貴書忝奉存候弊藩製之

紙乍少獻上仕度是又宜奉希候別段ニ黄紙ハ　閣下ゝ獻申度御家臣東
下之時ハ貴品御惠投奉謝候以上
又白先頃薩藩之者上京右之者先日歸東御口上忝次第奉存候其御地之
樣子詳悉仕候

上包
三條前内府明公　　　　土佐侍從
　閣下

○

此比京師風説之義ニ付段々御心配御内慮之趣奉承知早速彦根表ゝ引取直
樣京師風説之次第幷御内慮之趣逐一重役共ゝ申達候處誠以驚入候次第ニ
候得共右体風聞之義は取ニ不足詮方も無之義ニ而全姦佞人共之所爲ニ相
違無之彦根表ニ而は風説之次第毫毛も無之樣ニ候得共右ニ付　御所表幷
堂上方御一体迄御迷被遊候樣之義は實以不容易誠ニ以心外千万恐歎之至

尤　帝都御守護之義ハ　神祖ゟ御深密之譯柄も有之掃部頭樣ニは不及申
重役共ニも深心配殊ニ近來不穩時節ニ付別而一統大切ニ相心得候樣節々
被申達候義は兼テ御承知も可被下置義与奉存候就而は此度体風說之義は
飽迄可有御坐筋ニは無之間決而御配慮被下置間敷御安心被下置此義は神
明御請合申上候樣重役共申付候間右ニテ御安心被下置候樣仕度奉存候事

山下兵五郞

○

一酒井御面談之事實ニ當時勢ニ而ハ早々御面談被爲在候ハヽ一体御都合
ニも可相成何分水老一條疑念難相散兎ニ角先右御氷解在之度候右は御
面談之外ニ其道無之候何卒御貳念不被爲在早々御取計之樣与奉存候小
林召捕座邊書類各引さらへ持行ノ由彌以所々引懸りも可出來候何分速
ニ御勘考被爲在度奉存候昨夜左公へも其由申入候處右之段可申上被示
候間右申上候

一源卿一條も御懸念御尤ニ奉存候へ共當今之模樣實ニ彼卿出仕被仰付候ハヽ一体之事ハ勿論內亂邊ニも御都合ニも可相成哉と存候筋も有之候昨夜万里小路も段々此義被申居候此卿出仕無之而は列參取押へも如何可有之且間部應接も不工合之時は源卿始へらず口も可有之一同承服も無之兎角六ヶ敷可有之旁出仕ニ致度被申居候實ニ前後左右勘考候處右公之處も如何且ハ総体ニも聊ツヽハ差支も可有之哉なからつまり夫ハ瑣末之障ニ而大事ニハ出頭之方御都合と存候間實ニ實愛不省嫌疑遮テ又々申上候万卿も勘考可有之旨ニ候實ニ最早非常之御勘考ならてハ六ヶ敷奉存候乍恐屹度賢考之樣奉存候

右両條ハ實ニ方今之急要ト奉存候出格之御取扱被爲在度奉存候迚も双方都合之事ハ六ヶ敷一方便宜候ハヽ先其大事之都合之方被用度奉存候每々越樽恐入候得共此機會甚心配ニ付達而申上候事

實　愛

九月廿三日
尚々過日拜借御家來衆書中返上仕候今一枚之御一紙ハ跡ゟ返上仕
候也

○

扨亦何歟御所存柄不令推察候得共亞夷且此頃之彼是省中之御模樣柄ニ候
ハヽ承兼申候餘リ非職之御人々御心配過混雜全躰之御定ニ觸歟何トナク
制シ致置候儘若々左樣之譯柄ニ候ハヽ御見合之方可然候彼是御報延引仍
如此候也
三月六日　　　　尚　忠
拜復

○

披見如命殘暑未退候愈御勇健之條珍重ニ存候一昨烏面上示談之一件昨日
於　皇居書取案文之趣ニテ可然之由殿下御答命之由且改元等之義ニ付テ

ハ所意も候半其分ニ被改候趣委細御内示於輔熙も安心之事候全忠誠之赤心顯れ德不孤此上ハ　公武有隣之事一念無佗候右不日面上萬々御咄し可申入候得とも不取敢荒々御報迄如此候也

恐々謹言

即刻

權大納言殿

貴酬

尙々時候御自愛御勤仕之樣候也

○

昨日は御書中承候彌御安全恐賀候抑東坊ゟ別紙之趣五條ゟ被入御覽候旨桃花ニ被願度候哉息ゟ之願立之方哉との事右ハ桃花ニ被願立候而宜ト存候本人ゟニテモ子細無之哉ニ存候是も甚困リモノニ候扱水戸ニ從武傳直達ニ廻達之御沙汰之事風与今日言上之節心附心配致候ハ先日ハ所司代も

無之内ニ候得共唯今ニテハ其邊六ヶ敷候半哉留守居へ被渡候而居候節ハ如何沙汰致し候ハヽ何レ何トカとめ可申沙汰なしニ而テハ留守居之罪ニ可相成哉其邊勘候へハとふも六ヶ敷存候尚早々御勘考希候扱又傳之所無據ト申譯ヲ委細ニ認被出候樣万卿ヘ申遣候處間部へも書狀寫ヲ被越候其ニ而は其子細不相分候故又々申遣置候此義篤ト承上ならてハ出仕もいかゝと昨日ゟも色々ト心配致居候事候昨夜公誠朝臣入來幸之義申置候次後刻參上委細ニ可申入ト存候正三もし哉昨夜退出掛被參候に哉いかゝと存候何も〳〵荒々右之段御返事旁申入度亂書可被免給候恐々謹言

九月十五日　　　　　　　　　　　　　忠熙

三條殿　拜答

○

拜承候此比御受實法外御宥免吳々も奉希上候

一宣之義拙兩論被聞召候由恐入候寔困迫之愚論ニ候へとも公武とも御

趣意不相立候ハテハとても難治存候何卒両說之内思召付も候ハヽ正三卿入夜成共一寸來臨願入候拜面精々可申承候

一源卿之義毎々申入候通全体之處是非不存申候間不能口入候へとも一件余リ御案シ申上候ニ付昨日正三へ向一寸申試候事ニ候方今之處ニテハ其役ニ用候人實〳〵拂底ニ候間一人ニ而も引出し不用候てハ不相成候小林池内安藤浮田女富子なと之義御聞及ト存候ヶ樣之事ヲ致シ十分青公家ニ恐縮之思ヲ爲致候工風候世俗之政事ヲ行候方故當理可恐事ハ尤可恐候へとも譯も不相立義ヲ武威ニテ押付候計ニテハ卽蠻夷ト關東との氣味云々神州ニ生候有志ハ仮令黃泉之鬼ト成候ても承服ハ仕兼候事ニ候元來叡旨ゟ出候義ヲ疑候ゟ右樣之次第ニ及候義故其邊ハ上京之輩へ精々咄合ハ致試候夫ニハ源卿甚宜候と存候計ニ候外事ハ不存候此處ニテハ少も私意私論ハ暫被捨候樣御爲方ト存候後悔候へとも去四月御省略防禦之思召一端出有之候ハヽ假令此度之次第ニ及候とも大分申樣ハ有之候

事候兎角　御英斷遲滯衆議難決候てハ各手後レ皆々向忠死候外爲國家無致方次第ト存候扨々恐歎之時ニ及候何分不苦候ハヽ一兩夜之内正三一寸來臨願度候臨時之處置ニ候間宜希候思召も十分御示含ニ而御出奉待候也

九月廿四日　　　　　　　　　　忠能

御受内々

○

極密々々御申越之條々

一防禦之事陽明へ尾州ゟ申上候と可申事之由御聞之趣此義ハ内々なからも一向不承及申候

一此比東坊御調可相願立之樣子内々風聞御承知之由委細御示諭之旨承候此事もいまた不承候全体之處之義ハ彼人ノ意存傳聞候事ハ有之御聞及之通同罪之人も有之由なとの事ハ被申居候歟此比御調被申立との義ハ

如何不承及候御內示之趣ハ御尤ニ候實ハ下官も彼是存付も有之候程能御處置ニ有之度と候（本人も不服ニ而ハ又々混雜も出來申候）

一關東役人數輩退役有之トノ事ハいまた一向ニ風聞も不承合左樣立派ナル事ハ無覺束候眞說も承リ候ハヽ又候可申入候御承知ニ候ハヽ御內示可給候

右等別而秘々密々御答申入候御覽後早々御火中可被下候

（藍書）右忠成公親筆

○（藍書）忠成公親筆

寒氣嚴候處益御揃御安泰恐賀候過日ハ姬君御發輿無御滯恐悅候前以御繁多奉恐察候其後も御無沙汰申上候此頃ニハ御用閑とも相伺參拜希度ト存候得共過日來寒邪ニテ最初ゟ熱氣も大分有之難澁候處追々順快候得共今以咳氣强平臥仕居候右ニ付乍失敬荒々以書中伺試候別義も無之去日所司代ゟ差上候亞利加申立書幷尋問書等二册（實寫）も可爲見給御命之由ニテ武

傳ゟ被傳一覽仕候其後於關東所置之次第も申來候趣是亦內々一見之事ニ
有之候扨々追々深入ニ相成候事此上（増長いたし）之處實ニ如何ト痛心之事候猶又近々
林大學頭目付等も上京之由傳承候右ハ如何之義申來候儀と色々御配慮ト
奉察候一体此度申立之次第ニ付テハ（御勘考）從當地御沙汰之義も可被爲在哉いつ
れ大學頭上京之次第御聞取之上ノ（上神代ゟ下萬代ニ至迄）御事とハ奉察候へとも此處ニテハ皇國
之規模相立朝威ヲ列國ニも奉仰尤德川家をも御扶助被爲在　叡慮しかと
被　仰出方も被爲在候へハ奉感戴候事ト存上候兼テ關東ニも無御遠慮樣
々ト申事ハ老中も申候事候へハ今日ニ至リ候而ハ　叡斷不被爲仕候而ハ
難相成右ニ付御見込之邊如何可被爲在哉伺候へハ安心と存候御書答も御
面倒ト存候久我德大寺之內時々參上ニもゝ不苦候ハヽ兩卿之內ニ而も御
傳命給候可畏入候其內快方仕候ハヽ參上拜談被申度候へとも大學頭も近
々上京之由ニ付粗打明申上候當時實萬伺立仕候も不在其位謀其政ニ相當
候歟ト心配候へとも國家之御大事と存候へハ難打置任御懇意極密御樣子

伺試候越樽之伺候段ハ恐入候得とも痛心之餘リ內々伺候心事期拜謁候亂筆高免奉仰候也

○

覺　（藍書）忠成公親筆

一眞實德川家之爲被思召事
一當宇相ヲ助勢事若哉疑心有之事
一先年伊勢守申事
一諸大名衆議御催促如何事
　御見込次第事
　建議凡相分リ有事
一九條殿事返答所司代御面會之上歟
一殿聞込事兼々有之哉以二御尋可然哉事（一條ニ付東ち）
一水ノ御尋問候時答振事

一御用懸リ両人早々被仰付度事
一正三事　列參取鎭メノヿ
一酒井被召度事

忠成公手錄書類寫第七

○假條約相渡候ニ付御沙汰之事　（朱書）帖紙ニ間部上京ニ付御詰問ノ御下案カトアリ

假條約使節へ被渡候儀ハ兼而三家以下諸大名衆議被聞食候上　叡慮被仰
出大樹公ト御熟談之　思召候處墨夷差迫無餘義調判有之旨不被思召寄御
儀先達テ伺之趣与茂致齟齬候達得共　勅之儀ニ相成候得共今更無詮被　思召
候於　叡慮者去、當春被　仰出候通於當　御代開闢以來ニ無之國辱後患与腥羶之氣相迫不可
候測義ヲ　御許容与相成候而者　神宮始　御代々ゟ被爲對被　仰譯無之深
被歎　思召候此旨被仰出候事　實被惱宸衷候間彌以可被下台命候事
尤調判相濟候共後害ヲ・且以貨利懷窮民以妖教誘愚俗等之事釀シ・本朝之政、務、國風ニ差障候儀者縱令雖條約一定
更有可改約之理可有之歟既魯西假條約爲取替相濟居候啗以貨利而懷其窮民眩以妖教而誘其愚俗
廉々取廣條約取結度旨申立一旦約定之義モ更ニ改變申立候義且墨夷

兼テ不妨他國之政事ト申儀有之候得ハ其廉ヲ以緊要之儀（早々）挽回之機會ヲ
不誤樣肝要之事（猶又被盡衆議厚勘弁可有之事）
畿内或鳥羽港ミニストル（開港蕃吏）指置儀直交易邪教寺建立等之儀深被惱　叡
慮候事
國內遊步殊更可爲深害与被惱　叡慮候事

一兩役之外事理能辨別之人懸リニ被仰付尋問被仰付候ハヽ可然哉
閣老之外上京之者可有之候間兩役之外被定其人度存候堂上見込モ有之
候人ハ其卿へ　八條大原阿野　被申出可爲尤事ハ可被申出事

一議卿モ三人上首被極度事
（朱書）以下別紙ニアリ

○

浦賀之時申來事　下田之時申來

（欄外朱書）
附箋
十二月二日
應接
一兼テ三港ゝ取極メ之外港ケ所相增候ハ國中不都合之筋モ有之旨右四ケ條目ニ有之候
一不妨本國之政事事彼政府ヘ差　事
一不利ノ時七ケ年之後可改トノ事
以上應接書ニテ可見事

商館取建之時　邪教等之事

右ニ而御引合相成候間最初御見込ト相違此上如何可成行哉ニ候

一今度衆議御尋之儀ハ彼條約之趣ニ而者迚茂御許容難被遊トノ御見込
條約中數件後患不可除之事條
數港ヲ開キ蕃館ヲ建ツ國內遊步自然夷人雜居等可相成勝手貿易天主
教法邪教蔓延難測事
人民蠻夷ノ風ニ移中國ノ正氣ヲ失候樣ニ成行冠履倒置之姿竟ニ不可
挽回歟
如此ニテハ拘御國体後患不可測永世安全難量國家之義ハ公武一体之
御事　叡慮御伺ハ被爲在候ニ乍御不安心御聞濟ハ難被遊御事可奉察
事
乍御不安心無餘儀御聞屆アルハ實ニ邦內人心不居合根本与可相成關
東御幕下之向ハ御引受ニ候共京師其外不居合向如何樣事可相發モ難

計ト御心配候事
朝廷之御上而已ニハ無之關東之御儀ヲモ深ク被思召寄姑息之御返答
被仰入候而者御不親切ニモ可被爲當候カ唯々東照宮以來格別之御間
柄永久猶々公武御合体ニ相成候樣被遊度御事
宗廟御始ゞ被爲對候而　叡慮御安心被遊候上ハ世上彼是申者有之候
トモ被仰示方可有之衆說所謂書生論ナト被聞食及候トモ御頓著ハ無
之尤實々被安　叡慮候程之事ニ成候得ハ自然人心安靜ニ可相成事
一表向被仰出書取ハ大綱之事ニテ御見込ハ元來醜虜与和親儀御好不被
爲在候此儀於御同樣（其余ハ申來リ有之候趣ニテ）之御趣意柄者最初以來御往來ニテ相分リ候得者段
々（其次第ハ關東其筋ニテ承知ノ事ト存候）無餘儀次第ニテ斯迄相成候事唯今定約調印相濟候事無故拒絕之事ハ
曲是ニ有之故不得已下田條約ニ到リ候テハ差向難相拒既ニ先年ノ事情（深害モ不引出候得者）
今度ノ假條約事柄不容易哉蠻夷ノ同盟親友ト相成候テハ實ニ中國稜威
無之姿ニ付何卒談判ヲ改メ下田條約之廉ニ引戻シ方御勘辨考御坐候樣ニ

被遊度處御本懷之御事ニ伺候事
右談判改メ方之儀實ニ不容易事トハ被存乍去何トカ御工夫無之事哉
是迄段々被盡手候而被取縮候事サヘ不一方義ト被察候然ル上之儀今
更御勘弁無之哉トハ御無体之義被仰出候樣ニハ候得共調印相濟候上
者永世難被改歟其節ニハ當時之　聖上大樹公御代ニテ未曾有之御國
辱後代ヘ被遺候而ハ如何計御憂慮ト存上候
但又御國威御更張（五大洲制御）之機會ト有之候段者別ニ辨論被聞食度事候得共此
義者國力充實之上之義ニテ可有之哉
右ニ付今度之仮條約御許容難被遊御趣意ニ候歟
（元來ハ交易ノミ被許下田長崎等ニテ唐蘭同樣之事ニ相成度ハ勿論）
一（當今先）下田條約之廉ヘ御引戻方勘辨附候得者誠ニ御安心之御儀ト恐察候事
一右所詮不被整義ヲ御無理被仰出候御筋ニハ被為在間敷左候得者其挽回
之見込成算之程被聞食度事

○

太神宮之御事（大カ）
諸神社之事
神武帝陵之御事
以上
將軍家參　內之事
諸侯者一代一度必入　朝之事
以上
戊午八月朔日
○
舊臘關東ヨリ林大學頭津田半三郎被差登外夷所置之儀書通ノミニテハ難盡且今度亞墨利加官吏申立之儀ニ付テハ別而事實巨細ニ申上候樣トノ事ニ付傳奏両卿ヘ申出候條々演說書幷墨夷使節ヘ應接之趣ニ付使節差出候書付和解且御國內人心之居合方於關東勘考之模樣所司代ヨリ傳奏ヘ達候

（欄外朱書）
一勅答書夫々關東ヘ被遣候事ニテハ如何叡斷之爲言上之事故不避差障候事ニ候得者御一定之所ヲ以テ

御返答可然存候事
（欄外朱書）
叡勸ハ武傳議奏等被召被仰合可然哉

書取等爲見被下所存可申上之旨御沙汰之趣謹承候右者實ニ國家之大事尤於關東精々被竭評議候事ト存候得者短才寡聞之微軀可申上了簡モ無之候得共申迄ナク至重至大之〔國家ノ安危ニ拘リ候〕儀ニ候得者臣下〔トシテ〕不安寢食モノ無之面々〔擲一身〕不顧才分愚忠ヲ盡シ可申ハ當然ノ事ト存候右ニ付不避忌諱存分可申上ト存候大略意趣左ニ申上候但前後混淆〔亂〕之段御寛恕奉願候

一右兩士上京申上候次第ハ不容易事柄ニ付其事情委細申述候筋能々御勘辨被爲在容易之御返答者難相成儀ト存候但右両士ハ事情申上候計ノ儀ニテ被伺　叡慮ト申ニモ無之哉乍去被聞食ト之御返答ニ相成候テハ最早事

一定之場ニ至リ候テハ御取戻シモ難相成實ニ不容易事ニ付群議ヲモ被盡御熟考ノ上御返答ニ可相成被仰含可然歟ト存居候然ル處近々堀田備中守爲伺　叡慮上京候趣致承知候左候得者兎ニ角朝廷之御議定衆庶所瞻望國辱後禍之所係皇國ノ大義一定之場ト存候間彌苟且之御返答被爲在候テハ不相成上被對　皇神被損御國体候テハ不相濟下至萬民輕侮　朝憲候テハ不相成

且又東照宮ノ大勳勞モ被思召候得者關東之安危ニモ相拘リ候段者御扶助可被爲在儀云彼云是極御大事ニ候間偏ニ廷臣之群議被聞食武門列國諸藩之了簡ヲモ逐一御尋問有之上下人心一致アルヘキ所ノ良策ヲ御採納有之其上　叡斷ノ處ヲ以御決答有之候者卽人心固結致不可動搖候得者縱令如何体ノ儀有之候共被盡人事候儀ニ候得者神明之冥助モ無疑可被安　叡慮儀ト存候事

一去嘉永六年浦賀表ヘ墨夷渡來之砌此度之儀ハ國家之一大事ニ候間被達叡聞旨申來猶又關東ニテ處置之次第ヲ始メ其後追々申來候續柄ヲ相考候ニ初メ漂民撫恤幷食料薪水石炭等被下候モ御備向嚴整ニ無之折柄無餘儀寛大之御處置ニ相成候趣其後下田箱館ヘ入港之事被差許猶又官吏被差置儀申立之通被及許容其節ニモ御國內ヘ異人被差置候義素ヨリ不被好筋ト申趣モ有之且取締筋嚴重被取計家居等モ可相成丈取縮取建被貸遣之積之由又下田ニテ條約取交候後都筑駿河守上京之砌其節之事情申來猶又被仰

（欄外朱書）不堪歎息候得共實ニ無餘儀次第

達候儀有之其砌サヘ實ニ無御據場合トハ乍申條約之次第等御不本意之由ニモ有之候段ハ尤ノ事ト存候カク迄追々申立ニ隨ヒ差許有之候然ル處唯今ニ至リ又下田之條約異變申立誠ニ隨意自在不堪憤懣次第ヲモ被相忍寛裕之取扱ニ候處其上十分彼之申立次第被差許無際限事ニテハ何方迄申募可申哉此度申立ミニストル差置儀幷貿易開港ケ所等之事被取捨許容可有之トノ事實ニ右樣（中立之通）相成候テハ後患無之儀哉當時（者）之平穩ヲ主トセラルヽ事計リニテハ（ニ候トモ）後害不可測儀ニハ無之哉又初メ無許容儀モ差迫リ申立候節者被差許ト相成候者彌以虛喝イタシ飽迄申立候者當然ト存候即右應接書ニモ兼テ三港ト被取極之外港ケ所相增候者國中不都合之筋モ有之由被申聞候事其意貫徹不致候テハ如何虛僞ヲ被申ニモ相當可申哉申立書之內如何ニモ難被許事共モ相見候歟定而其儀者申迄ナク許容無之事ト存候被許テ可ナル者ト不可ナル者ヲ詳ニ被致是迄不容易事モ（不得已）被差許候者時勢之變換ヲ以瑣國之法被改儀無餘儀次第ト可申哉乍去其限リ無之候テハ如何可相成

（欄外朱書）功不十者不變法功不百者不變道ト申事

（欄外朱書）最初彼申狀

ニモ他國ノ政チ不妨ト申事モ有之候

事ト唯々痛心候左候得者此度再度申立之内貿易之儀者聞届有之候儀今更取戻シ難相成候共ミニストル差置儀港數相增遣儀等ハ如何樣共差延詰リ拒絕相成候樣（精々）厚勘辨可有之樣可被仰諭哉左モ無之候者實ニ達書之通何樣之禍端可相發、（蜂起）モ難計哉其節如何計可被惱叡慮哉ト存候但猶前文ニ申上候通列國之了簡ヲ被尋糺群議ヲ被聞食之上此度之處ニテ公武被仰合眞實國家之安全ヲ被期後患ヲ不引出候樣英斷被爲在度儀・（所仰）ニ候事

以下細目不審條々

一不容易事柄

一平穩之處置（處置ト處斷ト差別事）

一備向不嚴整事

一我帝全世界

一我國ト敵國事

一華夏之分不可混事

一素ヨリ諸州
一彼强暴所説ニ不可泥事不戰シテ彼カ有トナルヘシ
一偏聽生姦獨任爲亂　忠良ニ無之テハ被採用カタキ事
一役人計ニ無之廣ク可被相尋事別　勅ニ候得者中山三條醍醐八條五條學院ニ陪侍候儒者共ノ了簡是亦可被相尋糺事面々是亦勘居候故急速ニモ存意可申上ト存候事　其存付有之候者ハ所存可申上ト被仰出度萬石以上以下ナト存寄有之候者可申出ト被仰出可然堂上向々ニ被仰出可然
一如此大事ニ候間衆議紛々區分ト存候尤宰相之重任ニ於テモ亦偏聽獨（旁者之）任ノ過（弊）有之候又和漢公武共宰臣之議論ニモ二端ト成候而不折合其覆轍（一決ニヨリ）不少候得者誠ニ爲君之ノ大事ト存候其處ハ　（朱書）以下欠文
一人心不居合ノ一條
一西城副將軍之事

一伺　叡慮候テ　恩召ヲ不用儀ニ候得ハ藉　叡慮候儀ハ不相成様可被
仰事

○

關東ヨリ林大學頭津田半三郎被差登外夷處置之事實巨細申上候樣トノ事
ニ付傳奏兩卿ヘ申出候條々演説書幷墨夷使節（彼使節）与應接之趣書付和解且於關
東勘考之次第所司代ヨリ傳奏兩卿ヘ達シノ書取等爲見被下所存可申上旨
御沙汰之趣謹承候右者實ニ國家之大事尤於關東被盡評議候事ト存候得者
短才寡聞之微身可申上了簡モ無之候得共申迄ナク國家之安危ニ拘リ候得
者臣下トシテ面々擲一身不顧才分愚忠（款）ヲ盡シ可申ハ勿論ト存候右ニ付不
避忌諱存分申上候但素ヨリ僻陋之愚案不足御採用ト存候
兩士上京申上候次第ハ不容易事柄ニ付其事情委細申述候能々御勘辨有之
容易之返答ハ難相成儀ト存候但右兩士ハ事情申上候計之儀ニテ被伺　叡
慮ト申ニモ無之候哉乍去被聞食トノ御返答ニ相成候テハ最早事一定之場

ニ至リ候テハ御取戻シモ難相成實ニ不容易事ニ付群議ヲモ被盡御熟慮之上御返答ニ可相成被仰含可然歟ト存居候處近々堀田備中守爲伺　叡慮上京候趣致承知候左候得者兎ニ角　朝廷之御議定衆°庶°之°所°仰（原書朱。點ヲ付ス）皇國之大義一定之場ト存候間彌苟且ノ御返答被爲在候テハ上被對　皇神被損御國体不相濟下至萬民マテ　朝威ヲ輕侮候樣可相成且又東照宮之大勳功ヲモ被思召候得者關東ノ安危ニモ拘リ候段者御扶助可被爲在云彼云是極御大事ニ候間偏ニ廷°臣°之°（原書朱。點ヲ附ス）群議ヲ被聞食武門列國諸藩之了簡ヲモ逐一御尋問有之上下人心一致アルヘキ所ノ良策ヲ御採納有之其上英斷御決答有之候者卽人心固結致候テ縱令如何樣之儀有之候トモ被盡人事候上之義可被安　叡慮儀ト存候

（欄外朱書）公卿僉議

此度所存ヲ尋被下候ニハ追々思召モ可被爲在ト存儀差越申上候者如何ニ候得共申試候兩役人衆之外ニモ兼々國家之儀ニ心志ヲ盡シ候人茂可有之存候間　別°勅°ヲ°以°テ御尋被爲在度存寄有之候者可申出樣博ク御沙汰相成候者

可然哉且又學院ゟ出仕之儒者其外等ニモ存寄可申上被仰付候樣致度与存候火急之儀ニハ有之候得共有志之者ハ兼テ心懸居候事ト存候間御沙汰有之候者早速ニモ可申上儀ト存候夫々所存ヲ被尋衆議區々ニモ可有之哉ニ候得共イツレモ御爲ヲ存候テ申上ニハ無相違候得者大斷人心之所歸多分同一致ニ候者天工之所ニモ可有之哉ト存候其上可在　叡斷存候

○

外夷之儀ニ付テハ文政年中御沙汰之趣有之候處其後嘉永年中浦賀ゟ渡來以後深被惱　叡慮候儀拜承然ル處連々（入津）渡來致自儘之所業等モ有之候得共備向嚴整無之折柄無餘儀寛大之所置相成候由猶又神奈川ニテ條約又下田（ニテノ條約且又彼地ニ）箱館ゟ入港官吏差置儀等被許容於下田條約取結（昨年登城被差許）右等實ニ無餘儀此次第ニ相成候趣斯迄・（不容易事共）追々申立ニ從ヒ差許有之・（候者方今之時勢ヲ被察候テノ事ト存候）然ルニ唯今ニ至リ又々下田條約不（服）足ヲ申立隨意自儘之儀ヲモ・（大以）寛裕ノ取扱ニ（相成居）候處（ニモ。。。）其上無際限彼之申立ニ隨ヒ漸々差許相成候テハ。何。方（不奪不饜之勢何等ノ邊）迄申募可申哉此度申立ミニズトル・（都下ニ）差置儀開港箇

（欄外朱書）
下田條約ト
官吏差置ト
前後イカヽ

所増等之事・許容相成候テハ當時平穏ニ候共・後患不可測儀ニハ無之哉京師
實ニ不容易儀ニ候哉右等モ申立ニ從
華夷混亂實ニ
大坂等ハ被相除・趣ニ者候得共關東ハ勿論其外トテモ萬一異變有之候テハ
關東ゟ被引受候
防他夷之亂妨之一計与申趣ニハ候共言難信哉
國家一体之儀難被安　叡慮哉・其處反復勘辨有之幾重ニモ可被仰諭哉且又
初メ無許容儀モ差迫リ申立候節ハ被差許ト相成候得ハ彌以虚喝イタシ・飽
種々ノ難題
迄モ可申立哉・兼テ三港ト被取極之外港箇所相増候者國中不都合之筋モ有
書面中有之
一切ニ拒絶有之度儀ニ候得者
之由被申聞候處、趣意モ不相立ト存候得ハ是迄此他申立有之内實ニ差障可
何方迄モ右貫通致候樣可申切者勿論ニ候得共乍去唯今京
相成ト相見候廉々モ數多有之歟其儀者於關東取捨勘辨可有之候事ト存候
師大坂等强テ申募リ切迫ニ至リ居場合一圓難被差拒事ニ候得者。迂遠之儀申居候モ無益ニ候得者京畿近國
得共。尤可成丈被取縮之趣書取ニ相見候得者充分無如才ト存候是迄不容易
者決テ不被差許樣堅ク可被仰哉。
儀ト存候共深重可被加勘考
鎖カ
事モ被差許候ハ時勢之變換ニ依リ瑣國之法ヲ被改無餘儀次第不得止ト存
哉差向關東ゟ被引受候事ニ候得ハ國家ノ深憂トモ可相成哉
候乍去其際限無之而者難相成尤申迄ナク殊國内人心不居合儀枉テ處置有
内憂外患反覆加勘弁實勇ヲ以テ拒
之候得者忽何樣之禍端可蜂起モ難計候得者・如何樣ニモ理義ヲ以テ相諭シ
謝絶可有之樣關東ゟ可被仰歟其上亂妨之氣有之候者處置振モ可有之事ト
向
存候但前文ニ申上候通リ列國諸藩之了簡被尋糺人心居合方人心歸服イタ

シ萬一之節擧國之力ヲ盡シ候樣之勘辨肝要ト存候公武被仰合姑息之筋ニ無之眞實國家之安全永久ヲ被期後患ヲ不引出樣所祈ニ候

別廉

前件之通强而被差拒候得ハ近海ヘ突入候モ難量候得者其備向虚銹ニ無之堅實ニ相成候樣此上ニモ可被仰達哉萬一之儀有之候テハ實ニ征夷之闕怠（失）ニ可相成警衞者被整候共處置振一定無之候テハ徒ニ警衞ノミニテハ無詮歟厚可有勘辨可仰付哉之事

（欄外朱書）所司代心得方之儀ハ兼テ内々相聞候得共大坂城代之處イカヽ

一大變革之事近日公武之御間誠ニ御大事ニ候間兼以無御腹臓被仰合候テ可然

一京畿近海ヘ乘込候節之處置振ハ如何兼而可被尋問事時宜次第打拂隣國ニ而退治之積トカ何トカ如何樣ニモ嚴重政令相立無之テハ臨機之處置六ヶ敷ト存候其儀ハ所司代城代等ノ指揮ニ可有之候得トモ兼テノ見込被　聞食置度由可被仰哉之事

（欄外朱書）兼テ被定應接之場ニ無之乘入候節者打拂ノ積

本書ニ申上候通當今幷向後之處置臨機果斷等誠ニ大切ト存候就テハ大樹

輔翼之爲メ西城ヘ賢明之人体養繼早々治定之儀急務之處置ニ可有之存候實子出生之上ハ猶又可被養子尤關東ニヲヒテモ勘考モ可有之儀ト存候得共國家公武ノ爲ヲ被思食　內勅被仰出候者可然哉乍去右其手續急速ニ難整次第モ有之事ニ候得者宗室之中・名望器量ヲ被撰候テ當分副將軍職御推任可有之段御內慮被爲在度儀ニ存候

叡斷之趣者　皇神之社々ヘ可被立幣使候安全之御祈禱專一ニ存候

○

（四行欄外鼇書）墨夷之申立之事件ニ付過日所存可申上旨蒙仰候處短才寡聞勘弁モ無之不束之義申上置候處實ニ一大事ニ候得ハ其後迚モ熟慮仕候得共可足御採用良策モ不存付事ニ候乍去御勘考中之御一助ニモ可相成哉ト存候義包藏候而ハ不本意ノ至ト存候間猶又不顧恐懼申上候

此御度御決答許否共實ニ大義之所係治亂安危之際ニ候得者何分公武之衆議委細被聞食候上之叡斷勿論ト存候尤上候得共トクト相勘但々△優柔不斷之御返答ニ而ハ容易ニ國害難測ハ勿論彌人心不居合ニ可相成又一概ニ以正論總テ御差留或ハ打拂ナト、被仰出候ノモ是亦而彌發禍端ハ大事不容易ト存候何分イツレニモ兩端能々末々迄之處御熟慮之上ニ無之テハ之處迄御思惟被爲在候樣更ニ申上候迄モ無之候得共難相

猶又言上之英斷之方ニ候得共十分御考究之上可被仰出候
成或又此度之處關東ゟ爲御後任被遊旨可被仰出歟但事々件々勅許ト相成不申
様ニト存候左候得者隨時機國威ヲ更ニ伸候事モ運可相成イツレニモ預防儀夫々勘弁モ可有之ト存候
關東ゟ被仰出合候様可然歟ト存候心付之分ハ左ニ申上試候置候其外可被仰出事ニモ候得ハ又機密之人ゟ加除共御勘考可被仰付義ト存候先左ニ申上候

二

一兵備之事先年以來厚被指揮候趣ニハ有之候得共因循与同様之姿ニハ無之哉
且諸國疲弊之趣ニモ相聞候間此後段ハ急度被立嚴制候様富國强兵之儀堅固可
被仰出下哉

三

一此度之次第ニテハ實ニ不測之變可相發モ難計候間急々西丸（朱書）副將軍ノ事賢明年輩之
人チ撰ミ被選之養君治定可有之可被仰出下哉事
寛永之頃ハ大樹上洛毎度々有之儀ニ候得共近代一切無其儀以後無御據被
仰談度御儀被爲在候者被仰遣進手輕ニ上洛可有之候可様被仰出下哉之事

四

一開市以下之事京師大坂政革ハ勿論可成丈皇都近之所ハ精々不被入様可被仰出下候
哉之事
遊歩旅行等同斷

一此後夷類彌中國ニ立（へ）入候事ニ候得者自然亂妨候儀モ難測又皇國懿風相失蠻夷之風俗ニ移（化シ）リ候テハ不容易之至ニ有之且（既）又西洋發行之時節右ハ知（知彼）是（知是）知彼之策幷ニ炮艦等便用之物被模造ハ舊式モ有之儀其分ハ（義ハ）格別猥リニ捐本邦（朝）之舊制專彼之奇器淫巧ヲ好（取用カ）候樣成行候テハ人心自然ト相靡可申夫ヨリ大害ヲ引（可發）出可申候間被據舊例（制）諸國に可有（混亂無之樣屹度）下知右者先達テ梵鐘之官符被下候準（通リ）據ヲ以可被仰出哉

但梵鐘之儀者不服之向モ有之哉其儘（難被行チ）被閣候得共（歟右ハ）無餘儀子細モ可有之哉ニ候得共此（度之）義ハ國家之大義ニ候間（必）無擁滯樣（無之）可被仰下（付）哉

阿片邪教之禁是又可被加之哉

右之二件ハ支那之書ニ茂日本不與通市者防其鴉煙与邪教也トモ有之候得者其禁自然ト相弛候テハ本邦之害ノミナラス爲萬國之所笑事ト存候得者深重ニ可被加嚴戒ト存候」

右舊例管見（之所）左ニ注候

「桓武天皇延暦十九年(五月己未」)類聚國史卷第百九十

俘囚部

桓武天皇延暦十九年五月己未甲斐國言夷俘等狠性未改野心難測或凌突百姓奸略婦女或掠取牛馬任意乘用自非朝憲不能懲暴勅夫招夷狄以入中州爲變野俗以靡風化豈任彼情損此良民宜國司懇々教諭若猶不改依法科處凡厥置夷諸國亦同准此

六 一華夷之差別禮分事情等國史(等モ)ニ顯然之事ニ候得者第一其儀(例)萬端ニ付踈意無之急度此(外)名分粲然ト相立候樣可被仰出(下候)哉

應接中ニ茂親友或同盟(等)ナトト申語モ相見候歟右混亂候テハ實ニ國体之大義ニ拘リ候(即)申迄モナク國史等ニ以失禮之狀放郤(却)ナトト相見(有之)候得者事情厚可心懸可被仰出(下候)哉

五 今度墨夷中立之内ニ堂チ建候事等モ有之右等御許容相成候而ハ追々邪教

一「邪教之禁嚴重可被制候得共萬一」推移モ(可申)難測左候者本邦之神社チ尊重之儀(自然ト)薄ク相成候テハ本末心得違(候)。無智文盲ノ者モ出來可申モ難計候間先神事

七

興隆（之）被思召第一可被仰出其廉々者追々可被仰出旨可被仰下（候）哉

一「當時畿内殊ニハ城攝之兩都大藩之武家無之候間非常之節ハ甚御不安心之御義ニモ可有之大藩之者在任有之候樣可被仰下哉」

一是迄御大政（事）向之義者關東ヘ被托（候）自（上之御事）禁裏思召之儀者（被爲在候共）多ク御斟酌ニテ不被仰遣候得共向後ハ無（腹藏）御遠慮可被仰遣猶又關東ヨリモ無（遠慮）斟酌可（被）有言上彌公武被仰合國家太平皇國之御美政ヲ被施候樣可被仰出（下）哉

右等之（條）事件此他彼是（モ建白モ有之候ハ）可有之哉猶夫々勘考ヲモ被仰付御取捨ニテ（御勘考奉冀候）被仰出度儀ト存候

（藍書）右等之義御規定ヲ被仰下度義ト存候仍粗言上之事

（藍書）右ハ水戸家書類ニ依リ之ヲ校正ス

◎文中行間ノ六號及、點「」印欄外ノ數字等ハ藍書ニテ校正セルモノナリ

○

剰寒難去候彌御安福奉賀候然者昨烏者御投書畏入候捧略報爲恐候將又極

内密賢慮伺試候此度之一條御互ニ痛心至極之事近々備中上京之上ナラテハ伺之次第難分追々御評議ト存候夫ニ付種々相考候處列國之建白如何是モ御尋之上ニ無之候而者夫々難辨乍去有志之人ハ定テ此度之條約所置之儀一圓ニ不同意之事ニ（与存）推察（風聞ヲ以勘考候處若哉兩端ニモ可有之哉尤夫々見込ハ可有之ト存候）候處極密探見候ニ越前守建白大畧薩同樣之見込ニ候實ニ大ニ失望候樣ニ存候併唯今之處不得已機會ト存候右ヲ以テ推（令察候）量候得者列國有志之論モ多分此趣ニ有之候哉左樣有之候時者縱令

朝廷ヨリ御正論出候共難被行哉且又（右之次第ニ候得者）萬一兵端相發候節（一同）士氣振起ニモ相成間敷哉（雖可申）幕府右越州等（彼閣老等）同意有之候ヲ後立（構）ニ致シ強ク申立候半ト存候然ルヲ被押付嚴重之御沙汰出申候者無據御受申歸府言上ト可相成候得共其通取計致申間敷再度可申來ハ必定哉ト存候其上被押付候得者忽列藩二途ニ相分可申其時ニ至リ候テハ面々懷危疑土崩瓦解ト可相成其勢ニ（依リ）乘シ候テハ邦內一亂ヲ生シ可申哉其時關東ニハ擬主ヲ立外夷ヲ援兵ニ致シ蜂起候樣（勿）之事ニハ成不申哉尤其時ニ至リ候テハ外藩之面々官軍ニ相靡可申ハ公論

ト存候得共一旦同心之向者不得已義モ難計何分乘其虚夷賊可奉襲皇居モ難計既東照宮百箇條ニモ戎狄奉襲禁裏者親王ヲ實祚ニ奉附ト申趣モ相見候得者其上夷狄ヲ征伐之事ハ二段ニ致シ義兵ヲ稱シ可申モ難計哉其次第ニ依リ候テハ既ニ建武之亂ニモ可相比事ニハ成不申哉建武之亂ハ邦内而已ニ候得共此度ハ内憂外患一時暴發候得者實ニ大亂無此上ト存候但是ハ餘リ見越過候事ニ候哉。但此處迄モ深慮無之候テハ所謂無遠慮有近憂之處ト存候間十分勘辨有之度事ト存候乍去此度之一擧優柔不斷ニ候得者當時之國辱ハ申迄ナク國家之深害滅亡之根本ヲ被立至萬世不可洗滌候凡テハ是亦實ニ至極之大難ニテ候前條ヨリモ甚シキ禍害有之。トモ可申哉右之兩端共以至大至重之事ト存候

因テ相勘候ニハ今度閣老申立候次第ニ依リ御沙汰ニハ素ヨリ御不本意之義ハ申迄モナク關東ニモ既ニ下田條約サヘ實ニ御不本意ト申事跡ニテ被仰進候事ニ候得者公武其段者御同意之御事ト思召候乍去此度被仰進候儀。是

非左モ無之候テハ難相成トノ事ニ候者此度之處ハ關東ゟ御任セ被遊候間猶此上ニモ富國强兵之御勘辨急度被仰付先年以來之通リ之模樣ニテハイツ迄モ因循同樣之形勢ニテ疲弊相重兵備手薄之義立戻リ不申哉此度者急度相立候樣嚴令ヲ被下十分相整候上被雪國辱　皇威外夷ニ被伸候樣之御勘辨有之候樣左茂無之候テハ御任セト申義モ難被遊候得共定テ右等之御見込ハ有之候事ト被思召候間厚ク此處御思惟有之候テ御取計可有之被思食候旨被仰出候テハイカヽ

被聞食事々件々　勅許与相成候テハ後世可被恢復之儀誠ニ不容易仍テハ御任セト申御趣意ニ可相成候得者時機ヲ被見計後々將軍之勘辨可有之歟

且又右ニ付テハ被仰出度事々可被仰含哉之事

貳一兵備之事

壹一右等之變革モ有之候時ハ實ニ不測之事モ可有之哉ニ付急々西丸賢明

年柄之人養繼可被仰付其上事々大樹相談被仰合之儀有之節ハ手輕上洛可有之可被取計事

極意左候得者先如秦檜者取除之上可有勘辨無左候テハ大變可起歟

一。列。國。諸。大。名。度。々。建。白。モ。有。之。趣。ハ。被。聞。食。及。候。得。共。登。用。如。何。以。後。其。嘉。言。ハ。必。採。納。可。有。之。左。モ。無。之。候。時。ハ。無。益。之。事。ト。相。心。得。國。家。公。武。ノ。爲。メ。直。諫。致。候。者。ハ。無。之。ト。被。思。召。候。尤。申。迄。モ。ナ。ク。東。照。宮。ノ。御。趣。意。毎。々。被。納。直。諫。候。趣。ニ。被。知。食。候。右。者。被。仰。進。迄。モ。無。之。候。得。共。關。東。ヘ。御。懇。切。ニ。被。思。召。候。テ。ノ。御。沙。汰。ニ。候。事。之御義

六一華夷之差別禮分等國史等ニモ顯然之事ニ候得者其義急度相立候樣肝要タルヘク被思食候事

國史等歷朝之儀御詮議有之可然儀ト存候

七一此度ヨリ夷類中國ヘ立入候事ニ候得者自然本邦之懿風相失蠻夷之風俗ニ被化候テハ本末取違ニ相成候テ甚不容易既ニ西洋發行之時節是

モ知彼知是之御趣意ト被思召是モ可然義ニハ有之候得共棄本邦之舊制専彼之奇器淫巧ヲ取用候樣ニ相成候得者人心自然ト相靡可申其段深御心配被遊候既ニ國史ニ有之候通夷俘入中國（候）似處候延暦十九年五月勅ニモ招夷狄以入中州爲變野俗以靡風化豈任（彼）被情損此良民宜國司懇教諭若猶不改依法科處凡厥置夷諸國亦同準此ト有之御趣意諸國に被仰觸候樣右者先達テ梵鐘之官符被仰出候准據ヲ以可被仰出候

阿片邪教等之事モ可被加哉ト存候但梵鐘之義者官符之趣難被行ヲ其儘ニ被閣候哉ニモ相聞候右ハ無御餘儀次第モ可被爲在被思召候得共右等ハ國家之大義ニ候間必ス違却無之樣可被觸事勿論此義者人心之所歸向ト存候

八一是迄御政事向關東に被托候上之御事　禁裏思召之儀被爲在候共多クハ御遠慮ニテ不被仰進候得共以後無御腹臟可被仰進候間猶又關東ヨリモ無御遠慮被仰入候樣公武仰合國家太平皇國之美ヲ被盡候樣被遊

度事

五一今度墨夷申立候内ニモ堂舍取建之事等モ相見候右等モ御許容相成候テハ追々邪敎ニ推移リ本邦之神祉ヲ尊重候儀自然ト薄ク相成候而ハ本末相違致不了簡之者無智文盲之者ニハ出來可申候間先以神祉興隆之思召第一ニ可被仰出候夫ニ付テハ追々被仰出候廉モ可有之候

四一阿片邪敎等被禁儀者申迄ナク御如才無之儀ト被思召候既ニ御承知之通支那ニテモ日本之鎖國ハ禁此二件事トテ美政之趣ニ存居候趣モ彼邦之書ニモ相見候歟此等ハ申迄ナキ事ニ候得共彼是御心配之間猶又被仰入候事

三一京師大坂等之事ハ被禁候趣卽林大學頭ヲ以テ被仰越候通必右ハ御相違無之候樣被遊度遊步等モ旅行決テ無之候樣可被禁候事

以上八ヶ條

ヶ樣之箇條ハ夫是被相勘候テ可被仰出歟

右之通御規定ヲ關東ゟ被仰置候テ先此度之處ハ處置關東ゟ被托候方今日御良策ニ無之哉トモ存候如何可有之哉
大君之號御尋可然哉
尺蠖之屈欲必伸　　　（朱書）以下欠文
◎項目ノ上ニ記シタル貳壹六七等ノ數字ハ朱書ナリ

○

關東之形勢事情ヲ相勘候ニハ元來親睦ヲ申立段々深入候テ今日之次第ニ相成既ニ和親之廉ヲ以申募應接再三渠カ申狀ヲ被計子ハ忽チ兵船ヲ可差向ナト虚喝イタスニ由リ無餘儀是ヲ被許彼ヲ被許最初三港之外ハ國中差支之儀有之趣應接之處竟ニ數港ニ及ヒ不得已之勢ト被存候然ルニ今假條約ヲ變セハ違約ト相成信ヲ彼ニ失ヒ若兵端ヲ開候節ハ曲我ニアル事ニテ難被改又一ツニハ國威更張之機會モ亦在此時非常之功ハ非常之時ニ無之テハ難成大變革ニテ富國强兵ニイタシ五大洲迄モ制御之機時ヲ不可失ト

ノ御見込モ有之故今拒絶致シ仇讐ノ姿ト相成候テハ國威挽回之期無之近ク兵端ヲ可開遠クハ五洲制御ノ機ヲ失フトノ事ニ候歟彼是ヲ斟酌有之何分今諸大名疲弊軍旅之備無之所詮戰爭ニ及ヒ候テハ敗衂ニ可相成仍兎ニ角今度條約之通リ御許容無之ニテ難相成トノ事ニ候歟是畢竟　叡慮ヲ奉安之儀他ニ術計無之且萬國一變之時勢ヲ察シ舊制ヲ拘泥候テハ難相成然ルヲ京師ニテハ事情ニ不達固陋ニテ古律ノミ牽强有之時務ヲ不被知トノ儀ニモ可有之哉右兩端ヲ以テ相勘候ニ此後當今之姿ニテ國威更張トノ義ハ被安　叡慮カタクト被存候國体之本不相立彼ヨリ條約ヲ定ルニ被從候上ハ釁隙無之テハ破約ハ不相成其中人心洋夷ニ馴染邪教蔓延不可挽回ニ至リ可申哉國体ヲ不損國力ヲ養ヒ人心一致シテ神國之武威ヲ海外ニ被輝候樣之儀ニ候得者國威ヲ宣揚セラルヽ儀所謂八十繩打掛テ引寄事ノ如クト儀祝詞ニモ相協ヒ可申候得共渠和親懇篤ヲ唱候儀萬國通例之趣ナト申候者　皇國ニ歸化之意ニ無之ハ素ヨリ之事ト被存候

○

別紙之通　勅答被仰出候素ヨリ戰爭之　叡慮ニ不被爲在候得共

是仮　叡慮抑諸侯主戰之説征夷武臣也一日忘戰曠一日之職何以奉　天子而令諸侯且戰而後可守守而後可和畏戰守而講和議自古未有不亡國者也

仇讐之姿ニ相成全國之大事ニ及

忽爲仇讐是畏戰之見本不足言然以理喩之墨夷必折服而去雖有不滿決不能爲仇讐（詞令既在具付策中）、昇平二百年士氣少弛一戰以振之不亦可乎

可奉休　宸襟期モ被爲在間敷候ニ付先般京都ゟ被仰立候外

果如此不奉　天勅也不畏神慮也以是臨天下天下孰以爲然是非徳川氏之利也

勅錠（○諚カ）之趣モ有之候、、、、

是以諸侯前言間執其口也議者或難其答余謂天勅不可不奉也一言答之有

餘墨夷之事神州大患孰不患之然從前實猶有偸安之念一日天勅降下臣子寧得不背膽坐薪乎諸侯雖有前言幕府雖有前議再議再言何得不竭其心哉
一、、、、、防禦之處置可被　聞食候事
防禦處置在將得其人兵精其選畧見別紙
、、、、

戊午五月十五日　　　　　　　　吉田矩方謹評

○異國船度々

近來外夷屢渡來世間不穩之上去四月　內裏炎上去月畿內幷近國地動國郡ニ寄候テハ殊外大震舍屋仆顚人民死亡モ不少由相聞候昨夏ハ炎旱彗星等彼是災變有之　叡慮不安被思召候此上國家之大禍衆庶之憂患無之樣　叡願ニ付七社ヘ奉幣使ヲ被立度被思召候昨冬諸社奉幣之儀及御內談候節御返答之趣モ有之先御見合相成居候得共右七社奉幣之儀者近代御准例モ有之昨年來度々之天災當時節之儀旁天下泰平之御祈右七社ヘ奉幣使被立度

被思召候御內慮表立被仰出候テモ御差支有之間敷哉年號改元之儀天明度大火之節ニハ被仰出實永度ニハ被仰出無之候今度ハ京都一体之大火ニハ無之候得共誠ニ不容易急火ニテ上下騷驚致候上且前件同樣之御時節柄ニ候得者天明度之御例モ有之旁此度改元被仰出度御沙汰ニ候右茂表立御內慮被仰進度候右等先可及御內談、、、、

○

主上思召如何之事

御返答書之趣大綱之處ハ相分リ可申元來醜虜与和親御好不被遊儀者中上候迄ニモ無之然處是迄初發關東ヨリ申來候次第當時御備向御嚴整無之ニ付無餘儀御處置ヲ以云云被仰出候由其以後迚モ右之御見込ニテ既ニ下田條約取結今度之條約御許容ニ相成候上者引戻シ方モ有之間敷候得ハ後患不可測之儀ヲ深御心配被爲在國家之儀ハ公武一体之御事ニテ今度叡慮御伺ト有之ニ御不安心ナカラ御聞届被爲遊候テハ　朝廷之御上計

之儀ニハ無之關東之御儀ヲモ深被思召姑息之御返答被仰入候而者東照
宮以來格別之御間柄ニ御不親切ニ被爲當候半哉猶々永久公武御合体邦
國萬安ニテ蠻夷猾夏之憂無〔御〕之候樣ニト被思召候御事尤又御不安之處强
而無餘儀御屆濟相成候節ハ實ニ人心不居合根本ト可相成關東諸大名之
向ハ御引受ニテ御安心被遊候得共京師其外眞實不居合向背之間如何樣
之事可相發モ難計其節猶以公武共御心配一倍ニモ可有之候間唯今之御
處置御大事ト存候事
（朱書）三港ノヿ

○

主上

元來和親之儀ハ御好不被遊儀ナカラ當時御備向不相整ニ付無餘儀次第
ト被聞食下田條約迄之處ハ不得止トノ思食今度ノ假條約ハ事件不容易
ニ付御許容難被遊被思食トノ御見込何卒下田條約ノ三港ニ成候樣ニト

ノ思食ト被伺精々盡心力談判ヲ以引戻ノ勘考有之度トノ御事

但戰爭ハ尤御好不被爲在候乍去彼ヨリ開兵端候節ハ。不及是非（原書更抹消）防戰ニモ至リ可
申是以誠ニ不安儀ニ被思召候得共實ニ不得止節ハ不及是非トノ思召
ト被伺

實ニ當時ノ形勢戰爭ニ成候得ハ忽チ敗亡ニ可及トノ見込ニモ有之候
者夫モ。御頓着不被遊ト申御事ニハ無之哉ト被伺

右衆議之上御決答之事

イツレニ夫々見込方可有之詰リ華夷混亂無之樣永久安全人心歸服之
策

○

今度總テ御拒絶ニ相成候者大義ハ立候共其終始之御處置公武御掛離レニテハ
御推引難辨ト存候

又　叡慮ニ不被爲叶義關東ニモ不居合筋有之御膝下ノ京都一同人心不居

合儀ヲ枉テ御許容相成候テハ是亦御双方不容易之限リニ有之
両端トモ右之通ニ候得者何分公武御打合ニテ必ス爰ト申場所
主上大樹御同心御合体ニ相成許否共御決著被仰出候者公武共不居合ト申
譯ハ無之ト存候
内實之處當時之模樣相勘候得者古代之將軍職トハ違候故江戸ニテ萬一
兵端開候哉ト定テ内外差向心配之事ト被察候左候ェ者自然ト武威モ振不
申ト被存候然ルニ上洛ニ相成候得者其案シモ無之哉表ニハ禁裏警衛無
此上嚴重ニ相成候公武御安心タルヘキ事ニ可有之哉其替リニ當時之形
勢ニテ上洛ト有之候得ハ道中萬端之失費可有之候得ハ富國强兵之妨ニ
モ可相成急度嚴敷質素ニテ實ニ寛永頃ノ振合ニテ上洛可有之候樣被仰
合度事ト存候
隨從之諸大名在京中用費等迄十分節儉專一ニ被仰付候得者難出來筋
ニ無之哉ト存候

○覺書

一拜領米ノ事

一關東初發ヨリ之見込有始無終テハ如何

一年々此姿ニテ打續キ候者萬事打置可相成事
疲弊ニ及可申事

一親友或ハ老ニ敬禮ヲ盡シ條約結度トノ事

一英夷條約嘉永七年八月承諾ノ趣アリ更ニ軍艦差向モイカヽ

一墨夷測量一件イカヽ

一諸大名ノ了簡イカヽツマリ成算ノ處イカヽノ積リ哉

一長崎下田奉行〻達シモイカヽ

一朝廷ハ勿論關東永久ノ爲ノ事

一不容易儀トノ事
國家ノ一大事トモ申來事
右事情兩端輕重大小可有分別事

一備向不嚴整トノ事
一我國敵國ト分別ノ事何迄此通ニテ不整ト申事哉
御爲ゴカシハ遊說ノ事
一處置ト處斷ト差別ノ事
一許シテ可ナル者ト不可者トノ際可詳事
既ニカピタンモ其事申セリ
一下田條約無間變改彼カ違約ナリ
右ノ條約ノ時サヘ無御餘儀トハ申ナカラ御不本意ト申來ル事
一不拘御國体儀御賴ト申事御敬承云々之事
臨機トハ申難ク後世迄ノ國辱此上萬一不測之儀有之候得ハ其咎如何
東照宮以來之御間柄如何
一華夏之分不可混樣ノ事
一彼カ强勢且彼カ所說ニ泥ミ大計ヲ失シテハ姑息ノ所置不相濟事

一彼ヨリ日本人ヲ小兒ノ如クアシロウ事
一廣ク交易ノ事諸夷引受之ヨリ唐紅毛等如何見通シ有之哉
　有無ヲ通ストハイヘトモ彼ハ其利アリ我ニヲヰテ可望ニアラス
一先達テ測量申立ノ時諸向ヘ觸流シ其趣意ニ相背ク事
一浦賀ニテ初メ書翰受取節全一時ノ權儀トノ事
一嘉永六年ノ達シ彼ヨリ及亂妨候者毫髮モ御國体ヲ不汚上下擧テ人力ヲ
盡シ忠勤可勵トノ事
一急務ノ事武家建議ニモ大元帥ノ事申立
一災變可愼事
一國人引入夷人ノ事
　安祿山ノ如キ
一商館ト云テ覬覦スヘシ
一西洋ノ事

○

一諸大名ノ建白可被入叡覽事

一當春備中守ゟ被仰下候趣ニ御基キ不被仰進候得者御不都合之事

一雙方異論無之樣公平之熟談相成度事互ニ淸明ニ有之度候事

一神宮御代々ゟ被爲對被爲恐入候御趣意相立候樣　叡慮御肝要ト被伺候」

其大意條約中國辱後患難測之事條

數港ヲ開キ蕃館ヲ建國內遊步勝手貿易夷人雜居天主教堂取建邪教蔓延可相成縱テ蠻夷之風可推移人民靡誘必然之儀可有之候得ハ中國之正氣ヲ失ヒ不可挽回ニ至リ可申如此ニテハ拘御國体後患難測永世安全公武御一体被安　叡慮候ニハ至リ不申候

尤夫々取締ハ可被仰付趣ニ候得共既下田ゟ蕃館取建之節後々迄之取締被付旨ニ候得共今日ニ至リ候テハ其次第ニ不相成儀現然ニ候得者後世如何トモ難量候

〇

此度之一條ニ付存寄可申上旨　叡慮之御沙汰ヲ蒙リ候面々誠ニ以當惑至極ニ存候先今日之次第ハ差置先達テ下田條約之後（其許）都筑駿河守ヲ以事情委細御申上ニ相成御挨拶モ被為在候處猶又別紙之通淡路守ヨリ其節之執柄ヘ被申出候事ニ候即言上ニモ相成兩役人共モ伺得候テ御尤之御事ニ存居候右者大樹公御趣意國家御鎮護之思召ニ候得共時宜ニ應シ臨機之御處置モ可被爲在トノ御事御職掌之御專務与旁以御尤ニ存候申迄モ無ク國家之定則ハ臨機之筋ニ無之候得者當今之御次第柄如何ナル御模樣之事哉ト存候右御挨拶之節此上之御（取扱）處置振御國体ニ不拘樣　御頼ト迄被仰入候御儀ハ實ニ不容易　勅詔ニテ又幾重ニモ御敬承且臨機之御處置等迄被仰進候儀　（感）叡慮御安悦之御事ニ伺居候尤其筋之役々ハ遷替モ可有之候得共幕府之御政務ニ時々御相違ハ素ヨリ無之筋ト存候又カヽル御大事ニ候得ハ大樹公ヘ無伺取計ハ無之義ト存候處唯今ニ至リ（然ルニ漸々募）至極之難題申出候儀御處置

振差迫リ　叡慮御伺与相成候者如何樣ナル筋ニモ可有之哉解シ得カタク唯々當惑（之至ニ存候）至極ニ存候但下田條約之時体ヘ御引付之御勘考合ヲ以御伺之事ニ候得ハ誠ニ無御據儀与存候然處應接書粗一見候ニ（大略）最早夫々談判濟之樣ニモ相見候歟左樣相成候（前文申述候筋ニ）テハ實ニ大樹公之御名分ハ勿論先達テ　叡慮御敬承トノ御廉ニモ御行違ニハ相成不申哉御國体ニ不拘樣トノ御義ハ京師畿內計リノ事ニ無之段ハ申迄ナクト存候何トカ其筋厚勘辨無之候テハ實ニ公武之御間柄誠ニ痛心至極ニ存候但右拙者共之（等之筋ハ）見込違ニモ可有之哉何卒無腹藏內々預示敎度候互ニ國家公武之御爲大事ト存候計リニ候照察聞取有之候樣致度事

正月

右別紙之義者內々ノ筋ヲ以淺野和泉守ヘモ極密申談遣置候一寸申入候也

○総論

一技葉ヲ後ニシテ根本ヲ被立事譬ハ　（朱書）以下欠文

一根本立候得ハ枝葉ヲノツカラ條理ツキ可申事所謂木心不正則脈理皆邪ナリト云カ如シ

一猜疑隔心一時ニ氷釋有之度事婦女子之妬心アル如キハ甚悪ムヘキ哉彼ヨリ疑ヲカクレハ是ヨリモ亦疑ヲ懐キ互ニ無際限外ニテハ取繕内ニハ誹議スルヨウニ成實ニ公平ナラス此疾可除事

關東ヨリハ所々ニ探索ヲ入レ京師ニハ別ニ探索ハナク候得共自然天ヨリ被告候歟種々相聞候此醜風相止ミ候者上下一和致シ可申公武ノ幸甚歟

其本ヲ探リ其末ヲ防クト雖モ所謂濁源欲流清之類ナラン歟不可被止歟早ク其源ヲ被澄様ニ有之度事

一勅諚文体之儀ハ於　御前御評議之儘書取ニ付常文トモ致相違候事

○

一下総守調判相渡之儀無餘儀次第申上候節兼テ御不審之廉者左ノ通ニ有之候間其許ニハ如何被存候ト尋問之事

仮條約調判使節ヘ相渡候儀無餘儀次第ト有之候得共當春備中守上京之砌再應三家以下諸大名衆議被聞食度旨被仰出有之候廉不相立且勅答之趣モ有之上者何レトノ御決著相成候迄ハ於關東寛猛兩樣トモ勅答ニ對シ御取扱被成兼候間差向事端差縺候儀モ有之候節之儀英夷等渡來之節モ同樣可心得哉伺モ有之其砌御答振御許容難被遊御趣意ヲ以精々取鎮メ談判可有之夫共異變ニ及候節ハ無是非儀ト被思召候旨御沙汰候儀猶又彼國大統領ヘ之御返翰ニモ以有闔國會同商議之事期日不得不緩トノ御文言有之右者七月廿七日迄ノ口延ニ相成候歟右大統領ヘ御返翰之趣ハ即被達　叡聞之旨言上モ有之然ル處無餘儀トハ申儀ナカラ右之通　勅答之節事端差縺候節之儀迄伺有之然ルニ墨

夷之申儘ニ英夷之渡來ヲ恐レ急速調判ハ如何郎英夷之儀ハ當春備中守上京之節二月ニハ渡來モ可有之ニ付旁被差急趣仍テ其節之儀迄被伺何分諸大名衆議被聞食迄ハ御決者不被仰進候趣其儀者大樹公ニテ御領承ニ相成居大統領江ノ御返翰ノ趣ニテモ被聞食候彼是齟齬致候儀御不審之御事ニ候併既往之義難被引戻候得者條理如何被存候御尋之事

一前件調判爲濟候儀爲御斷堀田上田退役可申付旨可申上歟

右御斷之儀者全堀田上田一存之取計ニテ大樹公江モ言上無之事ニ候者國家重大之事件大樹公江不言上取扱候儀者實ニ不容易儀ニ候半歟違勅之上大樹公モ　叡慮ヲ御遵奉ニテ既ニ大統領江被仰下候御趣意ニモ相反シ候儀取計候者如何ニモ御不審被思召候右樣之大事ヲ公武御趣意ニ相背候モ無頓著事ニテハ其他ハ無申迄モ如何与人心歸服致間敷候得者御國內ノ治亂ニモ相拘リ可申深被惱　叡慮候御事ニ候得

ハ爾後之儀厚御勘辨有之度候事

一右兩人引受負罪名候テ　天朝ヘ之被仰譯之段ハ御尤被思召候乍去一体之儀衆議被聞召候上御決答可被爲在思食候右者先達テ被仰進候通神宮始御代々ヘ被爲對被爲恐入候御事ニテ聊御私之御儀ニハ不被爲在所謂天下者非一人之天下ト有之候得ハ右兩人被罰候テモ本体之儀御引戾シ方無之候節ハ　皇神ヘ被爲對被仰譯不被爲在候乍去衆議モ被聞食如何分ニモ被安叡慮候者格別イマタ衆議言上モ無之内仮。條。約。之。通。御。治。定。相。成。候。如右調判迄相濟候段ハ甚以御遺憾ニ被思召候然ル處唯今ト相成條約取戾シ破約等被仰出候テハ實ニ彼國我國之不信ヲ以テ及戰爭候者曲我ニ有之道理ニテ如何之以實謝之トモ容易ニ承服致間敷又此分ニテ永久之事ニ相成切候テハ兼々被仰進候通國辱後患難測永世之安全難期之忽人心不服如何樣之禍端ヲ引出可申モ難計候得者此上難被安　叡慮

被思召候事
爾後之御處置不拘國体樣挽回之方略成算之處被聞食度事
前件之次第ヲ以更衆議被聞召度事
是迄度々被仰出候儀未一度モ言上無之如何事
一右之通差迫調判不致候節者忽兵端ヲ開御國体ニ可拘トノ見込ニテ墨夷申通御爲不宜之筋ニ拘泥有之候歟左候得者右違約ニ相成候トモ御國ノ御爲ト抛一身候心得ニモ可有之候得共元來之御趣意柄勘辨有之度候事

○

一浦賀に入津之時申來儀又下田條約之時申來儀別段内々所司代ヨリ言上其後申來ル事官吏之館取建之時之事且邪教取締之事風聞被聞食候テ御心配可被遊トノ事ニテ申來儀右度々之儀引合相考候得者最初之御見込大ニ相違此後如何可成行哉甚難測事

一衆議御尋之儀彼假條約之趣ニテハ迚モ御許容難被遊トノ御見込
　條約中數件殊ニ後患不可除之事條
　一假條約調判相濟候儀ハ一旦無餘儀次第ニハ候得共永世安全之策ニ（二行朱書）
　無之思召候間衆議被聞食之上御沙汰ノ次第モ可有之候間以下闕文
一諸大名衆議言上可有之事
　右者仮條約調判相濟候故其後早々言上之儀ト被思召候得共右調判之儀
　ハ思召不被寄儀先大樹公之御本意ニハ無之被思召候既ニ大統領之御返
　翰モ以會同商議之故ト申事被仰遣旨モ被及言上候儀ニ候得ハ即　叡慮
　ヲ御遵奉之御事先達申來候ニモ今少々ニテ相揃候旨ヲモ被申上候事ニ
　候得ハ定テ夫々差出候儀ト被思召候右先達テ　勅答之御主意ニ候間可被
　被入　叡覽事聞食度事
一去八月八日勅諚之事

調判一件元來衆議御尋言上等無之事段々緩怠之事ニ被思召候大樹公ニハ兼々厚思召之程モ被聞食候如何之事哉其
右　勅諚被仰出候儀實ニ營中之儀者諸藩之規模ト相成候儀ニ候得者不
後下總守上京之趣ナカラ一体之形勢御不安ニ被思召。（内外未曾有ニ接續スルカ峽後考）「以下欠文
熟有之候テハ不宜被思召候然ルニ當今不靖之形勢世上一般申唱候者全
ク虛妄之儀ニテ寬猛御處置事務當然之事トハ被存候得共內外未曾有之
儀實ニ國家之安危ニ拘リ可申ト御心配被思召候且德川家之長久ヲ被思
何分早々肅靖相成候樣被思召候事此分ニ
召卽國家之安全之儀ヲ深御心配被遊被仰出候儀聊以御異心ハ不被爲在
テハ人心歸服相成カタク「以下欠ク
候處等閒ニ相成候者如何之存寄ニ候哉御政務筋別紙ニ添書ヲ以テ申入
候通今度御沙汰之義
一關東營中之儀被仰入候者尋常之御事ニ候得ハ御斟酌之御次第モ被爲
在候得共當今之儀格別之儀ヲ以無御隔意被仰進候トノ御事ハ不惡御聞
取之事ト被思召候列藩外樣譜代共一同群議被仰出候者實ニ今日之模樣
誰トナク苛酷之趣世上申唱候得共夫々虛實相分リ候者國內治平人心狐
疑致間敷其段ハ內外ナク詮議無之テハ人心不服難治歟其弊既ニ外夷之
筋ニ關係候事ニ候間營中計ノ事ニ無之然者一同評定有之柳營ヲ輔助有

之様

一勅諚被仰出候儀夫々早々下知無之候テハ如何之事

一間部上京延引イタシ候故此勅諚出候儀ト存旨之事

推察之儀ヲ以テ勅諚差押候儀如何之事

右之譯ニテハ無之候御書取之通ニテ相分リ可申事

何方ヨリ申込ナトト疑ヲ生シ候ハ誠ニ不當ノ事世上一般誰云フトナク相聞候搢紳家ヘ立入候者數人之事諸方ヨリ相聞ヘ以一端採用之筋ハ無之事

一三家ヘ御直達ハ如何之御趣意ニ有之哉ト尋問之時之事

徳川家ヲ扶助ノ思召故其家ヘ被仰出候計ニテハ難濟筋合ト申候歟縱令ハ本家ノ家老以下取計如何ト不審之節ハ別家ヘ可申聞事ニ候其別家無人ニモ候得者其同列中ヘも可申事

一体徳川家混亂之時三家之立場商量方東照宮以來之定メ如何之事

一三家三卿家門隱居ニ至ル迄ト申事可尋之問答之事
一列藩〻回達差支之筋有之差留旨申出事又老中ヨリ不觸達哉如何之事
外藩タリトモ徳川家ヲ不歸服自然相手取候樣成候テハ異亂ニ可相成尤外藩タリトモ當今將軍家參勤交替モ致シ全服從候事ニテ大將軍家之不熟卽外夷ニモ及候儀ニ候得ハ可相扶助道理ニ候此儀朝廷ヨリ御覽ニテハ外藩將軍ニ服從之事ニ候間深切ニ可有扶助事共思召外藩ヘ意得有之候樣トノ思召ニ候間子細無之儀ト被思召候テ之事
一將軍宣下一條之事
萬一不服相重リ候得者如何体相成候モ難計右邊被思召　勅諚ヲ不相違候テハ外藩將家ヲ疎シ申候テハ如何ニ候右勅諚。。。ヲ不被背道理儀ヲ（ナレハ）不被押達候テハ是亦違勅之廉ニ成候テハ彌如何ニ候併御趣意柄被相心得諸藩モ心服一和致シ候樣罪之輕重次第ニ依リ被宥免候事當今之模樣ニテハ實ニ武夫干城之面々右之次第衆心不服ト被思召御不安心之御事ニ候建白等不叶時勢或ハ嫌疑之事等ニ差障候筋ハ如何体ニテモ被及詮議無御採用ハ無子細朝廷江内通等之疑ハ實ニ苛細之事三家ヨリ相聞候釋〔譯〕ナトニハ無之此上世上一般中唱候事ハ善惡トモ御互ニ相聞江共邊ハ大量ニ被御覽衆人之所服苛酷ト可心得筋無之樣被施善政候儀早々御處置モ相附候テ國内治平之事ニ候者勅諚廻達無之候トモ自然　勅諚之御趣意ニ大老始取計候者實ニ兩全之事ト思召候尤當今之御處置決テ暴ナル事ニハ有之間敷至當之事ニ可有之被思召候得共實ニ衆心嗷々ト不信服之義如何ニモ治平トモ難申哉眞實平穩不熟之〔義〕無之國民感服之次第ニ相成トノ事ニ候者列國江强而通達ト被仰候ニモ無之候此上彌不熟之儀ニ候得ハ無餘儀從朝廷直勅モ可被仰出候左樣相成候テハ不穩候何レニモ德川家之事ヲ被思召候テノ事ニ候儀決テ外藩之疑心無之樣ニト被思召候右御趣意柄之事大老始承服取計候事ニ候者差支候筋モ可有候事ニテ不及廻達候哉尋常一樣之筋ニテ外藩江被仰候ヲ御異心有之候樣被存候コ

ソ甚御趣意ニ背キ寛永以來右等之例ハ無之ト思召候得共外夷之事情ニ
拘リ候テ變革之事被泥古例候テハ難相成趣ハ先達言上モ有之候程之事
ニ候得ハ當今之形勢ニテ無餘儀筋ト可被存事
一体三家以下ヘ被仰出大老以下ヘ無御沙汰トモ可然處被立柳營本紙
ハ城中被仰入以寫三家以下ヘ被述候筋能々勘辨可有之處大老老中ヨ
リモ不達三家ヨリ通達モ差留候如何ニ被思召候

〇

一左ヘ可申事右幕事ヲ一應
近習邊之人ニテ掛リ役可被仰付事
列參ノ人ノ事可承事
一判事ヘ可申事
一天下所指ノ奸人可相退事
一西丸事由來

一大老事暴政仁政可行事
一水府事
一殿事
一衆人歸服之様
一年長賢明ノ事イカヽ取計哉總州ヘ可尋哉
一川說
開港年限有之故夫迄充實ニ致シ條約仕替可申事
其間節會ナト被止御省略之事可然

○

越前建議ニモ大元帥ノ事中立有之候事
唯今之處ニテ急務与存候儀者尋常之筋ニ無之一ト通リハ御遠慮ニテ難被仰出被思召候哉存候得共實ニ非常　皇國之一大事切迫之期ニ至リ尤又關東ヲ御扶助之御趣意ニモ相成候事ニ候得者幾重ニモ御勘考被爲在度存候

儀ニ付先申〔出ヽ〕上試候
當時關東之形勢御承知モ有之候通之都合彼地ゟ下向之節々ニ茂相勸候處唯今之姿ニテハ實ニ甚六ケ敷次第ト被存候就テハ兼々太閤殿御言談ニモ有之候副將軍職之事此場ニテハ必被仰出度儀ニ存候京師異變有之節之儀者扱置キ即今關東ニ於テ指揮大切之場ニ有之委任之器無之テハ此行末如何可相成哉ト存候大樹輔翼之重任其人体ヲ被撰被任用度儀ト存候左モ無之候テハ朝廷ニテ種々御心配被惱　叡慮候共無詮ト存候所謂其人存則其政擧ニ候得者何卒此處ニテ副將軍ヲ被置候樣人体ハ名望有之候德川家宗室之內兩三人關東ゟ勅問之上被仰出候者可然哉

尾張中納言

右隨分了簡有之人体ニ相聞候歟

水戶前中納言

但是迄軍事相談有之候處當時斷相成引籠之事ニ候得者差支可申哉

松平越前守

右ヲ以勅問可被爲在哉

且又カヽル國家之御大事ニ候得者大樹上洛ヲモ被仰遣御直談モ被遊度思召候得共差向關東之守禦專務之處〔時〕且不容易事ニモ可有之候間右副將軍ニ被仰付候人体急々手輕ニ致シ上京可有之左候得者御直勅大樹ゟ叡慮御深密〔思召〕被仰遣度与申樣ニ被仰達候者御宜候半哉其人ゟ萬事被仰含候者於大樹モ安心可被畏存筋与存候右ニテ何モ御子細無之候半哉ト存候其上關東ニテ否ト申來候者其節之儀ニテ衆庶朝廷之御處置感服可仕事哉ト存候

尤被仰遣方ハ隨分關東ヲ被扶助穩和ニ書取有之候者何モ後難ハ有之間敷哉ト存候傳奏之勘考可有之候半哉ト存候

右之御沙汰ニ茂可相成候者叡慮之趣宸翰ヲ以傳奏ゟ可被下哉夫ヲ拜寫進達

左候者傳奏ニテ拜寫其寫ヲ老中ゟ直達ニ相成可然哉

相成候者至極御都合哉ト愚案仕候

右樣之先例モ有之候

別ニ極内存申上候唯今副將軍其器ヲ被擇被仰付候者不戰シテ忽チ武威ヲ張可申候、士氣モ再ヒ盛ニ相成ヘク候得者（振ヒ可申哉ト存候）自然夷人之驕傲モ（肆ニ）難出來姿ニ可相成哉ト存候然ルニ此儘ニ被閣堂々タル神國ヲ（トシテ四海ニ冠絶タル）西洋僻ニ被附托終ニハ四海ニ冠絶タル夷（不戰シテ）狄同類与不戰シテ相成可申ハ如何ニモ不堪憤懣事ニ候半歟實ニ天神地祇皇太神之冥鑑之咎祟如何程之大變、（災）可有之モ（朝事ニ關係大臣）難計玉體ハ勿論朝廷神罰ヲ（等可蒙冥）可蒙与（事）誠ニ不堪恐縮儀ト存候仍テ此一擧御採用ニ茂相成候者玉体安穩神明之冥助無疑哉ト存上候仍テ不顧頑愚申上試候事間赤心之程申上候事

右者實萬乍不肖列三公之任候得者存分不申上候テハ不忠之至ニ候乍去一人立申出候テハ是亦不宜ト存候ニ付左右兩公ヘ申入自然御同意ニ候者左大臣ヨリ被引取關白殿太閤殿ヘ被申入候樣ニ致度ト存候伏議トテ

モ先下﨟ヨリ存意申出候事ニ候得共先發言仕候越樽之罪有之間敷哉

不經數日被仰出度事

所司代御尋ニ不相成樣之事

三卿ノ人才ノ事

○

猶又此度登城御目見迄致御懇切之御扱ニ相成候上者只今打拂ニ致候テハ此方ヨリ名ヲ被求候ト申者故唯今ニテハ打拂之儀ハ相成兼病ニ譬候得者最初ハ劇劑ヲ用ヒ候モ得卽功候得トモ數日病候上ハ柔劑ニシテ內ヲ補ヒ候方利モ可有之故今ト相成候テハ內ヲ補候外無之理被存候由由緒公邊ヨリ如何樣御申立ニ相成候哉又　叡慮如何樣ニ被爲在候哉ハ勿論ナカラ不相分候得共　叡慮御尤之御儀者勿論於公邊御取用ニ相成候半又公邊無御據儀ハ於　叡慮乍恐御勘辨被爲在御雙方御持合御一体ニ不相成候テハ夷

狄之義ハ暫ク差置内地之儀如何ト心配被致内敗レ候得者外ヨリハ入易キ道理故甚心配被致候由

叡慮之儀者何等申上様ハ勿論無之候得共公邊ト御間御ワカレ々々ニ相成候得者御双方之御不爲ト被存候此處甚心配被致トノ類

○

大老被召登儀

三家大老之内被召登候者一体先年以來外夷之儀頻年不容易次第ニ成行最初浦賀渡來以後度々被仰進候儀モ有之候處所置振不貫徹仝閣老交代之節ニ相違候歟之見込

元來國家重大之事公武一体之義ニ候得者先年以來被仰遣之事等有之所至今夷情無饜之勢實ニ此行末（相成可申）如何之見込候哉於 叡慮者所詮如此夷人ト馴（ト神宮始御代々ゟ被爲對被仰譯無）合相成候テハ詰リ不戰シテ併呑ニ可至儀ニ可有之哉右見込之處御尋之事

之ト被歎思召候但此末挽回之處置見込方如何ニ候哉之事

一閣老御用懸リ遷替之度々處置貫徹不致候間大樹見居之處被聞食度且大變革ハ有之候者實ニ開闢以來ニ無之事ニ候得者外夷之事件計變革ニテモ皇朝并國內之儀夫々基本チ定變革無之テハ甚要害不相成候間夫々見込方御尋且被仰談度右等者大切御事ニ候故大樹ゐ御直談之思召ニ候處當時事多可有之候間先三家大老之內被召登御熟談之思召候事

一追々可被安叡慮之事言上トノ事何等之事ニ候哉

　右者間部言上有之歟無言上ハ御尋之事

一條約中實ニ後害不可除事件右等ハ如何往々處置之見込候哉事

一間部ハアチラヨリ言上之事柄被聞食置且御尋之事件被仰出一体之儀ハ大老ゐ可被仰下哉ノ事

　右者大樹上洛可被仰遣程之思召有之故事

一御讓國之事

一西城之事

一副將軍之事

一大樹公御病弱ニテ御政務自被爲執候事御整兼之趣ニ被聞食候カヽル時節ニ候得者萬一之節御上洛彼ヨリ兵端ヲ開キ候節時宜次第征夷之御職掌御親征モ可被仰出候御都合モ難計此處實ニ國家之大事ニ候間爲國爲德川家深切之見込内々被聞食候事

一今般之儀者日本限之義ニ無之世界一体之儀ニ候間公武一体一家ノ如クニ被爲遊度御趣意ニ候間可被遂御熟議思召之事

一皇國之御國体ヲ主張第一タルヘキ處條約應接之模樣其主意不相見國体ヲ誤リ候テハ實ニ神明冥罰難遁候右者如何之心得ニ候哉如當今之邦内ﾆﾊ外國人入込候得者國体之筋說得有之禮分名義相立宗國ニ對シ非禮不可致之約定有之度事

一神國ヲ汚シ外夷ト馴合候テハ實ニ神明ニ背キ候故災難凶兆不可除候間能々御勘辨無之テハ國家ハ勿論德川家繁榮ニ不至申事

但國体ノ基相立四夷來王之儀ニ候得者格別之事

○

安政二年十月十日愚案

異船之儀頻年不穩公武御心配此事ニ候然ル處先般魯西亞英夷墨夷等ヘ約條取交之趣被達候右之通規定相立候儀者誠ニ無餘儀譯ニモ有之旨致承知其段ハ御尤ト存候然ル上ハ如何トモ難相成筋ト存候實々ハ右條約之廉ニモ甚歎ケ敷次第等モ有之候歟但方[今]此分ニテ追テ者御處置振モ有之儀トハ存候自然右條約永久不斷之事ニ候テハ開闢來ニ無之國辱歟ト存候夫而已ナラス右箇條外之義ヲモ約條ニ引付自儘之所業増長イタシ窺間隙候テハ制ラレ難ク成行可申哉爰ニハ何トカ皇威ヲ被伸候御勘考之有之度事ト存候併シ右之通約條相立候上者無致方儀ニ候得共[倘]此上神國ノ瑕瑾ヲ被取戻候樣ニ御勘辨有之度事ニ候左モ無之候テハ實ニ災變無止時神明之御憤[怒]無疑候歟其儀者申迄モ無之國史宣命等ニ分明有之候得者何卒人事ヲ被盡候

樣有之度存候近年連々異船渡來ヨリ種々災異有之人民之患苦難忍又今度關東大地震人民ノ死亡夥敷由城門所々以下顚倒有之趣ニ候得者此上ニモ莫大之御失費ト如何計不堪悲歎事ニ候巨多之人無辜ニシテ死地ニ陥リ器量有之候人モ何之御用ニモ不相立所謂犬死ト成候段實ニ難堪事ニ存候右ニ付入テハ於京都モ御安堵ニ難相成國家之一大事ニ候得者關東ヘ何トカ被仰合公武被仰合被除災害候樣被爲在度事ニ存候其儀者夷類御取扱方ニ有之哉ニ存候前件ノ成行ニ候得者何共六ケ敷事ニハ有之候得共試ニ愚按ヲ申出度ト存候次第左ニ注シ候

一先一昨冬當役東行之節老中面會被申述候ニハ異船之御處置振品々大樹公ニモ御心配唯被安　叡慮候樣被遊度思召モ被爲在候者無御遠慮被仰出候樣左候者其旨ニテ御取計方モ可有之候老中共ニモ一同其心得ト迄懇切ニ被申候事ニ候得者御遠慮ノミニテハ却テ公武御和熟之筋ニ違候歟ト存候

一約條之廉國害ニモ可相成哉神國之懿風相背候歟ト痛心候箇條ハ別ニ可申出尤廷臣衆評ヲモ被仰付度事ニ候

一右如何ニモ難默止筋ハ條約取交シ濟候トモ品能ク引戻シノ勘辨熟慮有之度但違約ト成候テハ彼承知致間敷ハ勿論ニ候爰ニ一計存付候ニハ彼約條取交シハ濟候共限月末到或ハ事末行儀ハ勿論若已行ワレ候儀トテモ難默止事ハ更ニ數萬日ノ日延之儀可申諭其子細ハ約條中ノ條件國風ニ不相叶國神之咎祟有之地動風波之災頻年有之是古來之神誓也然ルヲ彼强テ乞求之間應其旨之處彌以災害不相止已ニ先達テ異船及傾覆事モ有之元ヨリ彼仁術ヲ申立測量ヲ願出モ無辜ニシテ死亡スルヲ不顧ハ好親之君ニアラスナト稱シ然レハ如此國風ニ背ク條約中ノ事件彌張行セハ實ニ災害ニ罹ル者不少彼我共無辜ニシテ死亡是可謂非好意雖然變約トセハ不可承引之間數萬之日延ヲ更可定不可稱不信ト申聞可然歟然處彼不承知ハ可爲勿論其時ハ我以理申諭之彼强暴ニ出レハ其体ニ從ヒ

及戰爭共其罪彼ニアルヘシ其時ニ至リテハ實ニ擧國可相防何ソ神之冥助可無之哉

眞實神冥江可相祈申事

一右及戰爭之勢ニ相成候者大樹上洛之事可被仰出歟右不容易儀ニハ可有之候得共　叡慮深御心配ニ被思召御直勅命之御事被爲在候間上洛之事以勅書可被仰出哉右勅書ヲ先立上洛有之候者何之異議可有之哉然ル上ニ禁廷ニ近ク大樹祗候ニ候者國持大名之嫌疑モ無之事歟禁〔朝〕廷ノ衞護モ可堅固歟

但上洛手輕ニテ三家位ノ事ニテ可被上歟

一關東ノ政務暫水戸前黄門江被預可被托軍旅但從　朝廷不被仰付而者不快ニ候歟然ラハ副將軍ニモ可被任歟扨國持ニ被仰外夷退治可被仰付哉勳功ノ次第ニ依リ官爵ヲ可被加ト有之候者實ニ可盡必死哉志氣更可振哉然時ハ大樹在府ニ候得者十分ノ決戰難相成歟所謂美鼠愛其器ニテ

可有之仍彼上洛之事所存付也
右等小子傳奏役トシテ公武御爲方之事存付不申出ト存候間如此
安政二年十月十日夜半之時記之

〇米國書翰ニ付意見

一日本ノ利益ヲ先トシテ兼テ本國ノ利益ヲ爲ントハ受カタキヤ
日本モトヨリ漢土和蘭ノ外マタ異邦ノ物産交易ヲ欲スルニ非ス然ルヲ
彼己レカ利ヲ欲スルヲ名トセスシテ日本ノ利ヲ先ニスルハ奸計ナラス
ヤ夫ニ沈溺シテ本邦ノ利ナリトテ交易ヲ許サンヲ是トセハ後害ヲ顧ミ
サルナルヘシヤ

一外邦ト交易日本ニテ禁スレト時勢ノ變換改革ノ新政行フハ智トスヘシ
トノ一段

一ト通リ尤ニモ聞ユレトモ是マタ彼カ爲ニスルノ變換新政ヲ行フナリ
本邦當時ノ定律ヲ固守シテ何ノ害アランヤ是皇國不易ノ大法改ムヘキ

ニ非ス新政ヲ行フヘシトスルハ彼カ利ヲ欲スルノ境界ニ於テハサモアルヘシ皇國大法ヲ變シ利ヲ欲セハ亂ヲ求ムルノ道ニシテ智ト云フヘカラス

一舊制ノ法律初メテ世ニ聞ヘシ時ニ當リテアメリカ新世界ト名ツケ人民稀少ニシテ其民皆貪陋ナリ當今ハ民口蕃息シ交易弘博トナレリ故ニ舊律ヲ改革シ交易スレハ利益大ナルヘシトノ段

是又彼カ境界ノミノ論ナリ舊律ヲ立ラレシ時其新世界ヲ除クノ外又人民蕃息交易ナルヘキ夷類アルヘシ委クハ勘ヘミルヘシ去ニ漢土和蘭ノ外交易ヲ禁スルノ制アルナレハ今蕃息スルトテ彼ニ利ヲトルヘキニ非ス舊制ヲ變スヘキニ非ス

一五年或ハ十年ヲ限リ利害ヲ察スヘシトノ段

是又彼カ計略ナルヘシ夫ニ陷ルヘカラサルカ本邦固ヨリ利ヲ欲スル意ナキニ於テハ五年十年ノ論ヲ俟ヘキニアラス

一鯨獵漂流ノ段
自然暴風逆浪ニテ漂流ノモノアルニヲキテ撫卹ヲ加ヘラルヘシヤ但シ日本近海ニ來ルニハ其際限アルニヤイカヽ鯨獵ニ事寄セ海岸ニ近キ賊心アルモ量リカタク是モ勘辨アルヘシヤ

一石炭食料ヲ乞ノ段
是交通ヲ許サヽレハ論ナキヤ

一彼レ頻リニ仁慈ヲイヘトモ乞フ所ヲ許サスハ兵艦ヲ増加シテ來トハ仁義ヲ以テ接スルニ非ス本邦ノ國禁ヲ固守シテ許容シカタキハ是義ノ止ムヲ得サルナリ然ルトキハ兵ヲ以テスルトハ暴戾ナリ罪彼ニアランヤ
但當時ノ時勢勘ヘ得ルニアラサレハ所謂畠水練空談ナリ
類史ニテチヨト見當ル延曆十一年正月丙寅之條夷狄之性虛言不實常稱歸服唯利是求自今以後有夷使者勿加常賜トアリ勘ヘ合スヘシ

○

毎々極密御聞及之事々御内示大幸ニ存候心得相成申候儀ニ候
一使節用向有之本國軍艦渡來之事之書取ハ此間見及申候如何之子細哉此末近海邊渡來モ難計其節之心得無之候テハ不相成ト存候但御騷キニ不相成樣肝要ト存候浪華防禦筋之事紀阿兩國ヘ先達テ關東ヨリ下知モ有之候其他近國大名ヘモ夫々申付ハ有之候得共萬一之節ハ機會不、相誤樣有之度事ニ候此程申達シ候事モ有之候是ハ御承知ト存候
一安政二年下田條約之節之儀御內聞有之候書取御寫、其筋之手當寫御入手之由爲御見給大幸ニ存候此書取ハ是迄不見及候得者其節之都合ハ右等之事ト存候右之度彼是心配候儀ニ候此度迚モ下田條約之義ヲ打返シハ前文之通之譯故難相成ト存候先其處ヘ引戻シ方今日之應接是以不容易之形勢ト痛心之事ニ候諸大名之論モ區々ト被存候何分後患ヲ除キ國家ヲ不誤樣ニ處置至當之實論肝要ト存候又今日之形勢モ勘辨無之候テハ不相成暴論ニテハ事ヲ破リ國ノ爲ニ不相成大病之療治ニ良醫ノ劇劑補藥等用方可有之ト存候先日爲御見有之候容体書ニ有之候病家之決

著（心）難事ト存候醫案ニ當否定見
御處勞中國事御心痛御尤感佩候每々御精誠悅入候極密御答申入候御一覽
後早々投火可給候

五月四日　　　梨　陰

○

備中守何ト申來候哉其模樣ニモ因リ候得共凡先日來之次第ヲ以テ相勸候
得ハ先諸大名之見込夫々御尋右御評議之上イツレ區々ノ事ト存候（堂上向之見込モ）左候得
者過日御尋了簡申上候處モ此度之儀（御取捨ハ有之候共）御許容ニ相成候テハ心服不仕ト存候
左候得者公武共人心不居合之處ヲ御決斷甚不容易（此）共上叡斷ニテ被決テハ
（ハ公武御合体被仰遣テハ）不相成大樹之所意備中守相含居ヘク候得共　叡慮ト（御互ニ）御行違ニ相成候テハ
公武之御間柄ニ拘リ外夷之事ヨリ（共間ニ）內憂有之（出テ中）候テハ甚以公武トモ此上ナク
御大事ト存候間其邊ハ京都關東ト掛離候テハ御熟談モ被遊（衆）候事故何卒大
樹上洛有之候被遊度旨申出右モ不容易事ニハ可有之候得共カヽル（國初以來ノ）御大事

ニ有之候得者手輕ニ上京候樣既ニ寛永頃度々上洛モ有之事此度專寛永頃之例引用有之夷人登城等モ其頃之御例モ有之トノ事左候者上洛ハ當然之事ニ候間旁上京之上。（御所向ノ思召込ト關東ノ見込互ニ十分御推究ノ上何レ共）御決談可被遊但關東鎮衛無之候テハ不相成候間副將軍ヲ被置右者家門之内（賢才年柄）人望之人体被仰付。（自然）西丸養君ニモ可相成人柄ニ被仰付。（候者）可然左候者至極ノ事ニハ無之哉（萬一兵端ヲ開キ候得者。）大樹上洛不容易トハ乍申萬一江戸ニテ發兵端候節ハ何分公武一手ニ相成不申候得ハ衆人危疑ヲ懐キ解体致シ可申候間兎ニ角大樹上京ノ上御談決唯今之上策哉

今度總テ御拒絕被仰出候者大義ハ立候トモ夫ヨリ御處置振何共不容易ト存候又關東ニモ不居合御膝下一同人心不居合候儀ヲ枉テ御許容相成候テハ是亦御雙方一入不容易両端トモ右ノ通ニ候得者公武御打合ニテ爰ト申場所ニ相成　主上大樹御同心相成候テ許否共御決著被仰出候者公武共不居合ト申譯ハ無之歟

內密

大樹モ上洛ニテ當時ノ模樣相勘ヘ候得者城內上下可爲安心哉京都モ警衛至極嚴重ニテ御安心如何樣共不相成ト申筋ハ無之哉十分ニ質素ニテ實ニ寛永頃之振合ニテ上京可有候事

○（朱書）安政二年正月四日肥前守ゟ內々遣ス　舊年內々示旨有之故ナリ

御所表之儀承知被致候通御定高被進切ニ相成臨時ハ格別其餘御取替等ハ難相成無餘儀御入增之儀有之候節ハ甚御差支モ有之御定高御餘銀奧上リ等御拂底之節ハ實ニ御內儀御差支尤モ年分官銀等之上リハ多少不相定殊ニ近年ハ一向數少之由ニテ取扱之女房向心配之趣承リ候事每々之儀ニ候右之次第ニ付精々御省略之方口向ヨリモ申出當役ヨリモ申入居候事ニテ御手許ヲ始メ成丈御減畧之御事ナカラ實ニ年來之御仕來無御據廉々有之甚御手支之折柄モ有之右故（別段）御慰御好事ナトニ至リ候テハ（中々）思召通リニハ難被爲出來候得共其儀ハ御先代ヨリモ御沙汰ニモ一向一ト通リ御不自由之御儀ハ不被爲在　上ニモ御不足ニ被思召事ハ決シテ不被爲在但事品ニ寄

無餘儀御入用筋有之節御定高ニテ取計難相成出方之儀ニハ毎々承知被致候通誠ニ御差支之事ニ有之右等之筋ハ何卒常ニ勘考被致上御定高之外臨時無御據御入用御手當御所限リ（御）取扱ニテ相濟候筋勘辨有之間敷哉御定高増之儀ハ先年ヨリ申立中ニ有之候得共右者容易ニ難相成筋ト被察候又臨時御取替ハ當時不相成候得ハ何トカ被成進方無之候哉此儀者差向キ候ニハ無之候得者寛々勘考被成上候者永々之御用便ト存候尤モ左候迚御締向ハ精々取計方モ可有之儀ニ存候（朱書）別帳可出

又一事兼々申談居候小祿堂上以下口向侍分地下官人ニ至リ候テモ困窮今日凌兼候人々之儀何卒御救方無之候テハ甚以御爲方ニ不宜ト存候其子細ハ先達テ於關東モ尚淡路守初役々在府中老中衆ト談合上京相成候樣致度トノ事巨細ニ心腹申入候事ニ候得共其後難被及御沙汰筋（趣）被申達其儘無詮打過候右ハ度々（毎）上ニモ御心配被遊候御儀伺候事ニテ叡慮ニハ此上御不自由ハ被遊候共下々之難澁ヲ被救度トノ御沙汰ハ先々御代ヨリモ伺候

事ニテ實ニ色々被聞食候御儀被爲在候ニ付テハ御心配之御事ト存上候何分衣食足知榮辱候事有之候得者實ニ今日凌兼居候人ニテハ自然身持モ不宜樣成行不束之事モ出來候節ハ無餘儀御咎トモ相成罰ハ被仰付候得共常ニ御救等ハ難被行ニ付彌邪僻之心モ難改リ、（此儀者常々　叡慮被惱候テ）實ニ恐入候事ニ候但小祿之儀者前々ヨリ此姿ニ候得者當時迄相替儀者有之間敷ト可申候得共世上萬端昔トハ相違之事共ニテ一体難澁之道理モ可有之哉其上前廉ハ（水、）小旱其外トテモ願之筋相叶候儀モ有之候得共當時ニテハ御時節柄先例有之儀迄モ難被及御沙汰御模樣ニ付如何トモ難相成ト唯々痛苦致シ自然種々ト計畧ヲ廻シ不宜勘辨モ出來申候但御所向ニテ御憐愍之難相成事ハ衆人承知致候事故關東御慈憐無之樣相心得何トナク自然一体之氣合ニ拘リ實ニ公武ノ御爲メニアシク候得者何卒少々御仁術ヲ被施候者大ニ悅服致シ可申卽朝廷ヲ厚ク被思召候御趣意ニ相當リ素ヨリ　叡慮常ニ御心配之儀ニ被爲在候（間）不一方御滿足ハ申迄モ無之衆庶關東ノ御恩惠ヲ相仰候樣ニ相成候得者彌武運御長久之儀ニ候唯今之姿ニテ推移候得者願事ハ不叶御憐愍ハ無之ト申人意歸服薄ク相成可申ト心配候仍テ此處ニテ格段ノ御活計老中衆モ勘考有之度事ニ候大樹公御仁惠之御趣意ハ申迄無之老中衆モ事情ヲ被察候得者無理成儀トモ不被存哉ニ候得者イツレ下ヽ被下御取調ト相成候事故彼御取締ニテ例ノ有之事サヘ當時ハ六ケ敷候得者マシテ別段之儀者決シテ不整ニ可相成ハ當然ニ候得者此處ハ實ニ時勢ヲ被察上ヨリ急度被仰出無之候テハ難整筋ニ哉是モ大總之儀ハ御時節柄難相成ハ勿論又當時之官家ニテ過分ニ相成候テハ却テ不宜尤一樣之譯ニモ不及申其處ハ被加斟酌御扶助有之事ニ候得者詰リ年々三千金計御手當被差進ニ相成候者夫ヲ以テ品能御取計方モ可有之事哉ト存候

奥女中向　小祿堂上　非藏人　口向侍分以下　其他無

祿之諸官人

右等之內實ニ被棄置向々品々有之聊宛之事ニテ御仁惠相屆候事右等之儀

其許兼テ承知被致候儀昨年來申談居候事ニモ有之深ク勘察被致候事ト存候得共此儀ハ公武之御爲筋ニ歸候ト存候間此處袒裼ニテ一勘考相成間敷哉何モ無腹藏申試候事ニ候

右難澁差支御不憐愍ニ相成候筋彼是有之候內第一每度如何ト存候

皇胤ニ拘リ候筋之事モ有之其儀若筆端ニ難盡推察有之度候

御前ニ被召遣候宮女被召出候ト申セハ堂上女共差上候儀ハ自分支度ニテ銘々難澁ニ相成候故多クハ御斷申候テイツモ御差支勝ニ候且被召出御誕生之儀モ有之候節ハ里許誠ニ難儀ニ相成先代女之借財子孫ニ殘リ候者ナトモ有之右等ハ實ニ御不憐愍之筋モ有之候得トモ聊ノ御手當被下ニテ其他ハ里方之難儀ニテ濟來候夫故前文之通先ハ奉公差出候儀ヲ御斷申候者右之行末ヲ遠慮致候事ニ候誠ニ無此上大事皇胤ヲ奉弘候事ニテ右樣ノ次第ナトハ定而關東ニ御承知ナトハ不被爲在事哉ト存候

（欄外朱書）以下ハ相除ク

此他實ニ御不憐愍ニ成居候廉々有之常祿相應之儀ニ候者尤無兎角奉

公前之事ニテ有之候
又當時之御時節柄三千金計迚モ年々別段被進ニ相成候儀ハ御差支モ可有之候得者先達テ及内談御除料之内ヨリ三萬金一時ニ被進御貸附ニテ年々利倍ヲ以テ御救被成下候樣相成候テモ兎ニ角御不憐愍之筋被助候樣相成候者公武之御恩澤一同ニ忝可存ト存候右之筋ハ昨冬淡路守ヘ及内談有之候別紙内々其許限リ入一覽候此儀者如何勘考相成可申哉關東ヘ進達ニ可相成候者早速ニモ相整候樣内々勘考方ハ有之間敷哉何分兩樣之内厚ク勘辨有之度候
　呉々モ心底儘打明内話申入候事ニ候差障之事共不相憚書認候間一覽後早々投火賴入候　文恭院時代之事

〇

墨夷之一條　太注進之内　以下元ノ儘　神州之大憂同國家之安危ニ係候儀實ニ不容易殿往々夷狄之風ニ習染候テハ奉始　皇太神宮　御代々ヘ被爲對恐多被思召候且東照宮以來

之御制度御變革之儀者神慮之程（有之樣ニトノ乛以上）茂如何且全國（閣 現任注進之内）人心之歸向ニモ指響永世之
御安全難量彼（以上）是深被惱叡慮候ニ付今度之事件輙難被聞食何分在來港口（太注進之内幷）
（ニ左公モ同シ）之外被止度程之（素ヨリノ御事）叡慮ニ候得者猶於關東被安宸衷候方略可有之三家以（右公ノ注進）
下諸大名（中ニ有之）ニモ被臺（下）命厚御勘考可有之被　思召候事
（以下八行朱書）右等之趣愚意モ無別最初ノ書取ニテハ如何昨日區々之論ニテ詰リ決
著不出來申仍今日右ノ意ヲ書綴リ候テ如此歟
又此上者大樹御直談モ被遊度之處當今不得止候得者三家家門之内爲
名代上京可有之其上　天裁ト申事愚案申出候事ニ候得者先一同居合
ニモ成不申退テ相考候得者是モ道理ト存候强テ不申立哉ト存候如前
文ニ候得者先條理モ可相立哉尚御勘考　三家家門上京ナレハ委細之
事情可被聞食且事ヲ被重候所ノ見込ニ候得者其始末見通シ餘程應對
大事且關東ノ嫌疑モイカヽト申セハ其道理モ可有之候
○（欄外朱書）附箋ニ云五年間部上京後ノモノ歟其贈リ先キハ未考トアリ

彼隱士ノ良策數條幷ニ芳意ノ大略御示之儘寡君ヘ差出シ候處至忠至誠ノ高志賴母敷思召候大學曰初（物）有本末事有終始知所先後則近道矣又曰其本亂而末治者未之有也其終曰云云此謂國不以利爲利以義爲利也中庸曰喜怒哀樂之未發謂之中　發而皆中節謂之和　中也者天下之大本也和也者天下之達道也　致中和天地位焉萬物育焉又曰知仁勇三者天下之達德也所以行之者一也又曰道之不行也我知之矣知者過之愚者不及也道之不明也我知之矣賢者過之不背者不及也人莫不飲食也鮮能知味也子曰道其不行矣夫又曰舜好問而好察邇言隱惡而揚善執其兩端用其中於民其所以爲舜乎云云抑初ヨリ本末終始先後ノ次第相立居候者斯迄人心ノ不居合トハ相成間敷今更ソノ既往成事ハイカントモナシカタシ併シ其本ノ正シカラスシテ末ノ全キ事ハ是亦有マシキ事ナリ凡天下ノ本ハ國ニアリ國ノ本ハ家ニアリ家ノ本ハ身ニアリ此故ニ爲君難シ爲臣安スカラスト申者ニテ候流弊ノ漸トハ申ナカラ自侮而后人侮ルノ次第トハ歎息ニ不堪事ニハ候スヤ彼學庸之教ニ

順ヒ本末先後不違至善之道ニ止リ皇國固有ノ義ニ原カハ天地神人モ和セ
スト云事ハナキ道理ニテ候ヘキ易曰鳴鶴在陰其子和之我有好爵吾與爾靡
之子曰君子居其室其言善則千里之外應之况其邇者乎言出于身加于民行發
乎邇見乎遠言行君子之樞機樞機之發榮辱之主也言行君子之所以動天也可
不愼乎云云今童謠浮説ノ多キハ忌諱ノ世ニ盛ナルカ故ナラン歟爰ヲ以カ
ヽル大〔切ノ〕事ニ當テ議論或ハ二トナリ三トナリ人心ノ不定ルコト誰カ之ヲ嘆
カサラン蓋道窮レハ必ス通ルノ理アリ爰ニ活用スルヨリ外ナカルヘシ如
何ニセントナラハ先大復古シテ其流弊ヲ變革シ古ト今トノ時勢ヲ明カニ
シ時ト偕ニ行ハヽ其御所置方公武一致一体トナリテ幾重ニモ御勘辨アル
ヘキ御事ニ候ハスヤサレハ皇國固有自然ノ勢ヲ開キ舊典ニ不違且東照宮
御遺訓ニモ背ケサル樣相成國威モ不墮彌盛隆ノ勢ニ轉スル事モアルヘキ
歟何卒シテ天朝柳營御始天下ノ名分正敷ク本末終始先後ノ不觸樣義理分
明ニシテ各其職掌ヲ不失四海人民和同一致一家一体ノ倫ト相成皇國ノ基

本再ヒ堅固精實ニ相歸リ士氣一齊ニ奮ヒ起リ候樣相改リ度御事ニ候固ヨリ　天子ハ四海ヲ以テ家トナシ玉フ御事ナレハ何ソ京師ノミヲ御憂マシマスニ非ス普天率土一家內ト思召サレテ忝モ　宸衷ヲ被惱玉フ御事大樹公ハ皇居ヲ初トシテ四海御鎭撫ノ御大任何ソ江戸ノミノ御事ナラス恐入候御事ニ候如何ニモ　天朝ノ公卿柳營ノ諸大夫大小ノ列國司和同一致ニ相成候樣ノ全策何レノ所ニアラン歟ト寡君日夜ニ思ヒヲ焦サレ候實以カヽル大切ノ御場合至忠至誠ノ議論ハ芻蕘者ニモ問謀ラルヽノ時ナリ況ヤ君子ノ良策アラハ急々尋問被成度思召候畢

但應接ノ次第日本國体ノ學ニ心ヲ留メ候モノ多ク有之上下人心ノ行違ヒハ出來不申由其實證ノ御說被致承知度候御序ノ刻不苦候ハ御示教希入候ナリ

午二月

○

此度言上被伺　叡慮候儀誠ニ以國家ノ大事ニ付被惱　宸衷深重之　叡慮關白殿御伺被成表立被仰渡候者一同深ク心痛之儀与被存候ニ付御宥メモ可被申上候得共實ニ厚思召之儀ニ候得者難被默止仍テハ爲御相談三家家門之中上京有之候樣可然哉之趣關白殿被伺候處尤之儀ニ被思召三家家門ニテ尾張中納言松平越前守德川式部卿等之中早々上京有之候樣被遊度旨被仰出候此段關東ヘ宜被申入候

〇

極密一書申入候先以炎暑之節彌御安泰珍重ニ存候然者先便以書狀内々申入候節ハ未タ何等之儀モ令承知候處此程其御地ヨリ申來リ候西丸御養君之事御人体ハ先規別段當地ヘ不被仰遣候旨右ニ付テハ極内々申入候天下之爲メ公武之御爲メハ申迄ナク竊ニ痛心候當節急務多端之御時節大樹公御政務御扶助被爲在候樣御養君之事先達テ從御所向御勸メ被仰入候御事伺居申候右者何卒御年長英明之方御治定ニ候者御安心被思召趣相伺申候

當節世上之説種々浮説申唱ヾ幼少之方紀州トカ一橋トカ申説有之申唱候尤實説相知候道理ハ無之候當節之御急ニテ御治定モ有之候趣ニ候得者旁以右御内勅之御含モ御坐候御儀トハ被存候實者今十一日暑中伺御機嫌參内候節　御前被爲召候其砌御沙汰ニモ此程御養君ノ事被聞食候得共御人体ハ不申來候故如何御沙汰可相成候哉兼テ御沙汰之通非常之時節此度ハ天下ノ爲ヲ被思召御政務御扶助相成候御方ヲ被爲建候者實ニ天下之人心歸服様トノ思召全ク當今之形勢ヲ御心配被遊候テノ御儀ト伺候儀決シテ下拙共ヨリ申出候譯ニハ無之候得共唯々公武ノ御間ハ勿論國家之義ヲ被存候テハ難黙止密々可申入候猶於其御地色々御配慮之御事致シ彌徳川家御繁榮之御事哉トモ竊ニ存居候其中一橋之事ナトハ水府ヨリ京地ヾ手ヲ被廻候ナトト申事去ル方ニテ邪疑心有之是ハ決シテ左様之筋ハ無之事能ク相分リ申候「右ニ不服邪説曲謀流布候事」何分少々其處ニ意味モ有之行違候事モ可有之哉ト懸念致シ居候事ニ候

○

關白辟職之儀眞實所勞ニ候者元來外夷一條ニ付風聞御疑念之儀モ有之風聞之御疑念共筋被爲在臣下ニモ彼是懸念非無之然ル處今度自關東言上　叡慮相立神宮始御代

々ニ被爲對候テモ實ニ被安　宸衷候樣之次第ニモ可有之趣。其筋ヨリ相聞候間。申上候御疑
惑御氷釋之上者臣下ニモ可無懸念ト存候
右モ一通リ風聞ト申位之事ニテ言上候者定テ右言上被聞食候上ニテ
御勘考夫迄ハ可被閣トノ御事モ難計哉ト心配ニ存候事
（朱書）
一久ノ事小林申口

○

外夷近年頻々渡來其中犯制禁自儘之所業モ有之旨ニ候所當時船軍備向モ
未整折柄ニ付無餘儀平穩之處置ニ相成候趣先達テ達　叡聞方今水陸軍事
全備無之上者不得止候得共此姿ニテ自然年月差延夷類侮ヲ加ヘ賊謀熟シ
候樣成行候テハ實ニ可被惱　叡慮候右之通異類覬覦之模樣有之儀者誠ニ
神國之蠹害ニ候得者近來災異不輕モ自然譴告之儀哉ト深ク御愼被遊候
聖慮ヲモ感戴イタシ彌武門輩不懈速ニ武備全整候テ人心堅固ニ士氣相振
御國威ヲ外夷ニ視シ後禍ヲ不遺候樣有之度既ニ弘化三年八月御沙汰之趣

モ先役ヨリ所司代ニ申達候通武門之面々洋蠻之不侮小寇不畏大賊宜ク籌策有之　神州之瑕瑾無之様精々御指揮候テ彌可被安　宸襟旨御沙汰之儀モ有之候得者關東兼テ指麾之儀ニハ可有之候得共猶又各國之力ヲ盡シ神州之規模相立國家靜寧被安　叡慮關東ニモ安堵萬民悦服候樣被思召候趣被仰遣關東ヨリ向々ニモ被達候樣ニト御沙汰被爲在度儀ト存候事

○

心覺

勅諚ノ事　添書

傳奏間部ニ書状ニ委細ハ上京之上拜面可申入ト被申候處ハ如何被申候積リ哉ノ事尋置度事

萬一一人應對甚タ不安心ノ事議加被仰出如何哉

久彌出仕不被仰付候者早々辭退ニテ替リ正三ニ被仰出傳加可然事」

幕モイツレ傳加可然事

八條五條ナト加勢イカヽ

○

安政五正十七

一兩日ハ誠ニ不順暖氣昨夜ハ天火トヤラン有之由今朝ハ井水モ濁候災變ノ程只々所恐候御要心所希候

一今度ノ一件所存被尋下候者三公攝家ノ家主丈ケニ候又其上現任公卿僉議ハ模樣次第ニ依リ可被仰出ト申事

兩役ハ勿論可申上トノ事

一勅答ソ体裁實事肝要ト昨日太閤被仰候文餝ハ大不首尾ニ候仝俗文一通ノ方ト存候乍去備中上京ノ上次第ニヨリ爲見候事モ可有之哉先無左積ニ候得共是ハ聽長計リノ心ニ候極密言上置申候

一備中上京先廿八九日ニモ候哉御講前一度參內爲致度ト存候事ニ候何分彼ニハイソキノ事ニ候只今ヨリ何共難申上候

一右公十三日ニ御面會申上候兎角今一段ノ處難分人和義有之正房公純等卿申合盡力居候文事少キノ人ハ何共六ヶ敷困居候猶又クタケノ付候樣御勘考有之候公純卿大ニ心配右件三人申合力ヲ添ヘ候事ニ候太閤三十年餘（皇國ノ安危此一擧ニアリト申テハアマリカタク）勤勞ノ有無此一擧ニ有之候半事近ク申述居候處例ノ處置少々行當リカ子候樣ニ存候

一勅答廿二三日頃ニテ御宜ト奉存候備中上京迄ニト被仰出有之候

一堺東西御同意ニ候先無難ニハ候得共コヽテハ皇國ノ安危ニ候故チカイ候モ宜候歟

一川路以下旗下九人許上京候如何ノ事ヲ仕候歟心配ナル事ニ候得者言上置候

一御別紙二通拜見畏入候何卒右公ゟ御序ニ御差上希入候何モクダケノ道具ニ仕度候

○雜居交通ヲ嚴禁之事

此度モ畿内皇都近國ハ被相除㒵々モ不拘國体樣トノ御言葉ノミ幾反モ御主張有之度候

一度異人ト雜居スル時ハ其近邊ノ人民皆彼ヲ恐ル丶心變シテ彼ノ利ヲ喜ヒ候樣ニ成行一度彼ニナツキ候得者取戻シ方ノ策有間敷眼前長崎下田函館ノ樣子ヲ見テ察スヘシ（其方々一同ニ用談所ニ出席有之）老中以下打混シ能々評議被成進候樣其上又々可被達　叡聞トノ趣大樹公ヘ可申上樣

年頭使ノ節德川家有名之方々ヘ別　勅御内命アラハ其人々別ニ肺肝ヲ碎キ可被申ハ必然之事左スレハ一度兵端發ルトモ征夷ノ儀ハ關東ニテ御引受京都ハ是迄ノ京都ニテ益不易ノ御鎭座トナルヘキ御所置ト奉存候

此策ノ行レテ於幕府親近ノ五侯ヲ擧用ヒ玉ハ丶名分モ正シク上下ノ人心悅ヒ伏テイツク迄モ德川家ヲ仰キ慕ヒ奉リテ仮リニモ蔭口ヲ言ヒソシル事ハ無ルヘシ是外侮ヲ防クノ術ニシテケニモ此重任ハ　勅命ニ非レハ叶カタシ斯テ五侯欣然ト朝ニ立チ玉ハ丶征夷ノ御威光モ再ヒ輝キ

人心折合一致シテヨシヤ戰ヲ禁セラル、トモ戰ヘキノ勢ヲ示シテ應接アランニハ醜夷ノ虚傲モ入ル、所ナク神州ヲシテ永ク合衆國ノ嶋島ニ引込ル、大恥辱ヲ免ルヘキ歟是今日ノ一大急務ノ策ナリ
但本文ノ中ニハ皇都ノ防禦ハ浪華ノ海口ノミニテハ萬々一ノ時防キ留メ難カラン今一ケ所淀川筋山崎八幡ノ邊ニ新壘ヲ築キ土着ノ守兵ヲ置ヘキ事共ヲ論ス是レ海國圖誌ニ所謂守外洋不如（○守脱カ）海口守海口不如守內川ト云ルト同日ノ談ニテ其餘種々妙論アレトコ、ニハ省キテ記セス」
事要ノ處ハ數百年天下ノ政事ヲ初メ征夷ノ大任ハ幕府ヘ御任セノ事ニ候間カ、ル大事ハ猶更ニ御委任被遊候早々江戸表ヘ被引受當時幸ヒ德川家ニ有名人望ノ方々モ有之候事故席柄ニ拘ラス
水老公ノ後見尾張侯水侯ヲ差添越前侯阿波侯ヲ大老ニ致度事

忠成公手錄書類寫第八

一去月兩人參向之節（便）異船之儀ニ付　御沙汰之趣申述候節老中方ヨリモ御
演說之趣歸京（之上）・及言上　叡感御沙汰之事

一去日被仰出候御祈社々之ヶ所　叡願之趣御敎書之案等其許御心得迄中
入候事

一大和國龍田社　石上社　丹生社等社司吉田家配下差縺之義ニ付御祈被
仰出方ノ事

一自來年正五九月異國（船）調伏之御祈異國覬覦ノ萠相止候迄。（來年ヨリ正五九月ニ）如今度社々御祈
禱被　仰出度事

一異國調伏之義來年四月　東照宮例幣發遣之宣命ノ辞別ニ被載度被　思
召候事

一魯西亞船差出書書翰ニ付御取扱振ノ事猶又内々被　聞食置度事

一異船万一京畿近海ヘ横入之義有之候節ノ御豫防方御沙汰之御義も在之候ハヽ内々致承知置度事

○

一去月兩人關東參向之便異船之義ニ付御沙汰之趣申述候節老中方ゟ茂御演説之趣歸京之上及言上　叡感御沙汰之事（欄外藍書）本書執筆坊城俊明歟

一去日被仰出候御祈社々之箇所　叡願之趣御教書之案等其許御心得迄申入候事

一右御祈異國覬覦之萠相止迄來年ゟ正五九月ニ如今度社々御祈禱被　仰出度事

但來正月分ハ二月ニ被仰出度事

一御祈廿二社之中大和國龍田社石上社丹生社等社家吉田家配下之義差縺ニ付御祈被　仰出方之事

一異國船之義ニ付來年四月　東照宮例幣發遣之節　宣命之辞別ニ被載度被　思召事

一魯西亜船ゟ差出候書翰ニ付御取扱振之義尚又内々被　聞召置度　御沙汰之事

一異船万一京畿近海へ横入之義も有之候節々御備方之事

○

先達兩人參向之節（便）異國船之義ニ付老中方（御沙汰之趣）ニ申述候節老中方ヨリモ委曲御演說之趣歸京之上關白殿へ申入達　叡聞候處關東厚御配慮之御次第實ニ不容易御義ト察シ被　思召　御配慮（品々）之御次第被　聞食御尤之御義ニ被思召候自然若々　叡慮之義モ被爲在候ハヽ被　仰出候樣關東ニおゐてハ叡慮ヲ被安候樣御取計可被遊トノ御趣意誠以（段々）　御感悅ノ御儀被爲在候御懇篤之御趣意誠以　叡感（之御儀）被爲在候國家ノ大事御委任差向　叡慮之御義茂不被爲在唯々國家ノ大事御委託（倚賴）之御任職御苦勞不大方　（以下斷簡）

○異國船之義ニ付先日於關東老中方面談也

先達而兩人參向之便異國船之儀ニ付　御沙汰之趣老中方ゟ申述候節老中方よりも委曲御演說之趣歸京之上關白殿ゟ申入達　叡聞候處關東品々御配慮之御次第被　聞食　叡感之御儀候段々御懇篤之御趣意　御感悅ニ被思食候右之段無急度宜申入御沙汰候此旨可然老中方ゟ御通達賴入存候事

關白殿ニも厚宜申入旨被命候事

○

一先日魯西亞船長崎ゟ渡來いたし差出候書翰和解寫達　叡聞候處右御取扱振之儀も御治定候ハヽ內々被　聞食置度　御沙汰候間宜御含御取計有之候樣致度候事

一此後異船渡來夷情難測萬々一京畿近海ゟ茂橫入いたし候儀有之候而は如何計被惱　叡慮一同驚愕候事ニ可有之尤容易ニ右樣之儀は有之間敷事被存候得共不虞之警戒等御沙汰之儀も相聞候得は　御安心ニ可被爲

在一同ニも心得相成候儀ニ有之候間無急度內々及御示談候事

一去日御祈被　仰出候社々箇所　叡願之趣御敎書之案其許御心得迄別紙進達いたし候事

○

上包〔後二月六日夜於關東以常安〕（欄外朱書）此事嘉永五年ニアルヘシ張紙恐ラクハ誤
〔脇坂へ進達案〕

堂上向行狀風義等不宜義無之樣每々　御沙汰モ有之候得共兎角心得違之者モ時々ニハ出來候而恐入候處近年堂上學習之義被仰立御沙汰之通被成進御敎導方茂相立役人共ハ勿論臣下一同誠ニ難有事ニ有之候其上申出候は甚以恐懼之義ニ候得共先存意ノ程申試候其子細は小祿貧困之堂上向朝暮今日之家計凌方難澁ニ有之自然其志モ利分ノ事專一ト相成折角御敎導ノ御趣意ニ齟齬いたし候而ハ甚以恐入痛心仕居候全其人之不心得ニ有之

候へ共又難澁之模樣ニ寄御救之義も相成候へは御恩威行屆役人共示方ニも宜筋ニ御座候其中ニ茂貧困ヲ凌不束之義無之樣ニト晝夜辛苦いたし候而御不外聞之事茂不仕出申者茂有之候得共或ハ右樣之人ハ病發御用茂勤兼候次第モ有之候右等何トカ勘考之致方無之事哉与心配候へ共　御所向限リニ而は何とも難相成尤少々宛之義は奥向へ拜借御救等小祿之輩相願候事ハ先々之例ニモ有之其節ハ聊宛被借下又ハ御救も被下候へ共御內儀とても其御手當等ハ無之義ニ付難被及御沙汰節ニ有之候於當役茂差上候樣致來候左候へハ誠ニ無致方種々与術計ヲ廻シ候ニ付不正之筋之事共自然出來易一々申立候へは多煩之義御推察可被下候右之通之次第ニ候間何卒於此處小祿之者共取續ケ成ニ出來候樣格別御憐愍之筋被爲在度但小祿難澁一樣之義ニハ無之尤奢侈不經濟ニテ敗家產候者なとハ御頓着之義ニも無之候得共實ニ情狀難被棄筋之人々立行相成候樣被成遣候義を偏懇祈仕候事ニ御座候乍去御時節柄廉々御沙汰之義は猶更不容易御事ニ候は禁

裏ゟ被進ニ而臣下難澁之者御救被成遣候樣ニも相成間敷哉何分其筋御熟察相成厚御勘辨被下候樣致度若々　御所表ゟ被　仰進候へは御評議之筋ニも可相成義ニ茂可有之哉先當役共心得ヲ以御示談申試候事ニ候乍併何分御時節柄ノ御事不顧前後粗忽ニ可申出筋ニ無之年々唯々心痛仕居候事ニ有之候へ共万一不當之義とも相成申間敷事ニ候者猶又於京都御熟談申入度存候先以兩人心得御內談申入候偏御賢察被下度候事

後二月六日

○

近來度々異國船渡來有之殊ニハ當夏亞墨利加國より差出候書翰之趣不容易事与深被惱　叡慮（宸襟）候處（今般）右御取計方之義無急度兩人ゟ被達置候旨脇坂淡路守ゟ致承知則及言上候處（當地不一方御配慮之義ト）　御感悅被思召候誠ニ神州之一大事ニ候へは彌衆心堅固ニ國辱後禍無之樣ニ与被　思召候　叡慮をも幸此度兩人參向ニ付可（宜）申達（述）旨　御沙汰候間此段申入候事

○嘉永六十一廿五宮原江內談淸書之分

近來度々異國船渡來有之殊ニハ去夏亞墨利加國ゟ差出候書翰之趣不容易義与深被惱　宸襟候處今般御取計之義無急度兩人江被達置候旨脇坂淡路守ゟ致承知卽及言上候處當地不一方御配慮之御事ト被　思召候誠神州之一大事ニ候へは彌衆心堅固ニ國辱後禍無之樣ニト被　思召候　叡慮ヲモ幸此度實萬俊明參向ニ付宜申述御沙汰之旨關白殿被命候仍申入候事

十一月

○嘉永六十一廿五勢へ遣ス淸書内々

異國船渡來之義ニ付万々一　神州之瑕瑾出來又ハ後世之禍源をも開キ外夷之侮ヲ加へ候樣ニ成行候而ハ神代幷　御太祖以來之御國威も相減實ニ不堪慨歎義与痛心いたし居候而面々自分見込ハ不一樣ト存候得共　御所向堂上以下ニモ何トカ人氣不靜心配候事ニ有之候但今般御取計方之義被仰出之趣ニ而自然人意も打付可申ト存候得共一通リ前條之模樣內々申入

置度ト存居候義ニ有之候事

一夷情難計義ニ候ハヽ万一京畿近海へ横入候義有之候而は如何計被惱叡慮臣下一同驚愕候事ニ可有之候得共容易ニ右樣之義ハ有之間敷義ト心得申候但猶又此義は京地ニおゐて淡路守へ内談可申与相心得申候事

〇勢州江内達扣

異國船渡來之義ニ付而は万々一神州之瑕瑾出來又ハ後世之禍源ヲモ開キ外夷之侮ヲ加へ候樣ニ成行候テハ神代幷　御太祖以來之御國威モ相減候而は實ニ不堪慨歎義与痛心いたし居候而面々自分見込ハ不一樣ト存候へとも　御所向堂上其外ニも何トカ人氣不靜心配候事ニ有之候（但今般御取計方之儀被仰出候趣ニ而自然人意も打付可申と存候得共前條）此義申入候筋ニハ無之候得共堂上其外人意之模樣一通り内々申入置度と存候義ニ有之候事

通商——

〇親　筆（藍書）

異國船渡來之義ニ付テハ萬々一神州之瑕瑾出來又ハ後世之禍源をも開キ外夷之侮ヲ加ヘ候樣ニ成行　神代幷　御太祖以來之　御國威モ相減候テハ實ニ不堪慨歎義ト痛心致シ居候而面々自分見込ハ不一樣ト存候得共何トカ人氣不靜心配候事ニ有之候此度は申入候筋ニ無之候得共堂上其外人意之模樣（も）。一（般）通リ内々申入置度ト存候義ニ有之候事

但今度於當地。（御取計方之義）被仰出之趣自然傳承も有之候ハヽ格別ト存居申候

一夷情難計義ニ候ハヽ万一京畿近海江横入候義有之候而は如何計被惱叡慮臣下一同驚愕候事ニ可有之候。（得は）尤容易ニ右樣之義ハ有之間敷義ト心得候（申候）へとも其段（此義）ハ京地ニおゐて淡路守江内談可申置与相心得居申候事

右之義は極内々御含置候樣ニ申入置度ト心付事ニ有之但今度兩人ゟ相伺候ヽ（老中方江）叡慮之義申入候節ニ別段申入置候方よろしかるへき云々

異國船渡來之義ニ付テハ万々一　神州之瑕瑾・〔出來又ハ〕後世之禍源ヲ開キ外夷之侮ヲ加ヘ候樣成行候而ハ　神代幷御太祖以來之御國威も相減候而は實ニ不堪慨歎義ト天下一体之事ニ候ヘハ　朝廷ハ申ニ不及臣下一同〔有志之者ハ（原書更抹消）〕痛心いたし〔居候而自分〕候但銘々見込ハ不一樣候へとも何トカ人氣不穩心配候事ニ有之候此義ハ申入候筋ニハ無之候得共京地之人氣模樣一通リ內々申入置度存候義ニ有之之候

但今度當地御沙汰之趣自然傳承も有之候へハ〔向々人々ニ於而ハ〕衆人心服いたし可申哉心得申〔（以下八字朱書）〕事格別之義ニ在之候

一夷情難計義ニも候へは万一京畿近海へ横入候義有之候而は如何計可被惱　叡慮一同驚愕候事ニ有之候へハ右樣之義ハ有之間敷哉其段ハ京地ニおゐて淡路守へ內談可申置与相心得申候事

右ハ全兩人心得ニテ御內談申入置候義ニ有之候事

○嘉永七年壬七月所司代へ直筆達（雑掌持參封中）

先達テ渡來ノ亞墨利加退帆候處右滯舶中彼是自儘之所業等有之且品々御制度ニ振候事共申立候趣ニ候得共當時船軍之御備向茂未被整折柄ニ付無餘義平穩之御所置ニ相成候趣被　聞食候方今水陸軍事全備無之上ハ不被得止儀与被　思召候但此姿ニテ自然年月相立異類侮ヲ加ヘ賊謀熟シ候樣成行候而は實ニ不容易其上諸夷追々渡來致シ候ハヽ國家疲弊ニ及ヒ國体如何ト　叡慮不安被　思召候右之通異類覬覦之模樣有之儀ハ誠ニ神國之蠹害ニ候ヘハ近來災異不輕茂自然譴告之儀哉与深　御愼被遊專被凝　御祈念爲國爲民被竭　御誠精候間於武門茂警戒無弛去弘化三年八月　御沙汰之通各國之力ヲ盡シ神州之瑕瑾無之樣御指揮勿論之御事ト　思召候得共尚又　叡慮之趣宜有御沙汰候事

後七月

○嘉永七年後七月五日殿下無御所意旨命給昨四日入覽也

伊勢守ゟ內談書之別紙

先達渡來之亞墨利加退帆候處右滯船中彼是自儘之所業等有之云々（欄外墨書）以下前書同文言

○先勢州ゟ內達追テ所司代へ進達之書取

先達テ渡來之亞墨利加退帆候處右滯船中彼是自儘之所業等有之云々（欄外墨書）云々前書同文言深御愼被　思召候彼是　聖慮之程被察候而武門之面々彌不懈國力ヲ養ひ速ニ武備嚴整有之人心堅固ニ士氣相振更ニ御國威ヲ外夷ニ被視後害無之樣被遊度被思召候去弘化三年八月　御沙汰之趣も有之候得共猶又各國之力ヲ盡し神州之瑕瑾無之候樣御指揮候而被安　宸襟關東ニも御安堵之樣ニト被　思召候右　叡慮之趣宜有御沙汰候事

月

上包ニ
○機密案文（朱書）

上包ニ
先達異國船渡來之次第不容易之義神州之大事人心之動搖をハ

深被惱叡慮候何分不辱國体樣ニト彼是宸襟不安幸此度兩人參向之義ニ付內々　叡慮之程可申述旨御沙汰候」

御趣意演說書

先達而異國船渡來不容易事之趣達　叡聞當地不一方御配慮之義ト被思召候武門之面々格別出精之趣茂被　聞食及　叡感之御事候就テハ此後渡來之節御取扱振內々被聞食度旨　御沙汰之義先比所司代迄申達候處御治定之上追而被仰進ニテ可有之旨是亦被　聞食彼是御評議之事与被思召候其中被仰出候ニハ無之候得共神州之大事人心之動搖ヲハいつれニも深被惱　叡慮候且當時無事ニ候共後世之禍ト相成候而は實ニ不容易義ニテ何分不辱國体樣ニト彼是旦暮不被安　宸襟候尤當地厚御勘考之御事ト被思召候得共幸此度兩人參向之義ニ付內々叡慮之趣可申入置旨御沙汰ニ候事

關白殿ゟも宜申入旨內命候事

○勢州ゟ內談書案

外夷之義ニ付而は昨冬參向之節　御沙汰之趣（墨書）關白殿被命申述候義茂有之候處其許ゟも委曲被示聞其頃迄之御取扱振且可被安　叡慮之御趣意ニ付　思召茂被爲在候ハヽ無御遠慮可被　仰進との御事段々御懇篤御申聞之趣歸京之上叡聞ニ達シ關白殿江も申入　御感悦之御沙汰候右墨夷御取扱振之事去四月當地江御申越之趣淡路守殿より心得ニ被示聞候旨是亦　叡聞ニ相達し候右は當時御備向御嚴整ニ茂無之折柄無御餘儀寬大之御所置ニ相成候趣不被得止候御事ト存候乍併往々之處ハ定テ深御勘考茂有之候義哉ト存候當時之折柄　內裏炎上其後畿內幷近國筋地動所ニ寄死亡等茂不少由相聞昨夏は炎旱彗星等彼是災變不輕深　御愼被　思召候此上〔大變〕無之候神藍書（付箋）大變ノ二字ヲ何事モノ三字ニ改ム社江別段　宣命奉幣使ヲ被立度且又年號改元等も被仰出度御內沙汰ニ有之候右樣ノ御時体ニ付厚（神社以下藍書抹消）神明之冥助ヲ御祈請之　叡念ニ被爲在候得は精々人事ヲモ被盡候御儀ニテ別紙之趣可被仰進哉之御內沙汰候兼々厚御指揮被爲在（藍書）候上ノ義〔武門之面々被相勵候儀ニハ有之候得共御國体ニ拘リ候義　公武

〔付箋甲〕　〔付箋乙〕

一体之御事ニ付猶又　叡慮之趣被　仰進候ハヽ向々ニ茂被仰達格段出精
有之候様ニト被思召候但）卒爾ニ被仰進候而御都合ニ相振候而茂如何ニ有（藍書）
之間昨冬御面談申候手續ヲ以先内々申入其上淡路守殿ニ進達可申方可然
哉与關白殿内命有之候仍先及御内談候無御腹臟被示聞候様致度存候事
右異船一條ニ付テハ不一方御煩勞之義ト存候猶此上國家之御爲厚御
勘考所祈候關白殿ゟも宜敷申入被内命候

甲付箋
（關白殿へも申入　叡聞ニ達シ

乙付箋
（猶又往々之處ハ定而ヽヽ――有之候御事ト存候
折柄ヽヽ
右ニテハ如何哉

丙付箋
（御斟酌思召候間（藍書）本文如何ニ有之候間チ修正

右付箋藍書ノ所は東坊城聰長ノ修正

○（藍書）安政三年鷹司殿ニ勅書

今度當職被辭申候義猶以召止度事ヽ儀者乍勿論是迄辭退及數度老躰之義從來

之勤勞茂慰度忍殘念於此度者申儘可聞濟但如承知予至テ愚質亦新職之事万事不案內旁天下政務可有疎忽哉与無覺束晝夜令心配之間雖爲前職万事新職之人ニ無謙退猶又輔佐有之候樣厚賴存候事

於內儀向之事者爲當職共新任之人ニハ不托之間分テ万事是迄通世話之義深相賴事

先朝以來殊更至予代輔佐之勞莫大之義實爾股肱与賴來。候事更ニ深感賞候事、猶此上重々苦勞之義ニ候得共

前文之通之趣意候間不相替万端。心添、有之候樣。被相含厚可事

安政三年何月何日 年月日

右之趣意以愚筆書付

○

改元

七社奉幣

近來異國船度々渡來ニ付世上不靜之上去四月內裏炎上去月畿內幷近國筋

地動國郡ニ寄余程之大震ニ在之候趣相聞候昨夏ハ炎旱彗星其外等彼是災變有之右ニ付年號改元之義被仰出度被　思召候即天明大火之節改元有之寶永度ニハ無之候今度京都一体之大火ニハ無之候得共前件之御時節ニ候ヘハ天明度之御例茂有之候旁目出度年號改元被　仰出度御沙汰ニ候且又右異船幷災變不容易候ニ付テハ　叡慮不安被思召候此上國家之大禍變衆庶之憂患無之樣　叡願ニテ七社ヘ奉幣使ヲ被立度被思召候昨冬諸社奉幣之義及御內談候御返答之趣茂有之先御見合相成居候得共右七社之義は近代御准例茂有之昨年來度々之災異ニ付天下泰平之御祈右七社奉幣使ヲ被立度兩條　御內慮表立被　仰進候而も御差支有之間敷哉先可及御內談旨關白殿被命候事

「付箋

付箋「此上何事モ無之樣ナト平穩スキ候歟

（藍書）付箋ハ東坊城聰長卿

○

上包（以下四行朱書）

「安政二年十二月廿一日殿下以使式部少輔」

賜此一紙一昨日所司代參内之節可申上存
之處御場所柄難申出家司相招申上旨別紙
書取差出候間被爲見旨被命候事

魯西亞英吉利亞墨利加〻之條約書幷都筑駿河守御直話之次第等被爲達
叡聞段々厚　御沙汰之趣被仰聞候右御挨拶等宜申上候樣先達而年寄共ゟ
申越則其段申上置候一体外夷御扱振之義時勢之變革世界之模樣茂有之實
ニ無御據場合与は乍申條約之次第等　御不本意之義も候處今般厚　叡慮
之趣は不一方儀与　御滿悅之御事ニ候併此上之御取扱振　御國体ニ不拘
樣御賴被　思召候与之儀は幾重ニも御敬承被爲在御武力ヲ以國家可被遊
御鎭護は勿論之事ニ候得共素ゟ外夷之義は互之言語文字茂解シ難ク通辯
ヲ以之扱故此後共其時宜ニ應シ臨機之　御所置茂可被爲在候尤先般私幷
駿河守御直話申上候砌關東　思召之程ハ委曲申上候上之義ニハ有之候得
共猶又前文之趣私ゟ申上置候樣年寄共ゟ申越候事

十二月

○京都防禦之義所司代江申達書

近來異國船度々渡來ニ付京都表警衛之義關東御大切ニ被思召井伊掃部頭守衛猶一際手厚可相心得被仰付此外當地御備向之義は猶追テ可被相達旨老中方ゟ申來候由先達而被示聞達　叡聞　御安心被　思召候猶又右御備向之義は其内可申來哉ニ候得共何卒此上早速御取調ニ相成候樣。（欄外藍書）。致度万一近海ニ帆影相見候節は京師之警衛は――イカヽヤ）致度且又万一近海江渡來之模樣茂有之節ハ忽京師動搖ニ可及何分攝泉播若丹越等州之海邊京師ノ最寄ニ候へは先右近海之處懸念有之候自然此堺江不意ニ乘入候節は京師之警衛は申迄茂無之先海岸ニテ打拂無之候而は不容易之（欄外藍書）打拂字防禦ニテハイカヽヤ）至リニ可有之哉（欄外藍書）可有之哉深心配之事ニ候イカヽヤ）當地而已之義ニ茂無之双方御都合ニ差障リ可申与深心配之事ニ候尤夫々御手當被付候義ニ可有之候得共右京畿內外御備向之義猶又心得ニ致承知度及御內談候樣關白殿被命候何卒早々御勘考被示聞候樣致度存候事

月

（欄外藍書ハ東坊城聰長卿ノ附箋）

〇

「十日肥前守於　皇居予一人乞面會淡路守ヘ申聞候處懇切之旨忝由可相成は淡州ゟ内達勢州ヘ可及内談此書取末文取直ニ相成淡州ヘ申含候ハヽ大慶存旨事柄所司代可承知筋之事

肥州モ所存ハ同意歟ト存候夷類之義所置殘念ナル事ト申居ル也」

「印ノ内上包ニ認有之

他事ニ候ハヽ格別此義ニ候ハヽ何卒左樣ニ致シ候ハヽ忝由申候之趣意ハ無別存旨也

嘉永七年後七月八日長谷川肥前守私亭ヘ相招淡路守ヘ内談事申聞愚存勢州ヘ直達如何淡州ニ附托可然歟但直達ニテ可然歟之間内々申談旨申含了

（以下三行朱書）

昨又々老中方御面談申候手續ヲ以先内々伊勢守殿ヘ御示談申入其上表向御達

可申事可然哉ト關白殿內命有之候間無急度伊勢守殿へ被及御內談無御腹藏被
示聞候樣猶又其許ゟ御內談有之樣致度候

「阿部伊勢守殿へ內達書」

外夷之義ニ付テハ昨冬關東參向之節　御沙汰關白殿被命之趣老中方ヘ申述候義茂有之・候處兼々厚御配慮御趣意之程委細被示聞其段猶又委曲被示聞其頃迄之御取扱振且可被安　叡慮之御趣意ニ付、思召モ被爲在候ハヽ無御遠慮可被仰進トノ御事段々御懇篤御申聞之趣歸京之上關白殿ヘも申入　叡聞ニ達シ　御感悅之御事候右墨夷之義老中方ゟ申來候去四月當地ヘ御申越之趣淡路守殿ゟ心得ニ被示聞候旨是亦　叡聞ニ相達シ候右は當時御備向御嚴整ニも無之折柄無御餘儀寛大之御所置ニ相成候趣不被得止候御事ト存候猶又往々之處定テ深御勘考茂有之候御事ト存候折柄　內裏炎上其後畿內幷近國筋地動所ニ寄死亡等茂不少由相聞昨年も彼是災變有之　叡慮不安深　御愼被　思召候此上何事茂無之樣厚　神明之冥助ヲ御祈請之　叡念ニ被爲在候得は精々人事をも被盡候御義ニテ「別紙之趣可被仰進哉之御內沙汰ニ候兼々厚御指揮被爲在候上之義卒爾ニ被

仰進候而御都合ニ相振候而も御斟酌ニ思召候間昨冬關東ニテ御面談申候
手續ヲ以先内々伊勢守殿へ御示談申入其上淡路守殿に御達可申方可然哉
与關白殿内命有之候間無急度伊勢守殿迄先及御内談度無御腹藏被示聞候
樣ニと存候此等之趣尙其許ゟ宜御内談有之候樣致度存候事
右異船一條ニ付テハ老中方不一方御煩勞之義ト存候猶此上　國家之
御爲厚御勘考所祈候關白殿ゟも宜申入内命候是亦宜御〔申入〕通達賴入候事

後七月

原書「印以下附紙ニテ朱書ノ通改メアリ（以下三行朱書）
叡慮之程關白殿被伺取候趣別紙之通御達可申但兼々厚御指揮被爲在候上
之義卒爾ニ被仰進候而御都合ニ相振候テモ御斟酌ニ思召候間先御内談可
申入關白殿被命候宜御勘考有之候樣致度存候事

後七月

○

猶又淡路守殿迄御内談申入候義共も有之候唯々公武之御爲心配候事

ニテ不惡御扱取可被下候已上

外夷之義ニ付而は昨冬參向之節御沙汰之趣申述貴官ゟも委曲被示聞段々御懇篤之御趣意右一條ニ付　思召付も被爲在候ハヽ無御遠慮可被　仰進トノ御事卽歸京之上關白殿ヘも申入叡聞ニ相達し　御感悅被　思召候關白殿ニも忝被存然處右墨夷御取扱振之事兼而內々被　聞食度所司代迄申達候其表ヘ被申入候趣ニ而當春所司代より心得ニ被示聞候ニ異人共品々御制度ニ振候事共等申立候得共御備向等未御嚴整ニも無之折柄無御餘義寬大之御處置を以――可被申越旨被申聞其趣も及言上置事ニ有之候右之通當時御備向御整も無之上ハ不被得止義ト乍併往々之處ハ定テ深御勘辨も有之候義ト存候此姿ニテ年月相立夷類侮ヲ加ヘ賊謀相熟シ候樣成行候而は實ニ不容易哉其上諸夷共追々渡來いたし候ハヽ國家疲獘ニ及ひ可申哉實ニ御大事ト存候當時平穩ニハ有之候共夷情難測非常之義ハ申迄も無之漸々他邦侵奪ノ古轍も有之候ヘハ浸潤与其姿ニ相成候而ハ御取戾シ

右候し痛心いたし誠ニ面々も之面沙汰御候思召御心配深トか哉敷之間有之ノ期モ
々面之門武在為被指揮御厚々兼候思召被ト度進仰被趣之紙別ハテ付ニ
出段格達仰被々夫モヲ趣之慮叡又猶もとへ候思召被ト事候勵相被
別候上存トニ樣之無分中御世永遊被心安御々共東關地當分何樣候之有精
被ハへ候義分相難も情實事實義之境遠分何在為被不モ義之付召思地當段
深處之々往付ニ趣候聞申被ゟ代司所而達先右もとへ候之無も筋御候進仰
もとへ候遊被悦感御ハ事御之屆行御之無才如御東關尤候召思　被配心御
東關、ハ候進仰被もを趣之紙別付ニ筋之体一御武公ハ義候リ拘ニ体國御
被何如も而候振相合都御而候進仰被ニ爾卒但哉召思被可心安御而却もニ
達進ニ代司所向表而候置入申々内先テニ續手候申談面御冬昨ハ右候召思
樣候之有答示御々早否候入申談内御仍候之有命內殿白關ト哉然可方申可
事候存度致

三條大納言

阿部伊勢守殿

○嘉永七年壬七月所司代へ印封達し

伊勢大神宮之儀は　御宗廟此上なく御大切之御事ニ候處右茂海國之儀ニ候得ハ万一夷賊寄來リ候而は甚以叡慮御不安心ニ可被　思召候尤御手當被　仰付候儀与存候得共猶又厚御勘考有之候樣可申入旨關白殿被命候事

後七月

○

今度　內裏炎上之處早速ニ御造營之儀關東より被　仰進當時海防を始品々御事多之御時節ニハ候得共　禁裏御造營ハ格別之儀ニ被思召都テ御元形通リ早々被成進候トノ趣誠ニ恐悅之義關東ニ於て右之通　禁裏御尊敬之御趣意一同感服致シ候義ニ有之候然處此度炎上ニ付而は今少し火除地面も弘メられ樹木ヲ植付れ度最初御內沙汰も有之候得共何分當時外夷渡

來諸般御繁多之御時節御時勢を被察御好ハ被止不被　仰出御元形通リ殿舍無相違御造營被成進候得ハ　御滿悦之御儀と被仰進其分御領掌ニ相成叡感ハ申迄茂無之臣下一同安心いたし候事ニ有之候然る上ハ　御所表よりハ聊御好等ハ不被　仰進と存候尤寛政度御再興之殿舍如元被成進候得ハ御時節から御十分之御儀と厚被　思召候へとも此上可相成事ニ候ハヽ全く關東よりの思召付ニ而今少しの所火除且ハ御庭內御狹少ニ被爲在候故　御養生の御爲かた〱御地面少々御弘メ被進候樣之事ハ難出來筋ニ候哉全くに關東の御心付を以て一段御勘考被仰進候御儀も有之候へハ如何計リ御滿悅可被遊哉實々上下悅服いたし可申と存候是とても莫大之御儀ニ候へハ當時海防事一諸向事多之御時節御政體ニも拘リ如何ニ有之候へとも左程の御用費ニも相成間敷哉且ハ是より申出候ハ憚多儀ニ有之候得共今一段　朝廷之御儀際立御心付被成進候趣諸向ゟ相聞へ候得は彌人心服從いたし候筋ニも可有之哉御時節柄とハ申なから是式にて御失脚相

當ミ候儀は却而外夷御防之筋之御一助ニハ可相成とも御國弊ニハ成不申
哉と存候但此御時節ニ附込申出候樣ニ相當リ候而ハ甚々如何敷候へとも
此度之炎上此時ならて平日被申出期茂無之尤火除之儀ハ實ニ今度之急火
ニ付御內沙汰も有之候譯ニ有之候併先年　文恭院殿御代思召付ニ而　禁
裏他所ゟ御遊覽被爲成御儀茂無之　御氣詰リニも可被爲在と被　思召小
御所御庭より日ノ門通リ東中筋迄も御弘ケ被進度との御內沙汰も被爲在
候由伺候得共其節ハ先帝御望も不被遊其御替リニ　朝覲行幸被遊度被仰
進其御儀御整ニ相成候處一度も不被爲遂候但一度之御用途被進ニ相成申
候且又　當今東宮之御時御成長被爲成候共御狹少ニ而　御息所入宮も不
被爲出來候ニ付御地面御弘メ之事內々被　仰出是も過半御整ニ相成候處
先帝登遐ニ而其御催ニも至リ不申候次第ニ有之候右等御地面御弘ケ被進
との御事ハ關東　御先代思召も被爲　在候御事ニ候ヘハ何卒當時關東
思召付ニ而被成進候樣いたし度事と存候右之通之事ニ候故必す此度なら

てハ難相整筋ニも有之間敷哉ニ候得共前文申述候御双方御都合宜哉と存
筋も有之候へは今度最初よりの御模様內々申出度事歟とも存候自然此上
厚御勘察も被爲在候事ニ候ハヽ彌以恐悅之儀と存候右ニ付當時之御地面
ニ朱引いたし候分此度最初御內評之趣と先年來ヶ樣ニも被爲在度事と評
議も有之候廉無御餘儀分丈（此余之廉も有之候得共此圖ニ相除き成丈ケ御手輕之積り）ニ相注し試候儀ニ有之候
圖のことくに相成候へハ全躰　內裏御地相茂宜く諸人奉祝候事と存候最（別紙綵色圖ニテ御）
初御內沙汰御見込之圖ニ而ハ紫宸殿を始南ハ御繰寄ニ相成候積リニ候其（狹少之程井火除樹木等被植場所之模樣見合可申と存候）
通リニ而ハ（至極）御都合ニハ有之候へ共何分此度御造營關東より早速ニ被成進
還幸被爲在候樣　思召付之御儀厚　御感悅被　思召關東ニも右御趣意之
處廉々御取調ニ相成候節は彼是手間取御造營方取懸リ之都合延引相成候
而は折角之御趣意ニも相背可申旁以御斟酌ニ而御止メニ相成候得共此圖
面之通ニ候ハヽ御外側御築地御造立迄ニ御詮議被爲在候へハ総体御造營（御建物置所都而是迄之御姿ニ而可然）
取懸リ之差支ニハ不相成申哉と存候間何卒今一段御勘考被成進候義茂相

整候ハヽ永々御都合宜御事と存候
（以下十五行朱註）此一帋内々以便宜其筋ゟ可申入歟と書付之處又更ニ愚案候へハ頻年夷船之騒きニて御國躰如何ト　聖慮煩ハセ給ひ臣下一同痛心之時節武家奔命ニ疲レ御國威可立直事無覺束成行候而は實ニ　内裏御構廣ク成御造營結構ニ御出來候共國体ヲ損し候而は眞ニ恐悦ニも難申上開闢以來絶テなき外患不測之時ニ當れハ務て簡質を旨とし大小武家の疲弊を救ひ民人之力を養ひ全國之力を海防ニ用ゆへく　思召さるゝ所なれハ今御造營ニ御好ある樣相成候而は御爲方不宜元來ハ當時之　内裏何程御大造と申儀ニも有之間敷候得共國家之大計を　思召候上ニ而ハ仁徳天皇民の貧を被爲憂御造營を停られ齊明天皇外蕃御征伐之程黒木の御所ニ被爲渡候御事ナト被　思召かゝる外患防禦之御備向難整夷人共自儘之所業いたし候も嚴制難相成國力疲弊之趣被　聞食候而ハ實ニ宸襟を被惱候處御國体ニ拘リ候事を度外ニ置カセ給候樣ニ下民存し上

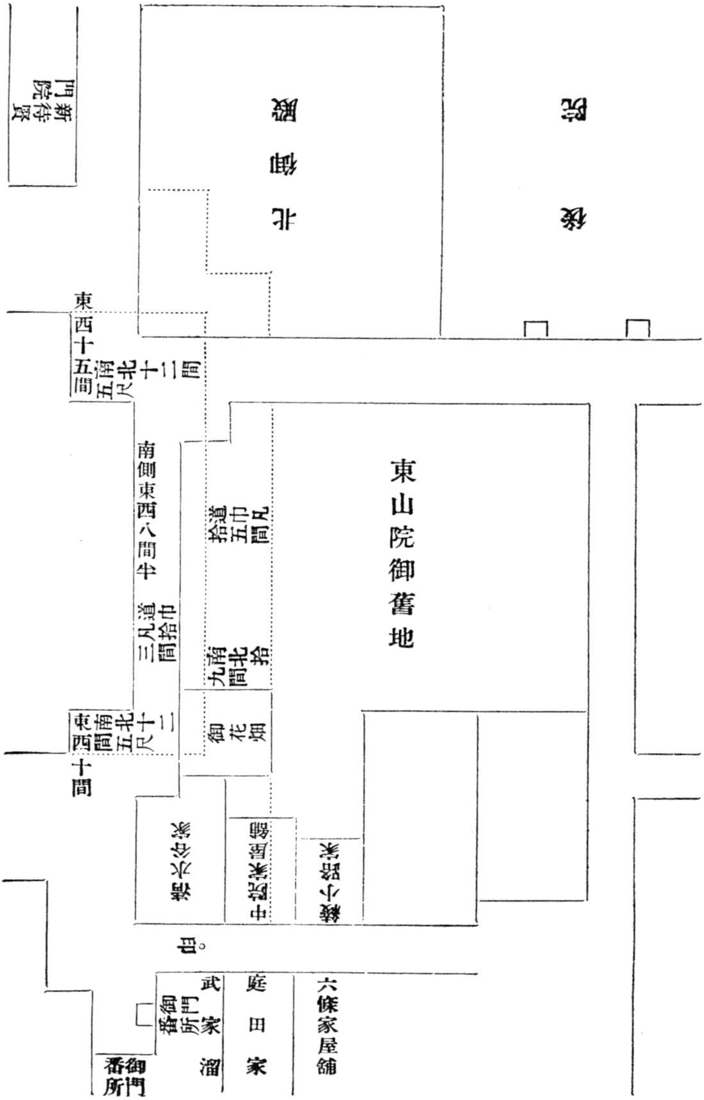
後院
北御殿
東山院御舊地
南側東西八間半
御花畑
十間
六條家屋舖
庭田家
武家溜
御門番所
御門番所

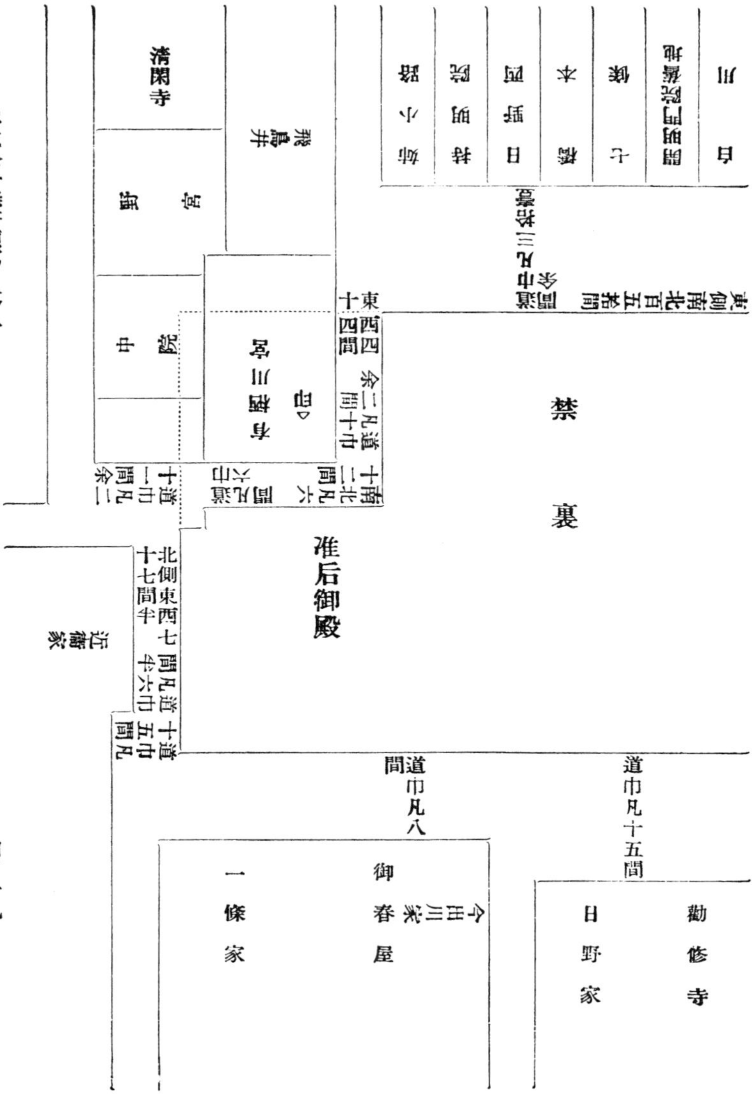
禁裏
准后御殿
東側南北百五拾間
東西四十四間
道巾凡二十間余
南北六十二間
道巾凡十一間余二
北側東西七十七間半
道巾凡六間半
道巾凡十五間
道巾凡八間
道巾凡十五間
近衞家
御春屋
今出川家
一條家
勸修寺
日野家
清閑寺
飛鳥井

候而ハ　聖慮ニ違申候然ル上ハ面々ニも其　叡旨を感戴し奉リ却而唯今御造營ニ心志ヲ盡し色々与申立る儀ハ致ス間敷事と心得候間此按圖ハ丙丁ニ投スヘシト再按

◎繪圖面中點線ハ朱引線ナリ○印ニ「此通リニ相成レハ至極宜シ御大造ナラハ下掛紙ノ通ニテモ可然」△印ニ「此替地ニハ恭禮門院御舊領地歟」ト記入セリ

○

異船ゝ（如近來度々）此後渡來も有之夷情難測万々一京畿近海迄も横入いたし候義有之候而は此上ニも如何計被惱　叡慮一同驚愕候事ニ可有之哉候得共容易ニ右樣之義は有之間敷儀なから右体ノ異變無之樣豫防之御備方之義は（茂有）尤夫々御勘考（勘弁（原書更抹消））有之候義（取計（原書更抹消））ト存候間御安心之御義ニ可被爲在一同ニも心得相成候義ニ有之候間無急度内々及御示談候樣關白殿被命候事

○

御直　勅被爲在候義故――存候處存外之次第ニ候然ル處今度ゝゝ――難計右言上ノ趣意――申入候事

○

君も忠われも忠也いかなれはかゝる中とハ成やしつらん

○

墨夷一條先達而　勅答被仰出定テ（當節）三家以下衆議中之義ト存候（被仰付御勘考中之義ト思召之程能）尤　叡慮之御趣意ニ基キ關東御處置ニも御不都合無之樣御勘弁之義ト存候右勅答之趣衆議ヲ（被）盡シ候義ト存候元來御國威夷狄追々輻輳いたし驕慢之振舞を御國ニて取扱之外夷御取扱之義ニ付（而ハ）古來之規則も有之御國威ヲ専一ニ御主張候而（有之）公武御一体（應接）万端異邦与ハ（其心得ヲ以異人ト談判候ハヽ）相違之譯夷人ニも相辨候樣之應對方有之（不申ニも無之哉其基本不相立）度と存候（藍書）原書斷簡

○

一閣老面々之見込イカヽ　溜詰以下　譜代

一列國之見込如何

一國學家見込兩端歟

一水府ノ見込
一下田條約左應歟
　今度叡慮　愚案
一土州ヘ文傳事

○改元之義所司代ヘ内談書之案

去四月　内裏炎上ニ付年號改元之義被仰出度被　思召候卽天明大火之節改元有之寶永度ニハ無之候今度京都一体之大火ニハ無之候得共近來異國船度々渡來ニ付世上不靜之上右之炎上且去々月畿内幷近國筋地動國郡ニ寄余程之大震ニ有之趣相聞候昨夏は炎旱彗星其外等彼是災變有之候前件之御時節ニ候ヘハ天明度之御例モ有之候旁今度年號改元被　仰出度御沙汰ニ候

且又右異國船之義幷彼是災變ニ付テハ

叡慮不安被　思召候此一何事茂無之樣　叡願ニテ――社ヘ奉幣使ヲ被立

度被　思召候昨冬諸社奉幣之義及御內談候御返答之趣モ有之先御見合相
成居候得共昨年來度々之災變ニ付近代御准例も有之天下泰平之御祈此比
──社ニ奉幣使ヲ被立度被　思召候
右等　御內慮表立被　仰進候而茂御差支有之間敷哉先可及御內談旨關白
殿被命候事
〔付紙〕此條ハ御模樣次第ニテ相除候歟改元之義計可申達哉之事

忠成公手錄書類寫第九

舊政告新

先年以來・（御沙汰）被仰出之義・（且內談等）武邊へ申達有之候義ニ付委細之事情（條）幷兼々所伺居先
々・（與）之叡念又所承傳先輩（哲）之遺言且當時現在之人々苦心之事等彼是取捨愚案
參考之趣等在役中盡力之心得ニテ內外勘考之筋モ有之候處何分時不至其
內外夷一條混雜之次第ニテ何等之儀モ可申出機會無之最前被申立之事件
御催促モ難成因循ト打過遺憾之至其內小子役御免昇進被仰於（付）一身ハ誠ニ（以）
安心畏入候就テハ同役之人（役中之義）承知之廉ニ有之候得共昨春以來之都合ニテ役
人邊ニ遷替相成傳說（達）モ如何（難量）且小子役中之義モ急務之外ハ朝事有閑之時徐
々可及言談一卿ト令約之處不慮之義ニテ是亦不及（得）其期然而處所詮時事紛
紜之折節所詮急速難被及御沙汰ト令察又々治平之上ハ（御）時節到來之期モ可

有之哉ト竊ニ存居儀候勿論其節之御時宜執柄當役之了簡有之義ニ候得者
以前之儀ヲ被紹述事、候譯ニモ無之ト被存候得共所謂舊令尹之政必告新令
尹ニ候得者委曲申傳用捨ハ其人々之勘辨ニ可有之ト存候然ル處昨春以來
之次第ニテ巨細可申傳置之、期モ無之・當時小子不在其位義ハ申迄モ無之殊更
但兼々被伺居且傳說等承知之方々可有之候ヘハ更ニ申出候モ越
樽俎之義ニ有之
出家之身ト相成朝事ニ關係候義申出候者慮外之事ニ付落餝之、以前其有人有、
者委曲
、、之ハ可申置哉ト思惟候得共小子當今之身分ニ候得ハ總以難及口入然而累
年之苦心難默止之間不論事之大小雅俗隨思出雖內密之義書綴之其中無用
之長文且事件繁多可有其煩歟尤寬事之急之、事、柄、幷。且損益等ハ可有、在時議以一概不
可被論之ト存候敢、非、可、遂、其、事、公、武、永、世、之、嘉、謀、自、可、在、此、等、之、際、歟、後賢之熟慮勘周旋考
有之度・儀与、懇祈願之所有、ニ在之事

御代々天皇號之事

右御諡號天皇ヲ被稱義久々御中絕之處光格天皇格別御高德ニ付被奉御諡
（欄外朱書）御役御免以前都築相招萬々談合候事
號被稱天皇相次仁孝天皇御諡號天皇被奉稱候處後桃園院以前御數代被稱

院號義者大闕典之御事ト既ニ仁孝天皇御諡號之節同時ニ可被仰立哉之御評議モ有之候處右ハ當今御踐祚之後可被仰立儀ト其節ハ御見合ニ相成候其儀ハ當所司代勤役中ニテ粗承知モ有之哉ト令察候事ニ候其節後々心得居可申御沙汰モ有之候ニ付猶又若州先年參府之節可被仰入哉兼テ取調居粗書取申出候處其節モ又々御見合後年時節御勘考可被爲在之旨執柄被命卽書取之案如左

（朱書）按ルニ此書取ハ前書嘉永三年五月云云ノ書ヲ指ス

此義ニ付テハ日野故儀同先帝御事之時所勞中以書狀申送義有之其趣意執柄へ申入狀中懇切之間爲後々殘シ置候如左

畝傍山陵之事

（欄外朱書）此廉ハ當時ニ至リ代役ノ節申送有之候ト令察候

畝傍山陵御陵所當時如何哉往々依事御使被立御初穂御奉納被爲在思召之旨所司代へ內談之事殿下被命趣嘉永□年冬傳奏東行中代役ヨリ脇坂淡路

守勤役中申達有之其後傳奏申送ニ相成有之候ト存候右ハ其内ニハ御沙汰可有之哉時節御見合之上ハ再應御勘考被爲在度儀ト存居申候事

諸山陵之事

諸山陵享保頃取調有之相分リ候分又其後至當時追々穿鑿分明之處モ有之候何レモ往々荒廢ニ不及樣取締之義被仰遣於武邊モ追々取調有之校正地圖等モ相廻リ取計方伺之義モ有之今一段之處ニテ下知ニモ相成候者可然卽催促之趣モ及内談有之候是等ハ先件同樣其内ニハ御沙汰モ可有之哉猶時節御見計ニテ再應御勘考モ有之度儀ニ存候事

神祇官御再興之事

右ハ年久敷廢絕ニ相成先々御代ヨリ御沙汰被爲在候得共未被遂御志白川家之記ナトニモ後奈良帝被爲在御歎息之御事勅書ニ被爲在御儀モ見及候當時外夷之義モ有之候得者旁御再興被爲在度御事ト存候神祇官ヲ諸官ノ上ニ置クハ神國ノ風儀天神地祇ヲ重ス故ト職原鈔ニモ有之ハ誰モ不知者

モ無之候然ルニ今其官舍無之ハ誠以可歎義也右神祇官ニテ可被行御事柄當時吉田之齋場所ニテ被行或ハ白川家里亭ニテ被行候實ニ歎ヶ敷事ト存候既ニ右被建度トノ御詮議ハ以前ヨリ被爲在當時門院御舊地ニ相成居候白川家之南其地ニ可被建ナト沙汰モ有之候義傳聞候
以上之義ハ實ニ當今之急務トモ存上候

東宮坊之事

右當今御在坊之頃御沙汰モ有之候古代太子被及御年長候共父帝御在位有之候然ハ自然被爲踐帝位候上朝政御熟練ニ可相成世及陵遲之時ハ御年若ニテ御脫屣攝政之政ニ相成ナト有之朝家之御美事ニハ無之又父帝御敎導モ不被爲盡候院ニ被爲成候テハ自然御踈遠ニ相成申候尤御息所入宮等モ近代無之是等モ相壁候樣被成置度トノ御義ハ至極恐悅朝野所感服ト存候卽內裏艮角ヲ被開可被取建旨當所司代先年勤役中御內々御掛合モ有之粗相整候哉ニ伺候處先帝御登遐ニテ不及其儀殘懷ニ存上候事

但御時節ニ因リ御時宜難計事

准后立后之事

右近來之處甚以御遲延ニ相成有之候得共古代ハ早速立后モ有之候天子ニ御嫡妻無之姿トテ人々歎息之論モ毎々有之候何卒早ク册命被爲在度是モ先達テ御沙汰相成懸ケ申候殊ニ當職父公ニテハ難被仰立哉先職中ニ被申行度趣ハ其頃承居少々御内談モ有之哉ト存居候事

節會祿之事

右ハ古代ヨリ年中定式ノ賜物ニテ絹綿被ナト品秩ニ從ヒ被下候失錯有之候人ニハ被奪節會祿ナト有之七十以上雖不參在見參之例ナトモ有之候得ハ一廉之定賜ニ有之然處當時一ツノ絹ヲ人々之笏之上ニ載セ被取返候事是モ告朔之餼羊ニハ候得共恩賜之實事ハ聊モ無之多少ハ二段何卒其廉相立候樣被遊度トノ事先々御沙汰モ有之先職ヨリモ毎々承リ候事ニ有之少々御勘考モ有之哉ニ承候處何分其出方無之以前ハ三節會ニモ堂上之人下

行有之候由ニ候得共右ハ新嘗祭御再興ニテ下行被止候趣モ承候豐明計ハ當時モ下行有之右下行ハ祿ノ替リトモ承及候夫モ當時三節ニハ無之何卒右恩澤之實事被行度事

南北臨時祭年中兩度之料下行調備之事

右ハ御再興之節々思召通リ其内兩度被行候御事歟即先年ヨリ武邊積立之都合最早兩度被行無差支趣ハ相聞ヘ有之仍テ先達テ彼是御内評モ有之候處右南北祭ハ先是迄之通リ隔年ニテ可然右下行ヲ以テ他之公事廢典ヲ被行可然歟ト申儀モ伺候處先其儘之御事ト存候年々積置相成候計ニテモ無詮何卒先々思召之通リ年中兩度可被行哉但他之神事闕典之廉不少候得ハ何レ神事ニ被充用候ハ御子細モ無之哉祈年祭ナトハ被行度御事歟ト存候賀茂臨時祭之根源モ他之社ハ年中兩度之幣ニ被預候得共於賀茂ハ一度之外無之仍テ被行彼祭事其御由來モ有之候處當時於神宮ハ神嘗之外不被奉幣帛元來伊勢被立四度幣使之處是等ハ神事闕典之義ニ可有之候得者彼是

御參考被爲在度事ト存候

祈年祭之事

右ハ先々ヨリ神宮奏事始ニ每年擧奏有之イツモ可仰武家トノ御沙汰ニテ其儘之義ニ有之既ニ元文之頃可被興行御沙汰之趣モ有之候得共未被遂其儀每々其沙汰有之候歟年穀之御祈人命之本ニ候得者必ス被行度御事且近代外夷之形勢ニ付テモ此祭ハ被爲行度緣源(淵カ)モ有之候歟乍然神祇官ヲ不被再興候テハ祭儀モ難被行歟尤如式文ハ皇太神宮以下國々之神社ニ幣ヲ被頒候事等夥敷事ト相見候得共其儀ハ如何樣トモ被減畧皇太神宮其外無止神社ヲ被爲祭幣帛モ被從宜不被全備候共何分祭奠之禮ヲ被行被報本之御趣意世ニ遍ク推弘リ候者國家之光曜ト存候神宮數十年奏事始ニ申行候事御許容被爲在候者神慮ニモ可叶歟深御勘考公武被仰談度儀ト存候事

前ニ申述候通石淸水賀茂春日等モ年中兩度被奉幣帛候石淸水賀茂等臨時祭御再興モ有之於神宮例幣一度之外祭義(儀カ)廢典御再興無之事ニ候得者

厚御勘考可被爲在哉之事

賀茂行幸之事

光格天皇御宿願之趣モ竊ニ伺候事ニ有之殊ニ此帝者御幼稚之時於彼地御養育之由旁以叡念不淺之趣ニ相伺候元來當國之神祉ニテ賀茂祭ハ宮中ニモ別段之御事ト承候然ハ當時他所ヘ行幸ハ不被爲在候得共此祉ヘ行幸ハ何卒御時節ヲ以テ被行度御事ト存候

被置國忌之事

古昔ハ十陵八墓之國忌ヲ被定置事ニ有之候處年久廢絕其沙汰無之候然ルニ元文之頃專ラ御詮議勅問等モ有之候趣ニ候得共終ニ未被遂思召右元文之叡慮委キ御旨ハ不伺得國忌ハ天下一体其日夫々之心得方有之義ニ候得共當時勢ヲ以テ相勘候時ハ所詮天下ニ被施行候樣難相成歟御所向限リ之御事ニモ候得ハ嚴重ニ國忌ヲ被置候ハ今一段無詮樣ニモ被存候歟尤皇考皇妣之聖忌ハ無申迄於泉涌寺被奉供養御代香等モ有之候但其外於寺門ハ

奉供養候共於公家其日聖忌之御取扱無之段ハ於御實事御孝情ヲ不被盡候歟然ハ先々國忌ニ被准其帝其后之聖忌ヲ被御追遠被爲在義ハ奉懇祈候就中天智天皇之聖忌永世不絶ト古代ヨリ國史諸家記等ニモ有之衆人所可存知ニ候得共中世以降無其沙汰ハ可歎事ト存候既ニ天文頃迄モ不絶被置國忌候ト相見ニ言繼卿記ニモ有之右之御忌ハ聊文書穿鑿致シ候人ハ覺悟候事ニ候得ハ何卒被興廢典候樣被爲在度彼畝傍陵以下諸山陵之修理等モ被整候者旁以件御國忌ハ御沙汰被爲在度儀ト存候即元文之御沙汰ニモ右天智天皇之御國忌之儀者被興候思召ト相伺候事ニ候但元文之度彼是御評議有之爾來不被及御沙汰ハ有御子細義歟猶深御取調可被爲在ト存候

國忌之義如古代御嚴重廢置被定天下ニ被示候御事ハ當今能々公武之御打合無之候テハ難相成既被避國諱候事寛政之頃武邊被仰出候義モ有之候處差支之筋有之趣往復モ有之候歟ニ存候是等モ同樣之義ニ可有之哉深御勘考可有之義ト存候但御所限之御定ニ有之候共被追御國忌之名候

者告朔之餼羊ト存候得者可被遂元文之叡旨且猶公武之間御詮議可被爲在事ト存候

釋奠之事

右モ元文頃以後毎々御沙汰モ有之趣ニ候得共學寮モ無之唯被盡聖志於御學問所如形御奠祭有之於小御所講談被聞食候而已之御事或時ハ近臣衣冠取努論議有之候事ハ承及然ル處近來被建學習院候後奠祭之儀武邊ヘモ御沙汰相成當時於彼院畧式奠祭講論等之形ハ有之候得共其儀禮等ハ廟堂モ無之候得者難整兼所伺者學院之年分用途料有餘積聚之上安置聖像之廟堂等被取建之祭儀之式モ可被行哉之趣所承ニ有之事

眞言院之事

於此院所被行之御修法當時於南殿被行之宮中有御差支之時ハ以東寺爲眞言院代於彼寺被行之然而御修法中如公事一切難被行陣坐ヲ爲玄關代其外所々被借渡于僧中頗無便歟或永被附東寺可然歟之旨先年被沙汰之義有之

然而言家所傳爲天下泰平御祈於宮中修之儀始終於渡東寺之義者違本源之意之趣頗有不服之氣言家一同可申異議也云云然而或言家之說云凝花洞之中被建眞言院件用途者一宗至門末報恩旁寄進有之者可然歟且如佛具幷修中雜具モ件院內有辨備者於法務可得其便云云當時御室嵯峨醍醐等院家等在職多稱故障辭申何者以百石下行難支度之趣也爲其借財不少云云是甚背理歟依之眞言院造建之意。〔有之〕歟此事一向不經衆議唯巷說同樣之謏也雖未辨是非於凝花洞者空閑之地永非可被造殿之所歟〔乍ノ字ヲ脫カ〕去如彼院被造立亦有何妨哉且於禁中ハ被行公事無其障可爲兩全歟雖然平常所被建置神事之時宮墀咫尺若可有議歟然者眞言院在所隨當今內裏陣外之經界可有其方角且件議一宗可一致否固非推究之論歟尤朝議可被盡衆評事不容易歟

後院之事

永被殘後院之號非常之御用意ニ被成置度旨元文度以勅書被仰關東候事被爲在近來燒亡後此事御沙汰有之自然及荒廢候テハ先々帝之思召モ如何何

卒如離宮者被造立春秋之頃臨幸被爲在候者御養生之御爲可御宜尤宮近之義ニ候得者御手輕新嘗祭行幸程之御行粧ニテ被爲成候者御大總之義モ有之間敷哉此事從上被仰出御遊興御好之義ニハ無之全關白殿被心附內々其筋ヘ被及御內談候旨ニ有之事

元文之叡慮議奏役所之舊記ニテ見當候書拔其頃關白殿ヘ入覽候其御文本如左（以下朱書）此文原書ニ畧セリ元文年中議奏役所ノ記錄チ以補ヘシ

禁裏御定高增之事

右ハ天保三年辰春頃ヨリ被申立ニ相成居申候但其頃御所數被爲在御音信何ケ御事多之事柄モ有之旨申立ニ候得者當時ニ被引當候テハ强テ御催促モ難成哉トハ被存候先平常之處御差支ト申ニモ無之哉但臨時御入用之御手當無之候テハ兎角御差支不少其子細ハ次ノ條ニ申述候右天保度被申立（欄外墨書）委細ハ別帳ニ有之事
候節之次第ハ兼テ御取替米相當候趣ニテ口向心配之趣ハ兼々承居申候此義ハ其筋ニモ勘考有之事ト存候

臨時御用途之事

先々毎例ノ義ハ別段自關東被成進候得共時節ニ從ヒ無據加增之事容易ニ難整無御據義タリトモ新規之義ハ猶更被仰立ニモ難成筋等有之尤寛政御定高被進切之後ハ臨時御取替ハ不相成誠ニ時々御手支役々心配之事ニ候是等之御用便ハ兼テ何トカ勘考有之度事ト存候縱令被進切之內ニモ臨時御神事料御備金荒年御手當夫々起立之御趣意柄ハ有之候得共何レ關東伺之上ナラテハ取計難相成關東ヘ申立之節ハ多分六ケ敷在京之者ハ無御據子細モ能合點候得共關東ヘ申達之上ニテハ又々其役場之見込方モ有之事故十ニ八九難整詰リハ御內儀御沙汰ト相成候得共是モ定式御內儀ヨリ御出方モ先々之御仕來リ多分之事ニ有之候得者甚御差支ニ有之然ル節ハ每々朝覲行幸御手當利金御遣方ニ相成申候右被積立置之御趣意ニハ齟齬候得共先々右之廉ニテハ何レヘ差響モ無之但每度其ロト申譯ニハ難成本來之御趣意モ相失候事ニ候右ニ付實々無御據事柄ハ無差支相整候筋出來候

樣勘辨有之度儀ト存候事
申迄ナク御定高之餘銀夫々定規之通取計奥上リニ相成其他ハ官物銀時々從關東進獻物等ニ有之處年ニ依リ甚少分ノ事ニ候得共御內儀ヨリノ出方御定式モ有之候故甚御手支之趣モ承候右之處ヘ前條無御據筋別段御出方モ有之候得者實ニ御融通整兼其節ニハ從口向取替奥上ケ被申出候當分之御用便ハ有之候得共何レ御戾入無之候テハ口向勘定難立或ハ年延ナトニテモ時々應對奥口共彼是手數之事ニ候右ハ實ニ無御據筋之相分候廉ハ臨時御用途當地限ニテ前條之筋相整候者自然御內儀之處御ユルミニ相成所歸御前邊之御不自由モ無之ト存候事
尤宮々追々被爲出來候得者猶更ニ右之筋無之候テハ御差支不少ト令察候事
以上臨時御用途筋之事ハ准后御方ニテモ大小ハ有之候得共御同樣之譯ニ有之候役中每々申承候事共有之候立后迄ハ餘程御手詰之趣ニ承候

諸臣困窮之事

右唯今ニ始ル義ニハ無之候得共年々歳々取續難相成人々多分有之先輩モ此義甚苦惱有之於人倫之道難默止筋共有之兼々叡慮ヲ被爲惱執柄ニモ種々苦慮有之先年位職田之事ナト御勘考モ有之趣承候右相整候事ニ候ハ重疊之事ニ候得共是等之名目ニテハ當今難整筋モ有之哉左候得ハ其儀ニ不限當時之形勢相應之事ニテ立行相成候樣被成進度此姿ニテハ自然不心得之輩モ不少ト存候尤不經濟ハ其人之失ニ候得共先々代ヨリ受繼候借財等多分在之當今勤向其外時節ニ從ヒ不得止次第ニテ費用多ク中古以後之振合ニモ難相成趣實ニ無恒產無恒心ニテ甚可歎息事共見聞有之其弊父不父子不子之向モ出來候テ學習ノ御趣意モ難立甚遺憾之事ニ候尤驕奢不經濟不行狀散財之聞モ有之候得者屹度御咎被仰付度今日之姿ニテハ罰ハ被行候共賞ハ難被行平常之薄祿借貸ニテ必至困窮之人何遑修禮義アランナトト心得違之人モ可出來淸貧困苦之輩ハ多病等ニテ御用ニモ難立唯々不堪

痛嘆是等之事先輩モ種々心配之事承傳義ニ候何卒御時節モ有之候者出格之御勘辨有之度地下官人ナトモ御所役人ナトト世上ニ申唱候得共多分給祿ハ無之種々勘辨ヲ以テ相暮シ其中ニハ不行狀者モ有之官人之名ヲ募リ御不外聞之義共仕出シ辭官位記返上被仰付候向々モ時々有之候得共何分無祿之義ニ候得者强テ之義ニ無之候得者先ニ被宥置候事且又調進物等有之向々ハ夫ヲ以テ年分ノ凌方ニモ相成有之候得共常式之事トテハ甚少分之事ニ有之臨時御用之節下行等過當之儀モ可有之候得共無祿之義ニ候得者以恩澤凌方ニ相成候處當時ニテハ度々減少ニ相成歎願之趣モ承及候是等モ平日給祿有之候得者公平ニ取調モ出來候事ト存候兎ニ角當時ノ如クニテハ困窮難澁之人々立行難相成追々不締之事モ彌增可申ト其段深慨歎候是等之事先年其筋ヘ申出試候得共何分御定高被進切相成候後先例モ無之事表立被仰進候テモ難整筋之趣無餘儀次第ニ存候此上公武被仰合何卒御憐愍之御勘考モ有之候者公武一体君臣嘉樂之事ト存候尤家ニ依リ武家

縁モ有之從來助勢モ有之候內ハ經濟宜ク候得者如何分共可相成道理ニ候得共實ニ薄祿計之向ニテハ當時亂後古代之振トモ違候事故難凌ハ不無理哉但是等之事委細先輩之議論且當時之容体見込候處ニ候得共天下大政之上ヨリ檢臨ニテハ如何可有之哉何分其筋熟慮深察有之公平穩當之御處置有之候者上下欣躍ニ不堪義ト存候事

右等御救助筋之義嘉永五子年春於關東其筋ヘ內談申出試候事モ有之候得共何分御定高被進切相成候後例モ無之候間表立被仰進候共難整筋ニ有之旨內達有之右者無餘義次第ト存候猶又其後モ其筋ヘ彼是及內談置候事ニ有之候

禁裡女房依時御人增幷御宛行等之事

右元來定員有之候處當時亦當時之定員有之即當今夫程之女房ハ典侍內侍命婦女藏人等之官女有之候尤御人其內ニ有之候得共年齡容貌等其器ニアラス人有之候共別ニ御人トテ被召置儀モ難相成御雇サヘ甚六ケ敷老人隱

居等不被仰付候テハ員數相塞リ別ニ被召置儀難出來老輩モ御締リ之義ニ候得者勤仕相成候丈ケハ被召仕度義ニ有之然レハ彼是御差支之儘被打過候併何レニ両三人其人体モ被仰付候事ニ候得者其内病症差支等有之候得ハ其替リトテハ御暇ニ無之候テハ難被召置是迚モ容易ニ御人御暇之義ハ先々無之事ニテ實ニ依時甚御手支之事ニ候殊ニ元來御人ハ典侍之品ニ有之（家柄ノ女ニ候）候處前條之次第ニテ無餘義内侍之方ニ相應之人有之候得者被召仕候事是モ流例ニハ有之候其内皇子御誕生御スクナク皇胤薄ク候テハ甚以御大事ニ候御誕生被爲在候テモ皇女且御養育無之候義ハ無致方何分鑫斯之化被行不申候テハ所詮皇胤御繁昌ニモ至リ不申唯今之定規ニテ御差支之節タリトモ難被召置候テハ人事之不盡處遺憾之事ニ候此等ハ國家之大事トモ可申哉ト存候然レハ何卒相應家柄之人体有之候者不拘定員被召置候樣相成間敷哉勿論變幸之多キハ御不爲ニ候得者時議ニ依リ實ニ無御據義被申出候節ハ無子細相整候樣常ニ勘辨モ有之度事ト兼々存上居申候

又相應之人品モ有之候者不及嫁時候內御雇ニテモ可相成歟女房向老輩之人ナトハ右等之儀深心配之趣承及候事ニ候兎ニ角皇胤之處御大事ト存候是等之事先年以來其筋ヘモ示談ニ及ヒ候事ニ有之大凡相整候哉之趣モ內々承候事ニ候得共其頃專外夷之沙汰ニテ從是モ再應之談合ニモ不至申併自然評議ニモ相成申候事ニ候者恐悅ト存候如何有之哉ト竊ニ存居候

右御人其外トテモ被召出候ニ付テハ薄祿之家用意難整且降誕モ有之候節ハ里方ニモ萬端手支難澁ヲ恐レ多分御斷申不差出再三御沙汰有之候節乍迷惑澁々ニ差出候振合ニ候故御人トテ萬端被淸選之譯ニモ至リ不申實ハ大切之御人ニ候得者充分御詮議可然人体被召仕候者始終之御爲方ニ候ヘトモ前文之次第故其儀難及何共不堪痛歎候此儀ハ厚被及勘考出勤之節幷降誕等之節之御手宛等御表向被下方有之度當時無據願等ニテ御內儀ヨリ拜借被仰付候得共返上方ニ又々心配之趣モ承及候事ニ候

右等モ兼々其筋之人ヘハ委細及談話置候事ニ有之候勘考有之度存居候

事
以上凡十八ケ條

〇上包ニ安政五年八月六日從內府被傳拜寫之
勅書之寫

蠻夷一件ニ付而は御名愚存春來申述候通ニ而假條約之義ニ相成候而ハ實以　神國之瑕瑾奉對　神宮始皇祖無申譯義關東申聞之通和親候而ハ害遲久、候、又拒メハ害速ト承知候得共何レニ致而モ天下之大患於和親而ハ皇國之大躰ヲ失ヒ尤患增長爾相成候事顯然候時ハ公武共爾禍爾相成候半哉ト存候京都計ノ爲ヲ存候ニ而ハ無之差當德川家之爲不宜ト存無隔心返答候處去六月廿一日迄一事之往反茂無之只々無據次第ニ而條約調印爲濟候由届棄同樣ニ申越候事如何之所置ニ候哉嚴重ニ申セハ違勅實意ニ而申セハ不信之至爾ハ無之哉依之右模樣及尋問度過日評議之上三家之輩又ハ大老上

京之事申遣候得ハ三家ハ押込而不爲致上京大老も差支申立延引之旨申越加之朝廷之議論不同心之事ヲ乍承知七月七日魯西も墨夷之振合ニ而條約取極之由同十四日英吉も同斷追々佛蘭も同斷之旨届來ニ申越候右之次第ヲ捨置候ハヽ朝威相立候事哉如何に當時政務委任于關東之時乍も天下國家之危亡ニ拘る大患ヲ其儘ニ致置候而は如前文奉對　神宮已下如何可有之哉只公武間柄ニ拘る事計配慮候ハ柔弱之薄忠之　人之事平常之時ト違如此國家之一大事關東之横道之時節何事も聞濟候而ハ却而如何可有之哉仍各所意相尋一應は不審之儀申遣度候就而ハ去六月廿八日愚存書差出候親王中へ讓位之義度々被差止候得共先文之通關東之所置ニ而ハ爲國家萬民ニ申遣候所存一事も不相立義ハ實全御名薄徳之故ニ候間再三申乍如何是非々々衆評之上右兩條關東ヘ通達可有之樣存候近々間部下總守使ニ上京之由乍是も延引之由故何卒右兩條総州上京迄ニ早々可遣急度申入候事

衆人之中短慮之沙汰之樣申述も可有之哉乍其者國忠薄輩實爾如前文

難捨置事と存候間不顧衆慮申述候事

○

公ノ執筆ニアラス

先般墨夷假條約無餘儀次第ニ而於神奈川調印使節ゟ被渡候儀猶又委細間部下総守上京被及言上之趣候得共先達而　勅答諸大名衆議被　聞食度被　仰出候詮も無之誠　皇國重大之儀調印之後言上大樹公　叡慮御伺之御趣意茂不相立尤　勅答之御次第ニ相背輕卒之取計大樹公賢明之處有司心得如何与　御不審被　思召候右樣之次第ニ而は蠻夷之儀は暫差置方今御國內之治亂如何与更ニ深被惱　叡慮候何卒公武御實情を被盡御合躰永久安全之樣ニ与偏被　思召候三家或大老上京被　仰出候處水戶尾張兩家愼中之趣被　聞食且又其余宗室之向ニ茂同樣御沙汰之由茂被　聞食及候右は何等之罪狀ニ候哉難相計候得共柳營羽翼之面々當今外夷追々入津不容易之時節既ニ人心之歸向ニ茂可相拘旁被惱　宸衷候兼而三家已下諸大名衆議被聞食度被　仰出候者全永世安全公武御合躰ニ而被安　叡慮候樣被

思召候儀外虜計之儀ニ茂無之内憂有之候而は殊更深被悩　宸襟候彼是國家之大事ニ候間大老閣老其他三家三卿家門列藩外様譜代共一同群議評定有之誠忠之心ヲ以得与相正シ國内治平公武御合体彌御長久之様徳川御家ヲ扶助有之内を整外夷之侮を不受様ニ与被　思召候早々可致商議　勅諚之事

午八月八日（朱書）

（以下六行朱書）
近衛左大臣忠熙
鷹司右大臣輔熙
一條内大臣忠香
三條前内大臣實萬
二條大納言齊敬
近衛大納言忠房

○

上包
〔安政五年八月八日〕（朱書）
達書寫

別紙　勅定之趣被仰進候右は國家之大事ハ勿論德川家ヲ御扶助之　思召ニ候間會議在之御安全之樣可有勘考旨以出格之思召被　仰出候間猶同列之方々三卿家門之衆以上隱居ニ至迄列藩一同ニモ御趣意被相心得候樣向々茂傳達可有之被　仰出候以上

八月八日

右一紙水戶中納言添書

添書

別帋　御沙汰之趣尋常之御事ニ候得は御斟酌之御次第も被爲在候得共何分蠻夷之事件ニ而於關東モ大改革之御時節ニ候得は万一此上公武御隔心ヶ間敷義有之候而茂甚以被惱　叡慮候間格別之義ヲ以無御隔意被　仰進

候間此段不悪御聞取ニ相成候様被遊度　御沙汰之事
今度被　仰進候趣三家始相心得候様別段水戸中納言へ被仰下候此段御
心得之爲申入候事
八月八日
右一帋

○

付箋
〔日下部伊三次ノ筆〕（朱書）

一簡謹啓仕候漸快晴秋冷相催候處倍御壯勝ニ被爲成御勤務恐悅奉存候先
達而私下著後之成行事情等同志西鄉吉兵衛罷登候ニ付鵜氏へ上封ニて一
書奉呈候イキ右申上候通リ
至重之御品ハ慥ニ水兩侯へ差出候御請書之義も　傳奏樣迄被差上候事ニ
御坐候土州樣にも御內々御滿悅被遊伊達侯にも御同斷（但有樣は土公之御程にハ未タ御決斷ハ少
敷き方）表向御廻達御待被爲在候處水邸之評議少々緩にも候哉先ッ閣老へ御

相談ト相成是は甚不都合之姿に御坐候間部閣も彌此三日上途之由十分之勢にて乍恐是非々々天朝をも奉押付候半之含と承及候右樣水府遲緩之罪とは乍申（尤三家三卿へハ勿論親族等へハ内々相廻候由）此儘ニテ勅諚不相立候てハ決而相成不申近日頻リに激論相促し廻達可相成候乍恐　天朝にても益御盛に御教督嚴令被爲在度奉祈念候依而同志有馬新七と申者態々微行爲差登當節模樣爲申上候乍憚御逢も被下置候ハヽ難有奉存候尤右御都合ハ時宜見計可奉願候間乍憚左樣思召可被下候乍恐御序之砌是等之義宜敷御披露被仰上可被下奉願上候恐惶頓首再拜

菊月朔日

猶々乍憚令正君へも宜敷被仰通被下度奉願候頓首

○

富田君　御親展　　鵜澤生再拜

（欄外朱書）開國始末ニ云ク伊三次姓名ヲ變シテ鵜澤信三ト稱スト此ニ鵜澤生ト書スルハ亦此ニ因ルカ

（欄外朱書）小宇ハ鵜飼幸吉ヲ謂フ

一翰拜啓仕候秋凉相催候處乍恐　雲上並御機嫌能被遊御座恐悅至極奉南山候實ハ別段正文御禮書も可認之處御時節柄大略義何とも乍憚貴君宜敷御取成之程奉願候次に貴君豊君御揃愈御壯勝被遊御勤務奉恐賀候隨而私事先達而は度々拜趨候テ蒙御指引御懇命奉蒙重疊難有仕合奉存候去八日拜別之後宇海へ面晤後事都合いたし伏見へ相下り同僚伊知地龍右衛門へ陽家之御都合申含翌日上京爲致候筈小生事ハ夫ゟ湖南迄參り小宇と出會云々道中川支等も無之既望の夜江著卽時小宇事礫邸に入り　至重之御品慥に彼執政安島彌次郎へ拜受爲仕候十七日當水侯へ差出候老侯とも一同難有御承伏之旨に御座候間此段先ッ乍恐御安心被遊候樣御申上可被下候此日小宇ゟ不取敢父方へ一書差出し奉申上置候樣申越候間小生ゟハ別に書中不奉呈候ひき扨右　傳達拜見方之義ハ廿日に小宇早々歸京仕候間是ゟ委細可申上乍憚能々御審問被下度候向後之事も何分奉願候

一土州樣江ハ廿日に小南五郎右衛門へ兩度面會且拜謁も內々被仰付候故

御直ニ委細言上仕候處大に御安心被遊水邸ゟ御廻達相成候ハヽ屹と御深慮御取扱被遊候御含と奉伺誠ニ難有奉存候此段乍恐　御安心被遊候樣被仰上度奉希候伊遠州侯へも吉見長左衞門へ兩度面會委細に演述仕候處是又申上候而御承知水邸ゟ御廻御待被成候尤君夫人御大病に付御取込にて御逢之義ハ無御座候

一水邸にて君臣大に感發評議御座候處愚案にハ少々迂遠之方かと痛心仕候是ハ御品之趣を列侯へ拜見不爲仕候内十九日太田間部兩閣を被召内々拜見爲仕三家三卿限りにいたし列侯へハ不出方幕府と穩に相謀り自然と要路之内不宜衆相退候樣可致と之御趣意之由兩閣承諾列侯へハ何とぞ御廻し無之樣にと申上候由扨廿日十八日ゟハ彥侯ハ御引之處鳥渡御登城其後又々御引込ニ御座候左候而大早兩度西上之由今程ハ何事か御模樣御分り之事と奉存候万々一如何なる暴を發候歟又ハ御內々手を廻し探索等之手段にも候半歟乍恐御用心被遊此後之御都合ひしゝと被仰下度奉仰候

扨右迂遠之事承候間日々彼邸有志相招き又ハ同志ゟ罷越候而是非速に
被行候様相促し申今日ハ屹と相決し可申間此義御含之爲申上置候必々
直定之通り明白に被相行候様奉祈居候此段乍恐奉入御內聽候様奉希候
一去ル十六日酒若州上途神奈川泊十七八日道中にて上京之よし來月初旬
迄にハ著と奉存候
一東海道奇病流行江戶も盛ニ御坐候是ハ異國人兩人神奈川にて相果夫ゟ
傳染初り候由死亡夥敷御座候煩付候へハ一夜に卽時にも倒れ申候濱松
迄ハ承り申候扨此病異病也畢竟夷人御近付被遊候故如此候間屹と防き
不申而ハ不相成神を祈り候外は無之と宿々村々神事盛にいたし又ハ佛
を祈又家々竹槍弓鉄炮を餝り注連繩を張り村之入口へ小屋懸いたし百
姓も脇差を帶ひ棒を持固居申躰一揆蜂起之有樣に御坐候是ハ駿府邊左右之事ニ御座候
自然と神威之怒り人々憤發之時節も到候歟と奉存候何卒　天朝御近國
へハ右惡病も不入様奉祈候箱根邊之病人すら譫語申に何も恐候ものハ

無之唯箱根權現と京都が可恐のミと申候由外夷病故右之通りと奉存候
一今日私同僚同志西鄕吉兵衞發足罷登候間委細此ものゟ其御向々樣へ可奉入御內聞義御座候右急に承候故不取敢大意相認申上候實にとふに一書可呈之處都合未整候故延引仕候最早不日に偏く行渡候樣可相成候へハ奉安　叡慮候儀相調可申間乍恐必々益御盛ニ被爲渡候樣是のミ奉祈候取急き亂毫何とも失敬恐入候偏に御海容御諒察可被下候総て後便委細又可申上候恐々頓首
八月廿五日
再啓時下爲世道人心御自重被成候樣奉念候くれ〳〵も先達而は御厚配奉蒙殊にハ御餞別等難有奉存候何ぞ御禮可呈之處今便ハ間ニ合不申先御申譯仕置候頓首
○
付箋〔此書ハ長谷川淸手跡ナリ〕（朱書）

（六號四行朱書）
八月八日鵜飼孝吉出立十七日小石川著十九日老中チ小石川ゟ彼相招太田間部兩人罷出中納言殿對話有之同日孝吉出立中納言殿ゟ兩傳へ書面有之廿八日京著之事

太田備後守
間部下総守

右兩人今廿八日被爲　召夕七ッ時比退出より參上　上公直樣（水戸家來ヨリ主人ヲ指候口上）御對面所ニ於て御出會時候之御挨拶相濟中納言扱今日相招候ハ外事ニも無之去ル十九日御話申候　勅諚之儀京都へハ御受一ト通ニ申上置候所其節御申聞之通三家三卿ゟハ申遣列藩（諸大名）へ廻達之儀ハ　公邊より御觸不相成候而ハ　將軍家御威光ニも拘リ候儀ト存候間御賴申候所于今御廻達ニも不相成其後書中ヲ以御尋ネ申候所聢与致候御返書（間一本作に付）も無之追々延日ニ相成對　京師奉恐入候且ッ　公邊御爲筋をも致心配候間御招キ申候所如何評議被致候や御尋被遊候所兩人扱右廻達与申儀ハ決而不相成儀ニ有之夫ニ付而ハ明廿九日五日切早便京師へ指立申遣候品も有之尚更下総守發足爲致候筈評議致候旨依而出立之儀も日限ヲ詰メ來月三日發足之筈評議致候旨依而廻達之儀も上京之上申上方も可有之旨申上候由之所中納言左候而ハ殊之外之

延日ニ相成御受申上候事ニもさし支且ツ等閑ニ打過候樣ニ而輕蔑致し候ニも相當リ甚（甚一本作其上）恐入候儀有之一体右御受之儀ハ家老番頭之内ヲ以申上候心得之處廻達ニも不相成内ハ其儀も取扱兼候旨被仰候所兩人御受御指支ハ有之間敷御三藩（三家）御三卿へも御廻しニ相成廻達等之儀ハ我々ゟ被仰付候段被仰上候ハヽ右ニ而御よろしき事ニ可有之旨申上候由之所中納言左候而ハ重き　勅諚各へ打任セ置候姿ニ而御申譯も難相立右之廉ニ而御受ハ申上兼候儀何故ニ廻達相成兼候哉与御問返し被遊候處兩人何故与申儀ハ只今御受難相成候間右之處ハ尚更篤ト評議之上明日參上可申上旨申上候由中納言夫ハ如何なる筋ニ候や不心得候へ共御砌柄御用多之處度々御出も御迷惑ニも可有之候間書面ニ而也御申越相成候樣被仰候所兩人御用筋ニ而罷出候儀聊厭ひ不申候間參上申上候旨申聞候由

廿九日（一本アリ）

一右畢而備後守申上候ハ昨日太田誠左衞門（水戸家老）ゟ相渡候書面御承知被遊候哉

与申上候ニ付中納言致承知候旨御答被遊候處兩人御連枝方之儀ハ申迄
も無之竹腰水野迚も御三藩御一体之儀御指支可被爲在筈も無之且ツ
公邊ゟ一端被　仰出候儀御指上ニハ難相成事ニ有之尙更彼是被　仰立
候儀ハ　公邊を被爲重候御廉にも不相當之御儀ニ付其段御承知被遊候
樣申上候由記者就右中納言公邊崇敬致候儀ハ勿論之事ニ有之併連枝方
立入竹腰水野等罷越候樣相成候而ハ兼而御承知之通國柄之儀如何樣騷
き立候程も難計竹腰等罷越候節狂人同樣之者モ出來不慮之變事出來候
程も安心不致其處ハ家老共ニも甚心配致申兼候筋ニ有之候旨被仰聞候
所兩人右樣變事出來候儀ハ致方無之夫ハ其時之了簡も可有之夫歟之處
ニ而は扱も出來兼候旨申上候由中納言就右先比も被申聞候理外之事云
々ト有之候ハ何事ニ候哉御尋被遊候所兩人理外与申儀ハ外之事ニも無
之一体　水戸前中納言前樣御事業ニ付而ハ浮說流言紛々有之其內二ヶ條程ハ於　京
師見留候儀も有之彼是御父子樣御中ニ而は御扱御指支も可有之御汲取

被仰出候事之由一体　前様ニハ御隠居ニテ万事御政事ニ御携リ被遊候由依而御連枝方ニ御入被成候ハヽ御示談被遊候ニも御都合可然評議致候事之由申上候ニ付中納言左様之儀は決テ無之政事筋ハ當主ニ而扱候儀ハ勿論之儀ニ而隠居より口出等致候儀ハ無之却而家政向差支候節ハ親之事故相談致候儀ハ有之候得共萬端携候儀ハ曾テ無之旨御答被遊候所兩人御父子様之御儀左様被仰候儀ハ御尤奉存候得共左様斗之御次第とも不奉承知右旁之所ヲ以申上候事之由此度　勅諚迚も御別紙之内隠居迄も与申儀有之是以疑惑之一ツニ有之右　勅諚も　公邊ニ御下けニ相成御渡相成候儀ニ候ハヽ格別手越之御下ケニ而扱方指支候事之由申上候由中納言依　勅諚之儀手越与申御次第有之間敷右故廻達相成兼候哉与御尋被遊候所兩人其儀ハ明日委細可申上旨申聞引取候事

編者云フ此書ハ寫二通アリ一通ニハ行間朱批ヲ加ヘ文少ク異同アリ又末段一体前様以下ノ文ヲ删リ書後ニ記シテ此書面者水府奥向ヨリ出候記ニテ對話之節之聞書之趣也其故表方ゟ出候書面抔ニハ無之候事トアリ今二通ヲ參取シテ之ヲ錄ス

（欄外朱書）
○八月間部上京ニ付老中申書

其御地ニ爲御使下総守義御中陰中ニは候得共此節發足上京仕候而も御不都合之義は有之間敷哉之段及御掛合置候趣も有之未御答到著不仕候得共去ル八日被　仰出候　勅諚之趣ニ付テハ何分ニも早速御使被差登委細之譯柄及言上候樣被遊度候ニ付御地之御模樣は難相分候得共下総守義御地著之上御沙汰ヲ相待候心得ニテ來月三日發足之積治定仕候右之段爲御心得申入置候間宜御含御取計可被下候猶同人上京之上委細御示談被下候樣仕度ト奉存候以上

八月廿九日

内藤紀伊守
間部下総守
太田備後守

廣橋（大納言殿
万里（小路大納言殿

○

九月五日披露

廣橋大納言殿
万里小路大納言殿
　　　　　　　　　　　　　　　　　　　間部下総守

秋冷之節御座候得共愈御安泰珍重存候然は今般水戸中納言殿ゟ備後守下総守御逢御相談被成度趣被御申越候ニ付兩人罷出候處八月八日其御地ニ於テ中納言ゟ被仰出候御書面御別紙ニ三卿家門之衆以上隱居ニ至迄列藩一同ヘモ御趣意被相心得候樣向々ゟも傳達可有之旨被仰出候ニ付テハ如何可致哉ト御尋ニ付三家三卿之向ゟは御通達可被成段申上置候處又候列藩一同ゟも御通達可被成旨被御申聞候得共先達テ列藩之者共再應之存意書差出候ニ付テハ委細之譯柄言上可仕ため爲　御使下総守上京被仰付候義ニテ七月九日御暇も被下其後早々發足可仕處　御先代樣御不例引續薨御も被爲在候間自然御使之義も及延引候處より今般之被仰進候義ト恐察仕

候間於　關東無御據御差支之御模様柄モ有之旁以右等中納言殿ゟ御達ニ
不及御心配之義ハ下総守上京之上可申上段其等之義ニ御任被置候様中上
置候
右之趣御程能御含御執成之程御頼申入候以上
八月廿九日
○
（朱書）實萬公親筆　勅諚説明案
一（元來其本立不申候而ハ末不治道理何事ゟも相響候儀也）勅諚被　仰出候子細ハ即御書取之通之事ニ有之候間部（書状ニ有之候）上京延引故被
仰出候旨申譯ニハ無之事
且又何レゟ申込候歟なとゝ疑心之者も有之哉ニ候得共決而左様之譯ニハ
無之世上一体誰となく申唱へ候事家々へ立入之人々諸方之形勢事情
ハ自然ト。（相知レ申候義ニ候」）談話有之候事と存（即是天之所命歟）外藩徳川家を不歸服ニ相成候而は巽亂ニ
可及當今外藩たりとも各徳川家ニ随従致し居候事すへて本家同様之

心得ニ相見へ候へは其德川家之不行屆不和合之義ハ卽外憂之筋ニ相
及ひ候事旁相扶助いたし可申筋也　朝廷より　御覽ニ而ハ外藩將軍
家ニ服從之事ニ候間懇切ニ扶助可有之其思召外藩會得有之樣尤其御
趣意ニ而商議被仰付候義ニ候是亦御書取之趣ニ而可推考事
只今之姿ニ而ハ歸服不致と相見候事
若彼方より申出候ニ外藩等迄德川家政事向手差爲致候事祖宗以來無
之との差支之廉申出候も難計却而內亂を生なとも可申哉
右ハ先達而も彼方より申上候通大變革之儀ハ先例ニ泥ミ候而ハ難相
成とて今日之時体ニも及ひ候程之事ニ候へハ右　勅諚ハ出格之思召
と迄被　仰出候程之義ニ候へは差支之筋有之間敷畢竟右等有司之勝
手ニあしき故差拒ムニ相當リ可申事
但外藩へ御直達ニ相成候而ハ是亦如何哉と內外之譯柄を以て老中
へ被　仰出且又親藩ノ三家ニ被　仰下回達ニ相成候樣との義也

奎祖宗以來之制禁被相守義ニ候ハヽ此度ノ變革も有之間敷筈ニ候蠻
夷之事情大變革と有之程之見込ニも候ハヽ非常之御處置可有之事兎ヽ
角ヽ公ヽ武ヽ御ヽ

一自外御聞込之義を以政務筋御口入等は無之筈と存候旨先日間部内狀ニ有
之事

右尤一体之政務筋御差圖之事ニ而ハ無之外夷之事ハ　皇國之一大事
ニ候ヘハ公武一体之義右ハ申迄もなく此度　勅諚德川家之盛衰ニ拘
リ候義故　朝廷より外ニ御覽難被遊尤又外夷之義ニ拘リ候事ハ勿論之義
是等之事ハ委細先日之書取別帋ニ而相分候事鎖細之義被　仰出ニハ
無之大義ニ取ヽ候故無據御沙汰之ヽ候事
尤又今度事外より御聞込なと〻申筋ニ毛頭無之事御趣意柄ハ書取
之通ニ候子細前ニも注置通リ也

忠成公手錄書類寫第十

上包
〔假約調判一件〕（朱書）

先達テ墨夷假條約調判之義無御伺〔使節は〕相渡候〔義〕由言上右ハ無餘義次第トハ乍申
當春備中守上京之砌再應三家以下諸大名衆議被尋下置候廉モ不相立當春
且　勅答之趣モ有之候上は何れとか御決著相成候迄は於關東寛猛兩樣共
勅答ニ對シ御取扱被成兼間差向事端差縺候義モ有之節之義英夷等渡來之
節モ同樣之義等何も有之候其砌之御答振も有之候處總而即〔又〕彼國大統領江
之御返簡〔唯有闔國會同商議之事明日不得不綴者〕之趣も被達　叡聞彼是之總而被廢棄一概墨夷之申儘ニ被任候者
〔倉卒之取計〕如何之義候哉尤朝廷急迫之場合ニハ可有之候得共何トカ取計〔勘辨〕方も可有之
處一應之應接モ輕忽之事ニ有之忽違　勅之筋ニ相當リ且〔大樹公より〕大統領江御返翰

之趣ヲ以被仰言上之旨ニも致齟齬候ハ全墨夷之申狀ニ被從開爭端之條々
被恐喝候義ニ可有之候得は右は役々之心得方被尋下候事　公武ニ對シ不得
其（屆之義ニ）意思召候向後誠實可抽精誠事
且又西（御養君之義ニ付）之義ニ付而も御內沙汰（之御趣意モ）有之候處前以委細之御請（否）も不被申上彼是
役々之心得　公武ニ對シ不屆之義思召候此旨（向後ノ御爲モ有之候間）大樹公に可被爲在御勘考旨
可有言上事（被仰下候事）

○

（上包）御覽後御火中（朱書）

一ツニハ

一條約事件不容易義伺モ無之取定候處總テ御許容難相成本條約取交シ迄
ニ拒絕可致事
右之通ニテハ夫々罪人之處置無之候テハ被行かたく其次第甚六ヶ敷
又內外之亂覺悟ニテ無之テハ不相成哉

一ツニハ
　列國諸大名二手ニ相成居且外國之兵引入候モ難計能々勘辨之事
一叡慮嚴重其通リ被申渡候而は關東不容易之次第ニ付執柄宥メ可被申上之處實ニ御尤之御事故容易ニ被申上宥かたく候間。執柄申行御相談トシテ大樹上京も被仰出度候へ共差懸り混雜ニ可存候間三家家門之中可然人誰々ノ中早々上京可有之其上御決答可被爲在之事
　左スレハ御熟談可相成哉上京之輩一旦歸府成共右上京迄待居候共勝手次第歟事
一ツニハ
一不審不容易事件見込如何ト夫々被尋問夫々以書取答書爲差出乍不相當ニモ上京之者ノ申譯有之候ハヽ其分ニテ歸府之上「三家家門に申談」更ニ閣老一同御受可申上樣ニ被示歟
又條約中ニ實ニ難被宥事條可相除樣勘辨可有之被仰歟

是モ一旦假約之事容易ニ承知も致間敷候得は何分歸府之上可申被
仰歟事

一ツニハ

一不審不容易事件被尋問義前同斷

條約書之趣（此度之處）總テ關東ゟ被托委任候間富國强兵之義急度勘辦いたし不拘
國体様華夷之別ヲ以國威更張之義無弛可有勘辦事

是ヨリ外ニも良策アルヘキヤ

○

去八日
一敕諚之趣諸藩へ同達難取計旨（・一紙之義ニ付被申上旨）被（聞召）思召候但御趣意柄國家ノ爲（左大臣殿被承知候）徳川家ヲ御
扶助之思召ゟ出候事ニ候大老以下ノ心得違無之様ニと被思召候右勅諚
被仰出候ハ温恭院殿御在世中　御沙汰之御事然處行違薨去後ニ相成候
ヘハ當時宰相殿御幼年之義猶更御案シ被遊候ニ付更ニ御沙汰之品も可

（被爲在）有之候得は此度外夷御處置振之處　叡慮ヲ御遵奉之御趣意ニ候へハ其段ハ一旦違（有司）敕之御咎も可被仰出候得ハ。（共被相宥之）以後彌無御相違　神州之瑕瑾無之樣御指揮可有（候）之文政年中幷嘉永七年ニモ御沙汰之通急度御職掌之廉相立候樣被　思召且又右敕諚ニ被仰進候當今外夷入津不容易之時節武夫干城之面々國內不熟人心不歸向ニ候而は自然內憂ヲ生シ可申然ル節（候間先度　敕諚被仰出候事ニテ御趣意一同相心得候樣）ハ外寇も難防ト被惱　叡慮候所謂得衆則得國失衆則失國トノ鑑戒モ有之書曰克明俊德以親九族々々既睦平章百姓々々昭明協和万邦トモ有之候へハ實ニ當今御大事之場ト被思召候尤寬猛御處置無御如才義ト思召殊ニ宰相殿御幼年之義ニ候へは旁以御心配被遊候旁譜代家ハ申迄なく外藩タリ共此間御趣意ヲ以（內外諸藩）（將家ヲ）扶助有之度（之心得）右等之趣夫々ヘ叡慮之通可被達之儀ニ候ハ、（同樣ノ）更ニ敕諚ハ不被下候（仰入候）暫天下之形勢ヲ御覽可被遊候其模樣ニ寄候而は追テ被　仰出候義も可有之候此趣後見大老等ヘ可被申達事

○（欄外藍書）原書正親町三條實愛卿手筆
朱書ハ忠成公朱筆

一此後夷類彌中國に立入候事ニ候得は自然亂妨候義茂難測又　皇國之懿風相失蠻夷之風俗ニ移リ候而ハ不容易之至りニ有之且又西洋之流發行之時節知是知彼之義幷炮艦等便用之物被模造ハ舊式モ有之事其分ハ格別猥りニ彼之奇器淫巧ヲ好候樣成行候得は人心自然ト相靡可申夫ゟ大害ヲ引出可中候間被據舊例諸國に官符ヲ被下候樣致度義ト存候右は先達而梵鐘之義官符ヲ被下候准據ヲ以被　仰出可然哉

但梵鐘之義は差支候筋モ有之哉難被行歟此義は國家之大義ニ候間無擁滯樣被仰下度義ト存候

一阿片邪敎之禁申迄なく關東嚴重之制可有之候得共右之二件茂官符ニ被加度ト存候日本不与通市者防其鴉烟与邪敎也ト支那之書ニモ相見候歟其禁自然相弛候而ハ本邦之害而已ナラス萬國ニ對シ吾國之規模ヲ失候事深可耻義ト存候間深重ニ可被加嚴戒被仰出度義ト存候

夷狄入中國之義ニ付被下官符候先例

延暦十九年五月己未甲斐國言夷俘等狠性未改野心難測或凌突百姓奸略婦女或掠取牛馬任意乘用自非朝憲不能懲暴勅夫招夷狄以入中州爲變野俗以靡風化豈任彼情損此良民宜國司懇々教諭若猶不改依法科處凡厥置夷諸國亦同准此

右出于類聚國史俘囚部

一華夷之差別禮分事情等國史顯然之事ニ候得は第一其義万端ニ付踈意無之樣急度其名分粲然ト相立候樣被仰出度義与存候

應接中ニも親友或同盟ナトノ語意相見候歟右混亂候而は實ニ　皇國之大体ヲ失シ候間必規模相立候樣被仰出度義ト存候

一邪教之禁嚴重ニ可被制候得共万一民心動搖候而は不容易之至ニ有之自然本朝之　神社ヲ尊重之意薄ク相成候而は本末取失ひ誠ニ神國之衰廢ニ候間先神事興隆之　思召被仰出度義ト存候

其廉は追々詮議可被仰出義ト存候

一墨夷中立之内建堂候義茂有之候歟右は堅固可被止義ト存候　神慮難測
災變之程も可懼存候（以下朱書）條約中踏背像之義彼拒之共意甚不審之義候

一富國强兵之事先年以來厚被指揮之趣ニハ候得共因循与同樣之姿ニハ無之候哉且諸國疲弊之趣ニモ相聞候歟當今公武共貧窮之者不少自然此上

（朱書）此義ハ關東ニ如才無之ハ勿論候得共逐年其驗有之候ハヽ至今時其形勢モ可有之候得共いつ迄も同シ姿ニテハ甚以國家御不安之事候間右ハ此迄之舊弊不相改義哉如何之筋ニモ有之歟爾後ハ急度嚴重ニ被立制度上下一致相成輔國力候樣有之度候

天災饑饉等も難測下民飢渴ニ及ひ候は忽夷人加恤候与被存候然時ハ愚民等其恩ニ馴染候も難測然ル上彼併呑之志有之候ハヽ坐ナカラ可陷彼術中ト甚以痛苦之至ニ候間救急之義無之候而は國家之滅亡ト存候右は申迄も無之義ニ候得共未然ニ厚勘考有之候樣被仰出度義ト存候事

○（欄外藍書）本書差出候人名不詳

一間部下總守上京仕候ハヽ諸大名ノ建白御催促勘要之御事ニ候種々沙汰仕候內ニも御讓位ヲ申行候歟ニも申候付てハ愚策言上仕候

一同人上京萬々一御讓位ナト申出シ候ハヽ決て御驚被遊間敷候先御面會之御役方其子細篤与御尋問可有之勿論候子細別ニ有之候とも不存候へ

とも御讓位申行候柄ハ何と歟可申出候半種々勘考候ヘハ先此邊ニ而も
候歟

一時勢如此候砌段々關東申分御聞入無之てハ御難も及可申候自然夷人共申合大軍艦ヲ引卒いたし押寄開兵端候ハヽ日本忽疲弊可致ヶ樣之儀御承知不爲在候てノ御事哉又ハ御承知無之哉何レニいたせ御拒絕ノミ御心得等ニてハ御位ハ六ヶシキ御儀ナト辭ヲ盡し種々可申候ヘとも縮マル處此邊等之事ニも候哉と存候

右如何樣ニ申幷候とも毎々御達之外ナク只々神祖御代々恐多　思召候ヲドコ迄被　仰張假令御位ヲ避ラレ　新帝タリトモ此儀ハ御變リ被遊候儀ハ不被爲在尤攝政タリ𪜈御同樣此儀御承諾（可有筋ハ無之是ハ日本國王之大儀ニテ被爲在若御承諾）於有之ハ速ニ　神罰も可被爲蒙ト存候事ニて　天子ハ勿論我々御役人（自稱也）方共中々御許容ヲ御進メ申上候筋ハ毛頭無之候併只今打拂と申場所ニ而ハ決て無之候へとも三港位イノ事ニ致シ嚴重ニ取扱其內何歟申シ分出來爭端起リ候ハヽ是幸ニ可打拂手

段可有之候何分交易ヲ致ス共防禦ハ勘要第一ニ候ヘハ自然不時ニ事起リ
候共打拂之儀可出來筈ニ候何分不國辱後患儀勘要ノ旨被　仰候共承知不
致强而申上候ハヽ不得止可被爲　奏聞コヽ迄ハ御役方限リ御應接可遊候
扱ケ樣ニ相成候ハヽ速ニ　勅使ヲ被差下御應對可被爲在候其次第者
一御讓位可被遊被申上巨細及　奏聞候處全躰時勢之事ノミ被申上候實
ニ不得止事トハ大儀ヲ後ニスルノ議論也此度之儀ハ日本數千歳ノ古
ゟ幾萬々年ノ後迄モノ事ニ候ヘハ先大儀ヲ論シ不得止シテ及時勢ヘ
ク大儀ハ餘事ニアラズ　神州之獨立被對　神祖御代々恐多思召幷ニ
國体次ニ後患等也時勢ヲ專ラ唱ルハ軍艦大砲ヲ以襲來ルヲ恐ルヽ也
已ニ過日言上ニハ追々沿海御手當等充實ニ相成被爲安　叡慮候樣被
遊候由此儀相整ニオヒテハ渠カ軍艦大炮モ恐ルヽニ不足也但許スト
不許ト有變カ自然許セハ渠可緩不許ハ渠可猛ナト可申歟ニ候へとも
其理ハ在渠而不在我何レ沿海充實ニシテ　宸襟ヲ可安ハ渠猛ニテ强

クトモ可防禦手段ナクテハ奉安トハ申サレ間敷候但是ハ例之餝辭ニテ實ナキヿ哉（無實ニ候ハヽ急度無實チ可被告候）尤右之通沿海防禦充實ニ相整候ヘハ何ソ軍艦大炮モ恐ルヽヿ有ランヤ恐ルヽニ不足ハ許スニ不及也左レハ神州ノ大儀ハ相立ト申モノ也　神州ノ大儀相立候ハヽ　叡慮之御無理ト申儀無之候御無理ナケレハ何故ニ
御讓位ヲ申上候哉
以此筋合被　仰遣候ハヽ何等之申分も有之間敷と奉存候事愈以御許容無之儀御堅固ニ被爲　在度奉祈候事

一間部下總守上京仕候ハヽ第一諸大名ノ建白御催促可爲勘要候建白御覽迄ハ何歟御尋問御應對一切御無用ト奉存候子細ハ萬事御手薄之御事故何歟と御案シ申上候次第も有之候ニ付內々御後立ニも可相成哉且又諸大名ノ覺悟樣子等も篤ト御承知之上ニて又其御尋も可被爲有哉ト竊奉存候

一同人儀ヲ以可申上と申達候事故何歟可申上候へとも全体三家大老ヲ被召寄御尋被遊度其代リニ上京之人ニ候間渠ゟ申上候事ハ扨置御尋カ先ト奉存候則御書取ニテ
是ハ渠ゟ十分ニ申上御聞ニ相成候ニテハ此方ゟ被仰度事も難被仰可相成哉と奉存候故且ハ為御尋ニ被召候故ニ候
一不伺　叡慮外夷ト假トイヘ𪜈條約ヲ結ヒ御心得迄ニ御達し候事
一初而御返答之　敕答ニ被爲對　神宮御代々ニ被　仰分も不被爲在ト申眼目ノ處御答何とも不申上不當之事
一堀田備中守御暇ヲ被下候節段々御延引ニ相成候間早々歸府いたし此由大樹公へ可申入左府公被仰渡候處迹ゟ墨夷御返答待居候故歸府仕候而ハ都合惡ク候故岩瀨肥後守ヲ差下シ自分ハ滯留ト申上候ハ尤ナル樣ニ相聞候處兩三日ノ内ニ又々歸府いたし候旨言上對　禁中自由之申分無禮之事

一三月廿日被達候　勅答之趣いかに諸大名ノ建白ヲ集メ集議イタスト申セトモ今ニ不及言上如何之事哉之事

一墨夷渡來事急ナル樣子ヲ云及調印達　勅之事

先達而達シノ砌無據場合ニテ及調印候由申分不相立其故ハ去三月御應接之砌備中守ゟ伺候ニ差向候節異變節緩猛兩樣之内御取計方之儀ハ此度

勅答之趣ニ付於關東衆議之趣言上仕御決答被　仰出候迄ニ候間萬一異變有之候節之心得方迄相伺候ニ付是ハ尤ナルヿニて其砌御返答ニ書取之趣言上候處今度條約迚も御許容難被遊　思召候衆議中自然差縺候時ハ先件ノ御趣意ヲ含精々取鎭談判之上彼ゟ及異變候節ハ無是非儀ト　思召候右　叡慮之趣相立候樣賴思召候ヶ樣ニ御返答も被爲有候則此度六月廿一日ハ其場合ニ而ハ無之哉其場合ニ至テモ用意無之ハ將軍家有司共ノ不行屆ニアラスヤ其以前ニ伺置テ其用意ハ不致

ハ其方共ノ不行届ニ候其不行届ヲ以無據場合ト申ハ如何ニ元ゟ將軍家ニ防禦ノ手立人中部カ等もナキ故ニ丑年ニハ諸大名ゟ人部ヲ申付候ハズ哉此度とても可留同様ニ其用意も無之等閑ニイタシ置墨夷入津いたし掛り之者兩人遣し及調印候ハ從元ノ奸計ナルヘク候左候ハ丶有司之自儘之取計ヲ以　神州萬代ノ耻辱トナランヿ實ニ恐　思召處也

征夷ノ職務何レニテ相立可申哉

一三家ヲ召候へ共不應シテ隱居申付候由言上無禮之事

一其後追々魯英トモ條約相許シ候由之事

一三家ハ隱居被申付大老ハ魯英渡來繁多ニ依暫御宥免間部下總守爲差上候旨言上候得共怠慢ニテ今ニ上京通達之文面似有禮レトモ其實ハ不應

朝命就中墨夷調印之儀輕蔑　朝命言語道斷ニ候

右等之儀ニハ決而限ル間敷候へとも大凡此邊關東之不都合無禮等ヲ一ヶ條ツヽ一紙ニ被認何反ニても御尋被爲在返答ノ分明又ハ不分明ニテ

被　仰方も可有之尤彼建白ニテ御積リモ可被爲有到其期候てハ尤臨機應變勿論之事候へとも返答不分明或ハ差詰リ又ハ御尤ナト申候砌ハ付近　朝命ノ相立候樣可致或ハ下田或ハ三港或條約取戻シ（此條眼目ニ候（墨書））

此條約取戻しハ無理ノ樣ニハ候へとも決而無理ニ而無之候子細ハ元ゟ有司ノ不行屆自儘之取扱調印之印故於　禁中御無理ニテ無之候此邊ハ御遠慮ナク可被仰候樣奉祈候此邊御遠慮ニ候ハヽ御拒絶ノ御趣意ハ相立申間敷ト奉存候

ヶ樣之御應接ニ而も可被爲在哉御賢考奉祈候

一於此度ハ御應接度々　禁中ゟ被　召寄可然奉存候事

一同人儀彼ノ調印之儀只々御理申候樣ノ風聞も仕候自然左樣ノ砌ニハ扱ハ氣毒ナル事ニハ候へ共御聞濟ハ不相成候彼前條無據場合（細書之文言）ヲ被仰聞御抑詰被遊何卒條約取戻しニ可致ト段々柔言ヲ以可仰聞候併いかにも不承知ニ候ハヽ無是非候間ソコデ十八國司之輩關東ゟ參勤交代ヲ

止格年ニ九ヶ國ツヽ爲　禁中守護山城ゟ參勤交代可致是ハ兵庫大坂等
商館ヲ立十里横行致シ候御手當ノ爲ニ被　仰立候事
一何レも關東ゟ向御異心被爲有候筋ハ毛頭不被爲在旨勘要ト奉存候事
一此度之一條三心六端有之候其子細ハ被爲於禁中て八關東ノ取計方總て
不快之事ニ候へとも萬事御手薄之御事故且ハ格別俊傑ノ人物も無之候
間御不快之趣逐一被仰遣候ハヽ於關東如何なる變事ヲ起ス間敷も難計
先無難なる樣專一と總而穩ニ被　仰出候儀ハ八月八日之御達ニ而可爲
明白候是則言心不一致處ニ候
一於關東も　禁中ヲ尊崇仕候樣ニハ候へとも其實ハ總而輕蔑仕候儀ハ事
々明白ニ候中ニも條約調印之致シ振ハ別而違　勅ニ相違無之儀ニ候是
則心言不一致處ニ候
一於諸藩ハ此兩所四端ヲ暗察仕何レニ寄密著可致哉ト抱二心候故建白と申

セとも眞實赤心ゟ出申候處ニては無之先都合宜方ヲ書付候と存候併中ニハ眞實も可有之候へとも二百七十餘り之輩ニ十ニハ過不申と存候是則心言不一致處ニ候

右等之通心言不一致處ゟシテ何レも事落居仕間敷ト存候但　禁中之不被爲一致ハ無御據御子細奉察候處ニ候且又諸藩ノ不一致も察兩所之四端難決ハ不無理事ニ候將關東ノ不一致ハ一ニハ臆病一ニハ慾心ゟ差起リ候事ニ而臆病ハ武家之所耻慾心ハ元ゟ人ノ所惡ニ候間表ニハ難申候故何歟と辭を餝リ遂非ニ至リ可申今日之通リニ候

但シ臆病ハ武士之所辱トハ申セ共實ニ勇氣ナケレハ無致方儀ニ候間（是も去丑年諸藩へ人部加勢申付候ニテ天下へ知レタル臆病ニ候）實々以赤心諸藩へ號令ヲ下シ共ニ實致ニ天下ノ大患ヲ談合いたし（此談合不致處ガ慾心ノ場所ニ候）和戰ノ兩様ヲ巨細シ可整ハ可戰若軍事迚も不可整ハ可和候和戰共ニ天下諸藩ト一同ニ定集議其上尤ナル道理ヲ盡シ言上候ハヽ和も不得止事ニ而被惱　叡慮候　神祖

御代々と申せとも無是非御場合と乍恐奉存上候是實ニ和戰共ニ天下ト被定候眞實之正論實事ニ候へとも只今幕府ノ取計ニ而ハ只彼ノ臆病ト慾心トニテ中々天下ノ正論ニてハ無之候自然　禁中ゟ柔和ノ御應對ニ相成候ハヽ此場所ニ落入眞實ノ振合にて議論も行屆カサスシテ口述計丁寧ニ彼ノ通達言上之通申幷迚も戰も不相叶和ナラテハと諸藩一同申候ナトヽ可及言上候へは此儀ハ迚も御應對ニハ不相成候へ共正論ハ如此ニ候

何分柳營眞實被爲思慮候事ニ候ハヽ甚難澁ニも可有之候得共有司之商量トハ天下ニ紛レ無之候へハ强而極難とも難申畢竟有司ヲ取除キ候ハヽ正直ニ相改リ候へハ一時ニ事治リ可申候此有司ヲ除キ候儀ハ三家々門ノ商量ニ候得とも水尾ノ樣ニ隱居ヲ請候樣ナル心得ニテハ成就仕間敷已ニ空敷禁固セラレ居候故不被爲得止　禁中ゟ御沙汰被爲有候へとも尙以埒明不申誠ニ殘念至極ニ奉存候何卒今一應御沙汰被爲在度候但

シ重てハ十八國司ﾍ向人別召留守居直ニ被　仰遣樣ニと奉存候事
但シ十八國司ﾍ被　仰遣候儀ハ八月八日之御文面一紙ニ御添書被爲在ヶ樣ニ被達候得共猶以商量不能候哉今以何等之驗も無之候間不得止其方共ﾍ賴　思召邊之御書添ヲ以直ニ被達候ハヽ可然哉ニ奉存候事

○（欄外藍書）本書某諸侯ヨリ差出候書面ナルヘシ

此度墨夷一條ニ付　尊考之云々委曲御認被遊被下格外之御懇命身ニ餘リ難有仕合奉存候右尊考之御儀繰返熟讀仕候處公平正大成る御議論感服仕候諸大名之面々人心不居合候間實以皇國御一大事之儀　叡慮御不安ハ申上候ニも及ひ不申大樹公ニモ御心配是ハ萬々恐察仕候事ニ奉存候私愚存之趣先達差出置候義ニ而迚も御採用ニ可相成譯ニも無之愚吏と申迄之事故入電覽候茂却而御面倒恐怖仕候儀ニは御座候共何事も不申上候ハヽ思召之處深々奉恐入候間大意計左ニ相認申上候外ニ御洩シ不被成下候樣

奉希上候

一皇國之武威御熾盛成る事洋外ニも相輝　大猷公御代支那蘭地之外通商互市御禁止ニ相成文化之度見付次第打拂被仰出勇々敷御儀ニ御座候之處天保度夷狄御仁邺之御趣意ヲ以猥ニ打拂不申樣被仰出右ニ付元來狡猾の夷狄忽チ御恩惠ニ相狎れ遂ニ近來ヘルリス軍艦差向表向好意之體ニ而種々倨傲不遜之振舞仕右之節武勇御示可有之筈處大平ニ馴致之風俗故惰ニ相流れ武備不整譯ヲ以曲テ平穩之御取扱ニ相成候事切齒扼腕ニ不堪事共ニ而御座候キ其後彼是武備御世話被爲在候處有名無實と申樣成る事ニ而形チハ御盛に相見候へ共其實ハ奮起不仕候間最早五六年ヲ歷候而も一向ニ功驗ハ不相見候間衆議平易ニ歸歎息之至奉存候夫故此度之御所置甚六ケ敷且先方ゟ段々申立候處一通リ好意親切之樣ニ候へ者御打拂と申譯ニも難相成候間御差支ニ相成不申ケ條は御聞屆ニ相成若通商廣く御免ニ相成候ハヽ此方ゟも航海仕有無を通し不申候てハ

物力も支へ申間敷奉存候左樣相成候へは彌俗人共ハ大平相心得武備相怠リ可申ニ付已後ミニストル彼是勝手儘之儀を申出し自然屬國同樣ニ取扱仕候節ハ成敗ハ度外ニ被爲措被遂御一戰候樣仕度左樣不相成候てハ高祖へ之御申譯無之儀ト奉存候右等之義前以被仰出有之盡微力諸大名も國家と安危を共ニ仕候樣平日之御仕向有之樣願度猶又此度之御所置諸大名一致ニ無之候てハ不宜候へ共皆々御取調ニ相成候而は一朝一夕之儀無之候間有志之國持大名議論多キ方へ御從ひ被遊候ハヽ可然歟と奉存候吳々も夷狄擧而朝鮮琉球同樣之儀相唱候而心外無此上此後追々御國辱之義可有之哉と過慮仕候間愚衷條陳仕候

右之通リ之意ニ而相認申候全文御一覽被遊度尊意ニ被爲在候ハヽ早速相認差上可申候差急キ候ニ付甚亂毫不敬千萬之段何分ニ茂御仁免被遊候樣幾重ニも奉　上候恐惶謹言

二月十五日

二俳水府を御始如何樣之議論ニ御座候哉奉恐入候へ共御序ニ被爲在候へは相伺度奉存候西城儲君之御一條ハ御公平之御議論感服仕候以上

○（欄外藍書）原書差出候人名不詳或飯泉喜内ナランカ

五月兩度之貴簡追々相達御壯榮□□□京師御警衞御手薄ニては追々公武御隔意之本と可相成□□□奉存候此表ニても有志之士は甚以御案し申事ニ御さ候乍然此節之勢ニてハ行々迚も万全之見詰は無之与竊ニ御案し申候扨又先達而官吏下田へ歸候上スクウ子ル船拜借相願候付八丈嶋𛂞參候迚万一本國軍艦へ通し大坂へ乘入候て御大事与存候て御處置方之義愚存内々申上候處右願は不相叶相止申由夫共表向相止内々拜借等之義ハ不相知候得とも先右ニ付ては何事も有之間敷ト奉存候得共御用心は肝要与奉存候

一諸侯建白之義外樣御譜代皆上之鼻氣計伺ひ候間色々手を入れ言せぬ工面計致候ニ付皆役ニ立不申しかし是等如何樣ニても格別得失ニ拘リ候

程之義ニ無之唯國家計ニ候處是は中ニは直言可致模樣も有之候處越前ニは西儲申立候樣ニ相成候迚激論無之樣被成候て終ニ連名ニて差出候ニ相決候由赤心御尋ニ連名と申候は餘り之事故去ル國家之家老有志之人ニ御座候間段々議論致し見候處同人申候ニは連名候迚決て正論を排し候談ニは無之京師之御趣意餘リ强く失し候間五分相減候樣相願關東之御趣意餘リ弱きニ失候間五分增候て墨へ掛合直し可然ト申說之由老拙申ニは夫は　朝廷御說を得与御呑込不被成と申ものニて京師ニても何も直ニ鎖國与被仰候事ニは無之行々御安心無之ニ付御安心相成候樣衆議ヲ盡し可申との御事ニ相見申候間少しも御無理成義も無之御强過被成候与申處も無之穩成思召ニ御座候夫故何處迄も衆議ヲこらし後々危きヶ條を以て官吏ぃ申諭し精力を盡し掛合候はたとひ右之內貳三ヶ條相減候共可然候得共初ゟ力も不盡內ゟ五分ト相定候ては關東之趣意を相立置京師を押付候ニ相當不相濟候間何處迄も　敕答ニ御遵奉官吏

ゟ精々御申諭後患ニ可相成ヶ條御止奉安　叡慮候思召御肝要と御申立
ニ無之ては相成間敷と申候處至極尤ニ候得共最早差出仕廻候間致方無
之と申事ニ殘念之至リ御座候
一唯右連名ニ乘不申は長州細川計ニて外ニも別段之議論差出候ものも内
々は承り候得とも畢と相分り不申候兩酒井其外五六万石以上ニも少々
は正論差出候分も有之かニ相聞候
一下々一躰之人情は朝旨を押付候は不相濟事ト議論沸騰致候
一尾公は何處迄も御正論是非　朝旨を御建被成候樣ニとてたとひ身ニ禍
來候ても此說は不改と被仰候由御上書も一旦御取戻ニ相成御書直し被
遊候樣閣老ゟ御賴申候得とも決而御承知無之又々其まゝ御差出ニ相成
候と申噂ニ御座候越前ゟ建儲說を同樣申立吳候樣御賴之處　朝旨さえ
奉候時は夫も必す行れ申候間別段申ニ不及と御斷之由然ル處先月頃ゟ
追々南紀建儲之說盛ニ相成候ニ付幼主を建候は權臣權を專にし私之說

を通し京師を押付候積と被心付先月十五日頃ゟ一橋之義を嚴敷被申立候得共閣老品能受候計ニて一向取合不申形勢之由

一松殿ニは何處迄も正論　朝旨御遵奉之思召之由是は却て手ニ入兼候間其內手ニ入候は御廻し可申候得共是等可相成ハ三殿ゟ直ニ御內々御尋被遊候樣仕度ものニ御座候

一新中殿ニは誠ニ困り候事ニて初めは正論ニ候處閣老ゟ御取戾ニ相成又々邪議ニ書直し御差出しニ可相成思召候付御家老始皆々御諫申候得共御用無之松殿ニも被成方無之夫ニは左右ニ又々以前之姦黨有之御父子之間を離間致候勢ニて實ニ致方無之候

一右之通正議出候得共權臣ゟ差戾爲書直候勢故正議は追々相減申勢竊ニ恐惕致候

一當時ニては堀岩抔は　京師之御樣子も存居候間却て　朝旨を丸潰しニ致候ては迚も不落付と申處上田壹人ニて權を專にし此方見込通ニ取計

仕候ハヽ　京師之居切ニて宜敷抔と申候由
一林も邪説を唱へ　朝旨を奉し候ては幕威捨り候抔と申候ニ付若老以上之人々學者か左樣申候間其道理なるへしと申候もの多き由
一上田か林か不相知候得ともやかましく申は伊せの神主ニ仕て仕廻へ抔とけしからぬ恐多き事を申候由戯ニも致せ餘り之事ト承り候もの切齒致居候是は俗人てもあきれ居候
一彥根之正邪探索致候樣被仰遣候處是も上田と引組高松と心易く一橋を拒ミ候仲ヶ間故定て邪論と存候總て南紀之幼弱を利と致候は權臣之存寄を建ル積之者て表向ニは
朝旨を奉し候樣成事を申候ても詰りアメリカ最負ニて　京師を押潰し候說ニ相成候間油斷は不相成候乍然此人　京師ニ居候和學者長野主馬と申もの召抱此者奔走致候間京師を丸潰しニ致候は不同意可有之と申ものも有之候此長野と申ものの先達て急ニ上京致候江戶表之評判ニては

上方を邪議ニ拵ニ參候と申候如何其表之御樣子御探索可被下いまだ歸り不申候久敷京師ニ居諸公卿にも御出入致候ものゝ由ニ付是を能々御說得彥根ニ力を盡させ上田を却け候御策も無之哉何分御工夫可被下候一西儲之義此間御養君御用掛りと申御役人大勢出來申候處唯御筋目を御撰ひと申計ニて誰と申事出不申間表向ニては一橋と取沙汰致候得とも內實は南紀と多分相極り候模樣ニ相聞越前は大ニ力を落し弓折れ矢盡き致方無之と弱り居候樣子ニ御座候又承リ候ニ紀州家老水野の聟藥師寺筑前と申旗本我か策行れ候と手を打て喜ひ居候由ニ付內實は南紀ニ相定リ衆言を恐れ隱し置俄ニ支度出來候上相發候積可有之と申沙汰ニ御座候若右之通南紀之幼弱を利として建候位ニては權臣見込之通京師を丸潰しニ致候策行れ可申と志士は甚危ミ居申候右故色々力を盡候得とも行屆候哉否之處相分り兼候越前は交易說不宜候得共西儲之義ニは實ニ力を用ひ居候西儲一橋ニ相成候得は　京師御趣意相立候樣相成候

は必定ニ付少々之見込違は宜候間此説ニても行れ候様ニと存候處右は定而御前相願直ニ上ゟ出し候様可致も難計とて決て御目通相願候ても不取次様上田ゟ豫め防き候由姦物之手之廻るにはあきれ果申候左様候得は此上ハ京師之御助力ゟ外致方無之と奉存候

三様ニは兼テ大老へ御文通も有之候由ニ付此節幼弱之者立候様ニては專權を心掛天下之御爲をはからさるニ相當自分爲ニも不相成候間諸有司は何と申ても大老の權ヲ以押切一橋を建可申と御沙汰有之長野へも其趣能々御申諭有之（是は能御用心無之は機密關東へ洩れ候てはむたニ相成候）尾公ゟは近衞様ゟ是非一橋ニ御定無之而は關東之御爲不宜思召候事嚴敷被仰遣此兩公ニて骨ヲ折被申候は多分事行れ可申尾公は無油斷骨折ニて候得共京師ゟ之御意氣かゝり候ハヽ猶更盡力可有之と奉存候たとひ夫計ニて行れ不申共兩公力を入被申候得は必日數は延ひ可申其内ニ　敕使ニても御下向疑と御定相成候は可然哉ニ奉存候十八日頃ニは表向出候と申噂も有之候間

右御書通之一件御急き不被下候ては間ニ合不申候右ニは日延候内　敕使御下向ニても有之猶又　敕答之趣ヲ以御責メ一橋御定有之候様御沙汰有之候は相行れ候は必定と奉存候万一表向被仰出候後ニては迚も挽回相成兼候と奉存候又是ガ行れ兼南紀ニ相成候得は必京師を押付直ニ條約と相成候は必然ニ付有志之士氣ヲ揉候事ニ御座候

一西儲一條御內敕有之趣は少々は存知候ものも有之候得共押かくし置候と相見しらぬものも多き様子此間御勘定奉行佐々木信州の說ニ頻ニ京師ゟ紀州々々と申來候間定而紀州ニ可相成と心易きものゝ被咄候由承り申候

一關東ゟ何と申上候共決て御腰　のぬけ不申様ニ御押張被成候得は御助け申もの必多く幕府の有司も弱り候て動き可申候也若御弱ミを御見せ被成候得は必押潰し候ニ掛り可申万々一左様相成候ては以後　王威御取戻相成兼候

一佐倉岩瀨抔は歸り後　京師之御趣意少しニても立て不申候ては治り不申と申候處上田一人ニて申張初ゟ　京師申さぬ方宜敷ト申候處生中カ伺候ニ付如此相成候と申候故是人ニて權ヲ執候樣相成候と承り申候

一諸司代此度被　召候是は何れ貶謫と申事ニ御座候惡敷けれハ隱居なれとも高松之弟ニて高松當時大ニ口ヲきゝ候間拵へ付候て溜格位ニ相成かも不相知と評判仕候何失火之事ニ付ての咎と相聞候其表ニては如何之評判ニ候哉其代ニ酒井若狹守再勤ト申初大老（上ゟ之御使(墨書)）へ被談候處一旦歸リ後家來不承知ニて斷ニ相成又龍野へ談候處是又嚴敷斷候付無據若州へ談ニ相成若州再勤ニて登りかけ右御返答も兼て被登候と噂致申候所如何御座候哉しかとは不相分猶追々可申上候何分兩公ゟ大老と尾州へ之御文通出來候は御いそき可被下候草々頓首

(朱書)
六月六日

○

御清適抃賀然は御急き之御文稿早々返上可仕候處大取込ニて延引相成候間六日限ニて差出申候被仰遣候御日限之御間ニ合不申ては甚恐入候しかし定而御間ニ合可申存候草々頓首

六月六日

、、――――

、、――――

此前文は于海ゟ申上置候与同様ニ候間略し申候

扱又此度之一條ニ付而は　叡慮茂殊ニ難有御義奉存候然ル處此表之形勢兎角はか〳〵敷參り兼傍觀甚心配のミニ御座候右は松殿ニは御愼ニて御構無之當中納様之御引合故何共存候通之運ひニ相成兼候

十七日ニ

敕書到著十八日は御送葬ニて御見合ニ相成閣老へも被仰遣候趣御文言有之候間先太田ヲ呼ニ被遣候處太田間部同道ニて直様參候間　敕定之趣爲

御議聞被成候處兩人共大ニ恐入一昨日私共へも被仰下候間何れ申談取計可申候間万事御任セ被下候樣申候ニ付早々取計候樣被仰候て罷歸申候間定而彦根ヲ爲引候儀と思召候御樣子ニ御座候處左は無之して廿日廿一日兩日彦根ヲ病中ヲ無理ニ登城させ候て何か密談廿二日ゟ彦根登城は無之候得共有無之談□も無之昨日迄相過候間定而奸物奸計ヲ廻らし候事ト一昨日ゟ太田之内向ゐ手を廻し捜り候處太田申ニはあの　敕定は眞物ニは無之全拵ニて拵候ものも大概相分居候間御中陰明ケ候は處置は極り居候間何も心配ニは不及

敕定文躰平日之御文言と違居候間僞物ニ相違無之と申候由乍然此間二閣老來候節は私共へも參候と申由ニ付左樣可申筋は無之候得共全右樣取巧京師を拵其上ニて僞　敕ヲ作リ反逆之企抔ト申事ヲ以て折候積と相見へ申候小人之處置可恐之至ニ御座候此度酒井登り候ニ付色々賄賂之品等持參候由九殿は長野之口說御同意と申噂有之候如何

唯水ニては天下之大變ニ相成候ては卜夫ヲ懸念ニてはきト致候取計出來兼候樣子候得共乍然是か餘りくすくヽ致居候ては幕府之御爲も不宜と皆々心配仕候事ニ御座候

一昨日外國奉行水野筑後守永井玄蕃頭御目付津田半三郎加藤正三郎アメリカヘ本條約爲取替御使被遣候間支度可致と被仰出候

右ニ付京師ニて假條約調印ニてすら不叶　叡慮候處又々右之通被仰出候は餘り之譯ニテ如何ト存候處太田抔の說ニは從來備中守抔　京師へ伺候は心得違あの不調法ヲ以斷絕爲致候ても宜敷程之義　京師は何も國政之事御構有之譯は無之間唯ヶ樣取計候と申て届ヶはなしニて宜敷可在伺候故色々被仰出候て事六ヶ敷相成候ト申居候由是は內々承り候事ニ候得とも誠ニ恐入候奸物共之了簡ニ御座候乍然此節は四海之果迄も　王家ヲ蔑如仕候ては不相濟と申事は小兒も辨居候間右樣之□論致候は自滅之道と奉存候乍然小人自滅致候迄ニて　幕府をも引倒し不申

候得は宜敷ト恐惕仕候
此節有司方之者共は皆々水は　上方ニ與し反逆致候抔申ちらし候もの
計ニて　上方を御尊奉被成て　幕府の御爲を深く被思召候事ト申者は
誠少く　上方を敵之樣ニ存居候ニは誠ニ困り申候乍然幕人も有司之外
は當時之取計至當と存居候ものハ一人も無之候得共何を申も大閣甚暴
斷ニて專らニ致候故夫ニ諂候もの皆々同意ニ御座候
何も此形勢ニては末は　上方を取込めニ致候不相成候得は宜敷ト存候
乍然　叡慮御果斷ニて決て御動き無之事ト有志之輩窃ニ相伺皆々意を
強く致居申候
國持衆は御家門計□□致方無之候得共　京都へ手を付候か列藩ニ手を
掛候得は決て承知不致と內々合居候由右故間部も此間夫ニは大ニ困り
候と相咄候由
〇

㊀

八月八日之　敕諚　幕府に十九日相達シ廿日ニ一通リ御請之書閣老連署にて申上候由之所廿四日ニ至リ本條約爲取替之爲外國奉行を墨利加へ被遣候旨被　仰出候此一事にても幕吏頑乎として　詔敕を不奉之意ハ現然なり右迄邪毒深く候間此上容易之事ニてハ　叡慮行渡り候儀安心不仕誠以歎ヶ敷奉存候折角御賴被思召候水府をも威を以刼し利を以誘ひ晦日ニ至有志之老臣四五輩を除き奸臣を引擧け加之先年より奸說先入ニて宗室之政を亂り父子之間を離間せし高松始をして政事向取締と號し立入せ後ろ安く致し置九月三日下總守發足上京之手段奸計現然ニ有之事

右謀主砣とハ分り兼候得共高松井彥根青魚水土四人之胸中より出し事

（○印付箋）懸川柔弱ニ相聞へ候處青魚同服同意ニ有之水府家へ跡兩日（人カ）罷出候せつハ惣而懸川之辨論ニ而押張候よし青魚ゟ御譴責御座候からハ懸川も同罪之御見込ニ而可然事

なるへし懸川ハ柔弱にて押張不足村上°ハ凡庸にて策も無之龍野ハ新參にて口出しも不相成事なるへし又尾の竹腰も頗る此策を賛成せし由なれども是ハ尾老公の出現を恐れ候迄ニて左程之事も有之間敷と△云是等（△印附箋）竹

腰ハ尾老公を讒言いたし御隠居と申儀ハ上田在役中請合置候事之由其砌漏洩承り及候ニ付心得ニ田彌迄爲申聞候
之處も得と御勘考可然又赤鬼も是計ニて決候理ハ無之畢竟九印の應援
へき奸賊可悪也
有之ゆへと被存候事

一此度鯖江上京ニ付如何樣之儀申上候哉難計候得共譬ハ　勅諚之趣誠ニ以恐入候次第畢竟最初備中守等申上方行届不申より右之場合ニ至候所夷情ヶ樣々ニて無已右之調印ニ相成候義其趣ハ何分御用捨被下置候樣仕度候扨當時　上樣御幼年ニ付田安殿後見被致候所夫而已にてハ天下之信服も如何歟又　勅諚も別段御下けにも相成候故水戸殿をも同樣御後見ニ致し水と田との決を取幕政を取計何分奉安　叡慮候樣可仕抔との事ニも可有之哉左すれハ京都にても是迄之事情を以御安心御許容相成との見込必可有之被存候事

幕之策若之ニ出候ハヽ必御動き無之樣仕度候水公之御勢も去月　勅諚御受以來御盛ニて閣老をも度々招かれ種々推論被成候由之所閣ニても辟易致候事と相見へ手を替候て手足をもき有志之家老等を不殘退け三

連初を立入セ役方を不殘引替候て論之出所無之樣致し其上ニて御後見抔と致シ　京師をも欺き奉り諸侯をも押付候策現然ニ相見へ申候扱ヶ樣申候てハ水公ニて發露之樣ニ相見候得共左樣にも無之是迄老公御愼以來種々之事降來り候を押返し々々被成候處幕ニて激く此度又押返し候ハヽ必す老公御身上ニも拘り候勢相見へ候ニ付無餘義右之通御受相成候事之由併右之所ニ至リ候間水府之御後見抔申事を以御安心ハ勿論相成兼又水府を御賴　敕諚等被下候てハ最早行はれ申間敷此段宜御勘考有之度事

一懸川青魚水家へ罷出候セつニ　京師之御都合ヶ樣相成候てハ佐久良之不調法ニ有之何と歟御調之上御沙汰無之而ハ不相成上田之儀も隨而不相濟と申儀を御內話申候よし左すれハ調印之儀ゟ惣而右之兩人へかふせ彥ハ丸扱ニ相成候樣取成之積と相見定而右等之處も何と歟申上候儀と相見候處たとへ兩人ニいかゝの罪狀御座候ニいたせ調印之一條ハ立

場柄と申彦ニおゐてハ万々無遁義勿論ニ御坐候間決而御迷無之様ニと
奉存候事
一青へハ此度之　勅諚を握つふし水戸家へ御下け之分迄廻達を相拒候段
いかゝと申廉御詰問譬ハ春中條約之儀ニ付重々御沙汰之趣も被爲在候
處其後一應之伺も無之調印被遊候趣ニ付三家大老を被爲　召處いつれ
も云々之廉を以而御斷を申下總守罷登候振り申立置候而只今迄遲滯甍
去ニ付彼是延引とハ相見候へ共其後何等申上義も無之候ニ付畢竟爲惱
叡慮候儀餘り此度之儀も被　仰出候儀ニ有之處是又其儘ニいたし罷登京
師より被　仰出候義何一ツ御取用ひ無之總而御違背ニ相成候樣取扱候
段いかゝ之心得ニ有之候哉德川家之御爲を深く　御憂慮被遊候テ之御
事柄ニ候處右等之處聊勘辨も無之段御不審ニ　思召候と申樣之御振ニ
て御責ニ相成候ハヽ自分より身を引候事ニも可相成哉
但右ハ左ニ認候通彥を被　召寄彥愼候樣相成候上ニ被遊候方御手都

合よろしき歟と奉存候左樣無之一度ニ御責ニ相成候へハ兩人必死合力ニ可相成候間先ッ青を御うかし置ニ相成候樣ニと奉存候事

一鯖江罷出候ハヽ廿八日御書中ニ相見候京都ゟ被　召候義ニ無之候間勝手次第可致上京但此節參內ハ難相成との御事ニ候得ハ罷登候而も何等御取合無之御詰問等も不被遊只調印之儀ハ其節事ニ預り候者ニ委敷事情御尋被遊度　思召ニ被爲在候間彥ニ而罷登候樣と申樣之御振ニ而罷登候迄之處ハ何分御言柔ニ無據罷登不申候てハ不相成樣御仕向御引付之上ニ而違　敕之取計致候廉左之通り屹度御詰問ニ相成候御手段御都合可然と奉存候左樣ニ無之調印之廉青魚ゟ申上候ニ御順ひ彼是と御詰問等被爲在候得ハ是ハ彌不容易と相心得何分登り不申手段をかひ其內いか樣之儀を謀り候歟も不相知候得は前文之通青魚へハ善惡御取合無之御指置候而彥罷登候處を御尻張ニ御沙汰御座候樣ニと奉存候事

㊁

一彦根登之上調印之義御詰問ニ相成候ハヽ必咲夷之勢切迫不得止取計候旨を彼是と陳し可申候得共譬は咲夷何程迫候と申候而も墨魯兩夷ゟ訴候迄之義ニ而十日ヤ十五日　京師へ一應申上候猶豫を得不申筈無之尙又三家等へも一圓御懸も無之由　將軍家ニ於て決而右樣被成候筈無之是迄之御忠節ニも相違いたし候いかゝと申樣將軍家を御立ニ相成御尋ニ相成候ハヽ辭屈し可申尙又窮し候へハ　台慮を伺取計候抔矯して申上候歟も難計候處其節ハ譬ひ　台慮ニ出候とも御違敕ニも相成ハ大事之義ニ候へハ諫爭いたし候而も爲御伺ニ取計可然處其儀無之段如何夫ニ而京師へも　將軍家へも大老職之御申譯相立候哉之旨を筋道を以てどこまても御根强く御押詰ニ相成候ハヽ辭屈し恐入を申上候外有之間敷彌御申譯不相立恐入を申上候節愼可罷在旨御沙汰ニ相成候ハヽ進退夫迄ニ極り可申奉存候且又水尾急登　城論判之節も元より大老初之取計ゆへ恐入候旨ハ申候へとも將軍家へ伺候抔申事ハ一切不申よし之處

京師ニテ御詰問之節窮し候時ハ遁道無之如前文　將軍家を出しニ遣候程も難計奉存候事

扨右樣爲御愼置ニ相成候上其旨を以て屹と御沙汰ニ及候樣關東へ被仰下候ハヽ御都合も可然哉と奉存候事

但御申譯無之場合ニ至候ハヽ御沙汰無之候とも自分より身を引愼候樣可相成哉左候ハヽ參　內御指留ニも相成候而直關東へ被　仰下候方と奉存候

一彥靑屈伏關東へ被　仰遣候段ニ相成候ハヽ末へ認候通リ懸川之義も立場と申靑同罪ニ候間其廉靑同樣屹と被仰遣候樣いたし度扨和州ハ引込居候へ共やはり泉州初和州も名前御加へニ而被　仰遣候樣いたし度候其節ハ水尾越之義も末へ認候通り之御振ニテ寃を解候樣被　仰下候方と奉存候和州之義ハ水尾等暴命を蒙り候節異論ニ而靑等と爭ひ前日ゟ引込候由ニ候へハ右之廉を以御生しニ相成御引出ニて泉州一同ニ御取

計之方可然奉存候猶又右暴發之節正議有之候趣を以別ニ　近公ゟなり和州へ可然御褒詞出勤いたし候而此上天下之爲正議を以盡力有之樣云々御勵し有之候へハ彌正議を唱候樣可相成候事
和州ハ泉州と違ひ氣力も有之候間正ニ向候へハ相應御用ニ相立可申哉ニ候
右ハ　敕使御下向御六ヶ敷節之御手順大意水尾越之寃を解候迄之處を認候處其跡之處ハ矢張末へ認候　敕使御下向之節ニ御手都合ニ而御斟酌有之候へハよろしくと別ニ認不申候其御人物さへ御手揃ニ候へハ何分御下向之御處置至願仕候事

(三)

一彦を被　召寄御責ニ相成候節ハ違　敕一筋ニ被遊水尾越之寃罪等ハ別ロニ服罪後御沙汰御坐候樣仕度奉存候水尾老君をハ　幕奸吏一体ニ恐れ居候間右を一所ニ御尋御座候樣相成候へハ彦のみニ無之總体必死ニ

相成達　敕之廉服罪迄御六ヶ敷可相成と心配仕候事

一彥を被爲　召候段ニ被爲至候ハヽ誠之御要心ニ候へ共極密　近公より

なり薩長州其外漏泄之御憂無之慥なる四五侯へ　御內命爲御嚮萬一暴

を行候時之御備陰ニ御含御坐候樣ニと奉存候事

　何と歟目ニ立不申樣手當之致方可有之候事

一前文彥靑を御詰問御申譯相立不申愼居候處ニ而實ハ　敕使御下向左之

通之御意味を以御取計ニ相成候へハ實以天下之大幸と奉存候夫ニハ是

非　近三御兩公歟又ハ御一方ニいたせ阿野殿なり誰殿なり御兩三卿御

指添關東ニおゐて如何樣の難題申出候とも臨機應變一々御截斷ニ而御

遺算無之樣御處置可相成氣力才幹御坐候其御人御撰ニ相成義肝要ニ有

之若其御人を得不申候而なま中御指下ニも相成候而ハ不容易御不都合

も出來可申奉存候間强而ハ不申上候事

一敕使御下向之節ハ太田備後松平和泉等ゑ　敕書被成下去暮已來墨夷之

事ニ付追々被　仰出候　叡慮何一ツ關東ニて御奉承無之深御逆鱗被遊
候　大樹公ニハ賢明之所有司之罪ニ可有之先達而も其段被　仰出候へ
共諸大名江　叡慮之趣傳達も不致又水府江も同樣之義被　仰出水府ゟ
相談被致候歟之所是と申取計も無之下總守上京致候段追々之　敕諚を
如何心得候哉畢竟東照宮以來之勤勞を被　思召候へハこそ深く被惱
叡慮懇切ニ被　仰出候を右之仕末甚如何之事ニ候依而掃部頭下總守等
をハ早々退役爲致達　敕之御申譯相立候樣尚又水尾越之義ハ兼々忠誠
之趣　叡聞ニも達居幕府之羽翼と御賴ミ被　思召候處蠻夷之形勢如此
切迫之砌親藩と申三位以上之者を容易ニヶ樣嚴重被申付候義如何之罪
狀ニ候哉委く被　聞召度　叡慮云々と申御意味より御糺一先ツ寃を御
解ニ相成其上ニて御若年ニも候間水尾越隱居へ厚相談之上大政心ヲ付
ヶ取計候樣と申御都合可然尤越ハ三藩とも違候間始終大老立場へ御委
任之御含ニて御仕向ヶ有之度候事實ハ前文之通り懸川も靑同樣ニ候間

同樣之廉を以爲御引久世を御引出泉州初一体ニ被命可然候事
右之通被　仰出萬一命を奉し不申節ハたとへハ是迄德川家之爲を深く　御憂慮被遊候故之義ニ被爲在候處各ニ於て御請を拒候義ニ候ハヽ別ニ　思召も被爲在候間左樣心得候樣云々之旨爲御含　宣下を御引締置ニ而其節之御都合次第いつれと歟臨機之御處置振可有之奉存候事
一同時ニ水尾ヘも此度備後和泉ヘ云々ニ付必相談も可有之又各々も厚心を付取計候樣ニト被　仰出猶田安一橋へも同樣之　命有之可然歟列藩へも大廣間席之內何人大廊下之內何人と申樣右之段心得ニ被　仰出可然候哉之事
一右之通被　仰出候件々　命を奉承無之內ハ一切　宣下被　仰出無之可然事
水土等之策ハ早く　宣下を申下シ其上ニて水尾越老君を大刑ニ可處

之論有之由旁宣下ハ御引〆無之候てハ大事去り可申事
宣下之義ハ極々御奥之手ニ御引縮置ニ而違　敕之廉より順々御推し
ニ相成候處御專要と奉存候へ共初ゟ其御色を御示ニてハ不宜只々違
敕云々御申譯相立不申候てハ　宣下之義必御六ケ敷と先ゟ勘念仕候
樣御仕向ケ被遊候樣ニ仕度候右を初ゟ御顯し題ニ被遊候へハ必死ニ
相成り關東總懸りと申樣相成候而暴ニ出候程難計心配仕候事
一條約之義墨夷へハ調印も取極メ魯暎佛へも同樣取結候義と相見候へは
只今ニ至り右を改候而取直し候事ニハ　京師ニて何と思召候ても時勢
迚も出來不申義ニ候へハ右之所不得已候間只邪敎傳染四民誑惑之憂無
之内備を嚴ニ　京師を御初警衞向幾重ニも手厚く後患無之樣いたし候
處を屹と　御沙汰有之金川調印之義ハ無伺取計候違　勅之廉而已彥へ
御責ニ相成候樣ニと奉存候左樣無之調印違　敕を御糺夫よりして條約
迄も御變改と申御趣意ニ相成候てハ旦夕ニ兵端を開大亂ニ可及と　幕

ニてハ必死ニ相成違　勅を御糺之御廉迄合力一致いたし御防申上候事
ニ相成候義指見候て次第ニ御事六ヶ敷可相成候間是等之御境初より
御趣意之相分り候樣被遊候義可然と奉存候事
京地ハ勿論之義諸方ニたとへ兵端を開候とも違　敕之罪を御糺之上
條約ハ勿論御變革交易も御斷夫を承伏不致候ハヽ以前へ返り打拂抔
申論も可有之候へ共是ハ時勢を不知論ニ御座候間能く御勘考無之候
而ハ矢張大事を破り候事ニ可相成候
尤本條約不相濟候間前條之御事柄御都合能く御辨しニ相成候上ニハ
無餘義ヶ條ハ又如何樣とか御改ニも出來可申初ゟ右之所迄へ之　御
趣意ニて御責相成候てハ必御事六ヶ敷可相成候事
外國奉行等ハいつれも當時之撰ニて夫々一持前御座候者ニ候間是等
迄一致いたし候時ニハ實以不容易候事
一水老君へ直ニ　敕命御下しニて御引出又ハ一君へ　宣下を御下し可然

抔申論當方有志中ニ有之定而京師遊說家之論ニも可有之哉ニ候所是ハ事情を解不申論ニ候間必御取上無之樣いたし度此節之事情ヘ右樣之義御發ニ相成候へハ　敕命御反古ニ相成候のみならす兩君を死地ニ陷れ候事ニ相成申候左無之候てさへ幕奸の當時第一ニ恐れ候ハ老君第一ニ忌候ハ一君ニ有之一君之義ハ只愼と計ニて登　城ニ相成候さへ酖毒之奸計を心配いたし候水府有志之者ハ殊更心痛致居候由ニ候事

一公ニ九武ニ彥有之候而ハ萬事不可成道理ニ候間第一九公御落職近公御入替ニ不相成候てハ不相叶候所何を申も　御外戚ニ被爲在候間何程御英明ニ被爲入候ても自然搢紳家より御上言も御存分御申上被成兼候御場合も御座候半と遙察遺憾ニ奉存候矢張當方ニて彥在職ニてハ何事も出來不申勢と同樣と存候へハ是非御落職急務ニ有之候處若不得已候ハヽ追々之御取扱不相濟廉を以暫之內御參　內御指揮ニ相成其內彥初之御處置御坐候樣ニも無之候而ハ如何と奉存候事

一前文　敕使御下向之一條ハ別而御大事其外迚も無御違算御處置方其宜を得不申候へハ御不都合も出來可申御大切ニ御座候間京師實地之御事情を篤と心得不申候てハ强而申上兼候へ共當方之事情を以而當方ゟ貴地御都合推考仕候てハ右等之處ニて御處置振可有之哉と見込之所を認申候勿論御取捨有之樣存候事」

○（欄外藍書）原書差出候人名不詳

三公阿野公之御內關東御下向之振リニ而（以下断簡）

○（欄外藍書）原書差出候人名不詳

三公阿野公外御有名之堂上方　敕使御下向ニ御治定御決之上御參著相成候ハヽ直樣御登營之上ニ而彥懸川等之御處置被成候義可相成ハ一日之內ニ御評決無之候而は姦計如何相企候も難計候間將軍宣下を極意之手ニ御秘置營中ニ而御取計有之事

○（欄外藍書）原書差出候人名不詳

一水戸ハ國中爭動之由先ッ夫ハ長くかゝり候方可宜夫ならハ京師之邪魔

も少く其内ニ京師さへきまれよしごた付居候而ハ迚も陰謀も出來不申

安心と宇都木申候由

一此節幕役人中誰ニ而も身じん前計ニ而精勤ニ致候者更ニ無之よし此機

會ハ諸侯之仕事仕時とて各國主等やり候由如何ニも馬鹿な役人と尾花

輪兵部原彌十郎へ異見致候處夫ても此節柄めつたニ身を入れ候ととん

だ寸方違か出來候と申候由是ハ役人方之各別ニなる時ニ相見申候との

よし

一京師之儀ハ一向ニ沙汰なし屹トうまく出來可申と安心ニ存居候由薩州

之馬鹿ニも困り申嫌疑知らす米を積込恐之至り幕府ニ一はいやられた

ならハたまりなしと申候由今少し過候得ハどし打を初させ候而國亂を

興し國を滅し可申抔と申候由水土州と大田之噺

一稻葉ニハ大丈夫ニ候間是へ頼ミ人數をくり出し可申と内々申通置候由

京師之儀ニ付而ハ吃ト手を廻し置候由御座候

○（欄外藍書）以下四枚
山本貞一郎手跡

言上之覺

敕使御下向之有無未御詮著不被爲在候哉先般御書通關東〻被成下候上は
御由豫於有之は天下之御一大事此事ニ奉存候折柄　將軍樣御他界ニ就而
は御經一部以　大臣方可下給御先例之由其節於關東先般被成下置候御
書通之旨ニ付難問申上候節は御無言ニ而御歸京可被遊哉然は眼前ニ可被
奉辱　叡慮歟此處尊慮被爲在候ハヽ乍恐　敕使御下向之御詮議は必然之
御義与奉存候間不顧身奉申上候恐惶謹言

八月十六日辰下刻

山本貞一郎

弘素

上

おもひきやこゝろのそらにつはさえて雲ゐのかりによをなけくとは

祝言

君か代の外にわかよの万代はこの日のもとのいつこにかある

敕使御下向之儀御決定被爲在候上は早々京都諸家本山ゟ關東向末寺ヘ向ケ候而　◎以下缺文

於本山國中末寺被爲召登候急ニ御用向茂可有之間一宿之他行も遠慮可有之尤五畿內幷程近き西國筋も有之候得共御沙汰有之節は速ニ發足可有之從者用意等之義は　御代柄之義ニ候得は相心得可申事

先以右之御內策被爲在度事

敕使江戸御著早々御登城有之

〇諸大名赤心之處今一應相糺可達　叡聞之條折柄異船彼是渡來いたし候ニ付及繁雜難及其儀ニ之條は此儀ニ付此　敕命有之候處其所詮無之於叡慮者別義不被爲在此上は背　敕命候とも異國懇切抔申事存之候面々

銘々上京爲致其旨直ニ　關白殿ヘ具ニ言上可被爲致候事

○尾張中納言水戸前中納言幷松平越前守等其外或は下屋敷ヘ爲致退去居愼可罷在等之儀は何等之次第ニ候哉殊更　將軍家病氣之處七月五日曉ニ至彌差重候時節同夜中ゟ六日曉ニおよひ右之段以上使被申渡候條三家之輩外大名ニ昆し候取扱ニも過候半斯大病中之台命なとは別而老中ヘ推叩いたし心得違等有之共再三申諭候而も承引無之不得止事節此義ニ可及歟殊更　將軍家ニも大病之折柄養君も未幼稚時節異船彼是渡來致候折柄皇國警衛方便を不存致方井伊掃部頭義折角老中之上ニ罷在候所詮無之段　天氣以之外ニ候依之官位被爲削急度可相愼事

右之趣被相達直樣退出尾張殿市谷上屋敷ヘ被爲渡復職可致之　敕條被仰渡直樣尾張殿御同道有之水戸殿上屋敷ヘ被爲渡

○領國家務之事等過去り候事ニ我意を不殘隱居身分ニは候得共三家一致いたし諸侯をねきらひ將軍家を補佐いたし可奉安　叡慮條常々現中納

言〻示し　皇國之眞情等閑不可有事

但田安家一ッ橋紀伊家隱居之格例も有之候得は一位ニ被成下候ハヽ

可然奉存候

右ニ而天奏屋敷〻御引取被成候ハヽ、先是ニ而天下氣色昨日ニ反し可申少しも御不安心之廉は無御坐候翌日　勅使御登城被爲成候節彥根は不罷在尾張殿登城有之前殿登城被仰付候とも其節御模樣ニ而可有之候

○松平越前守登城被仰付於御城被仰渡候事左ニ

○異船繁々渡來候折柄　將軍家重病之趣ニ候得は甚以　叡慮不安依之將軍家病氣全快いたし全く征夷大將軍之任心ニ可被相任時節迄越前家相續も相成候得は城內二の丸〻住込晝夜養君ニ差添諸侯諸民〻　德澤をしめし　皇國警衞可抽丹精事

但中將程ニ可被成下歟

○殿下之思召ニ叶候樣　敕條御仕立被爲成候御下向御坐候ハヽ、御差支も

被爲在間敷東武御下著之上前條之趣御取計被爲成候而右之次第東武ゟ御達し被爲成候ハヽ嘸かし　殿下何樣歟可被爲在共節は先尾張殿を始有志之諸侯も上京仕候而乍恐　殿下を可奉討事必然と奉存候
○時節折惡敷候得とも將軍　宣下無之已前越州差添上京有之譬は一兩ヶ月程ニ而も　公卿方御同樣大納言ハ大納言之御奉公有之度事從是代々格例と相成度奉存候事

○

一七月廿七日　水戸殿家老太田誠左衞門閣老太田備後守殿ゟ罷出候節備州被申候ニハ　老公御儀愼深く御居間雨戶を〆御社祚を被召候趣ニ相伺候御隱居之御身故御社祚ニハ及申間敷御平服ニ而可然雨戶も御〆切ニハ及間敷且御庭中位ハ御步行被遊候而可然抔被申候よし然ル處翌廿八日家老御呼出ニ付岡田信濃守太田誠左衞門兩人罷出候處別紙之通　三御連枝方ゟ取締方申合候樣尙又家來共駒込邸ゟ相詰大目付等兩

人時々見廻り且中山龍吉幼年ニ付水野土佐守竹腰兵部少輔兩人取締方心ヲ付候樣御達ニ付前日之御內沙汰とハ雲泥之相違ニ付一藩警(驚カ)愕仕何等之御義を以如件被仰出候哉難相辨於當　中納言殿ニ孝道難相立深く心配被致候ニ付翌

廿九日家老武田修理太田誠左衛門兩人ヲ以太田備後守殿ヘ歎願書被指出候處御尤之御義ニ付何れ可及談判と之御挨拶ニ而願書御受取ニ相成

八月朔日家老御呼出ニ付武田修理太田誠左衛門兩人罷出候處風聞不宜ニ付件之通被　仰付候趣ニ付證跡等も可有之哉相伺候得共何茂可申廉も御達無之同日夕刻御城付ゟ御達ニハ讃州侯と熟和可致と之御指圖是又熟和可致廉相辨兼勿論讃州侯ハ御連枝之事故元ゟ親睦ニ可有之筈當家ニおゐてハ何等不熟之次第も無之候處畢竟讃州侯ゟ內々申立之意味も有之前件之次第ニ相成候義と初而相心得候處翌

二日又々家老御呼出ニ付武田太田兩人罷出候處御歎願之趣御尤之義ニ

付大目付等見廻り且三御連枝家來共警衛之義ハ御免ニ相成候趣御達ニ相成同日讃州侯ゟ武田修理に對談被致度被申越候付武田義七ツ時分右邸に參候處三御連枝幷竹腰兵部少輔列席ニ而御談有之候よし何義を談候哉承り不申候事

一七月廿七八日之頃讃州邸に三御連枝幷水野竹腰寄合只川礫川邸ゟ大勢切込候趣屋敷人數不足ニ付御人數拜借之義願出町御奉行所へ御達ニ相成與力同心大勢罷越夜中迄篝等燒き候而相待候得共元ゟ虚妄之事故何義も無之與力同心等相引候趣風聞有之候事

但其已來水野竹腰日々讃州邸に寄合深更迄密談有之候よし

一八月朔日駒込邸ゟ　上使之義太田備後守殿に被仰付候由之處腹痛之趣ニ而御免願外閣老衆ハ　上使ニ罷越候者無之且大目付御目付一同ゟ御三家御愼之節見廻と申義先例無之御受難相成尤如何樣之廉ニ而嚴重ニ相成候哉其義ニゟ御受も可致と之事故風聞不宜と之御沙汰之處夫ニ

而ハ御目付所ニ而取調も無之義故一切御受難相成と御免願出同日上使
之義ハ御沙汰止ニ相成去月廿八日御達之件々不殘夫而已御沙汰止ニ相
成候趣ニ候事

一七月廿八日公邊より御達之寫

松平讃岐守
松平大學頭
松平播磨守
竹腰兵部少輔
水野土佐守

水戸前中納言殿御愼之儀ニ付其方共申合御取締萬事可申談且家來共之内
申付駒込屋敷爲相詰可申候竹腰兵部少輔水野土佐守ゟ申談候樣可被致候

中山龍吉儀未幼年之義ニ付水戸前中納言殿御愼之儀其方共申合萬事心ヲ
付御取締付候樣可被取計候松平讃岐守松平大學頭松平播磨守ゟも申談可

被取計候
一大目付山口丹波守御目付野々山鉦藏儀時々見廻可申候
右之通被　仰出候間其段可被申上候事

松平讃岐守
松平大學頭
松平播磨守
竹腰兵部少輔
水野土佐守

此節水戸殿御逢被成度旨被仰聞候共追而及御沙汰候迄ハ御斷申上候様可
被致候
右之趣山口丹波守野々山鉦藏江も相達候
右之通相達候間可被得其意事
（朱書）
水戸殿ゟ差出候書付之寫
○昨夕岡田信濃守太田誠左衛門兩人江御渡相成候御書付貳通水戸殿被致

承知候處前中納言殿愼被　仰付候以來元より敬上之素志嚴重相愼被
罷在何等不愼之廉も無之候處此方連枝方初ゟ取締方被　仰付候段畢竟
不被行屆義有之故与深心配被致候併下總守殿ゟ兩人へ御申諭之趣ニも
是与申證跡ハ無之候得共風聞を取交候儀有之故との趣ニ候得共右迄御
疑心奉受候義祖宗以來忠孝之志取失候姿ニ相成耻辱無此上殊更三家方
之儀ハ一体与申内尾張殿紀伊殿之家老迄立入取締被仰付候義三家方之
規格も不相立乍恐　東照宮ニ而三家御立置被遊候甲斐も無之樣罷成第
一水戸殿於一身孝道も不相立誠ニ以歎ヶ敷次第ニ被存候前中納言殿義
ニ付何歟風聞等有之候ハヽ家老共之内御吟味之上不愼等之證跡も有之
ニ於てハ其廉々を以被　仰出候ハヽ手切取締方可被申付候間昨夕御渡
シ相成候御書付連枝方初取締向立入候義ハ厚御評議之上御免被　仰出
候樣偏ニ被奉願候此段申上候樣被申付候
午七月

別紙

前中納言殿愼被　仰付候義ニ付而ハ元より御懷をも不奉存義故國元士民之人情心痛之餘り動立候樣之義も可有之哉と深懸念被致精々被申付靜謐相成居候處此度之被　仰出ニ付而ハ君臣之情合如何樣存詰動立候者も可被有之哉与深心配被致候旁別紙申上候意味厚御再慮被爲在候樣被奉願候此段申上候樣被申付候

午七月

○

見返シ

（下總守上京一件）（朱書）

下總守上京之事元來被思召候人躰ニ而無之ニ付上京之可否期限ハ不被達自關東被差登候義ニ候ハヽ忌中ハ參內等難相成候間其心得ニ而所置有之候樣と而已申達事

○

見返し
〔覺書內々〕（朱書）

一被安　叡慮度　思召も候ハヽ可被仰入と老中申事

一いそ〳〵敷事無其謂事

一敕諚事申願何方より御聞込と申儀尋候哉も難計其節ノ答振如何事

敕諚を申願と申事ハ（左樣之筋有之道理無之歟）無之關東ノ事情形勢ハあれ是より承及候言上
之事有之旨可申答哉

風評ハ色々可申既□候事なとも彼是申候歟

魚屋八兵衛か申候事も御取用之義ニ候又民ノ愁訴も有之事

一敕諚之事ハ彼へ被任間部申狀ニ被從可然哉

一元來誰と手を組ノ彼を贔負スルノト申事ハ決而ナク唯々御爲一途之見
込計事

敕諚之御趣意イツレ不道有之哉事

可尋事

○

元來和親之儀御好不被遊儀なから當時御備向不相整ニ付無餘儀次第と被
聞食下田條約之處ハ不得止との思召今度ノ假約事件不容易ニ付御許容難
被遊被思召との御見込何卒下田條約の三港ニ成候樣ニとの思召と被伺精々
談判を以て引戻し方の勘考有之候樣との御事

但戰爭ハ尤御好不被爲在乍去彼より開兵端候節ハ防戰ニも至り可申
是以誠ニ不安義ニ被　思召候得共實ニ不得止節ハ不及是非との思召
と被伺實ニ當時之形勢戰爭ニ成候へは忽敗亡ニ可及との見込ニも有
之候ハヽ夫も御頓著不被遊との御事ニは無之と被伺御暴發之御事ニハ無之と被伺

右

今度條約之趣ニテ御許容相成候上ハ引戻し方も有之間敷候へハ後患不
可測之儀を一同深心配候事　公武一体之御事ニ而今度

叡慮御伺と有之候ニ御不安心なから御聞届被爲遊候而は　朝廷之御上計ニハ無之關東之御儀をも深被　思召姑息之御返答被　仰入かたく東照宮以來格別之御間柄ニ御不親切ニ被爲當候半猶々永久公武御合体邦國万安之樣ニと被　思召候御事尤又御不安之處强而無御餘義御聞濟ニ相成候節ハ實ニ人心不居合根本ニ而關東諸大名之向ハ御引受ニ而御安心被遊候へ共京師其外眞實不居合向有之候間如何樣之事可相發も難計其節ハ猶以公武御心配ニ可相成候哉ニ付今度衆議之上御決答候御事

○（欄外藍書）原書公ノ筆ニアラス

皇國二百五十年之大平ハ全東照宮之基業其後數代之武威ニ因候義深　御滿足目出度　思召候然とも　神宮以來數千載曾而無之外夷之侵侮を當今ニ至り始而被爲受候御儀誠以被爲對御祖靈深被爲恐入候御儀是迄以台命幾度も和議被仰上候ニ付尙　御熟考被爲遊候處此儀は幕府從來之勳功被思召御拒ミも被爲有間敷儀ニ可被爲有之候へとも實ニ其儀ニも難被爲換

迄ニも　思召且東照宮神慮ニも不相叶義ニ可有之　思召候間彌以征夷職掌顯然相立候樣被爲有之度　思召候事

○

外夷一條其外之事（且關係）條等ニ付老中幷所司代（等）ヨリ差上候書取類幷御返答且叡慮之御旨御書取等夫々御內々以厚思召拜見被仰付候趣誠以深重之叡慮銘心肝・（深）畏入存候段々不一方御憐愍之思召共奉拜見何共不堪恐懼感泣拜伏畏入存候實ニ云彼云是被惱叡慮（念）候段實（反覆）ニ恐縮仕候以（深）思召文書（御書取）共被許拜見候段聖恩之程幾重ニモ奉畏存候右內々御請言上之事

○　（欄外藍書）本書ハ忠成公ノ手跡ニアラス傳奏ノ執筆歟

間――に遣候添翰之內無據次第有之被仰進候由書取候段御尋之趣畏承り候右ハ前以下總守申越候書翰不及披露候樣兼テ關白殿被命候故內分ニ仕置候然ル處　敕諚之趣被仰出候ニ付下總守內々申越候趣意ト齟齬仕候テハ如何ト存心配仕候ニ付無據次第有之候旨認候義ニテ外ニ所

存有之候テ書附候義ニハ無御坐候依而三公方議奏中ヘモ不申入内分ニ
テ差遣候段深奉恐入候

月　日

一名ノワケ

○

早寒相催候彌御安全恐賀候抑當節時事如何ト痛苦之至ニ存候三公小子等御用御斷申上候次第御察可給ト存候左右公之處ハ御承知之通内公ハ別段御趣意モ無之哉左公談合ト存候下官義存念之義拜面ニ心事申入度存候實ニ見危致命之義ハ覺悟之事ニ候得共何分段々事情相勘候得者盡忠實度心底ハ内外ハ無之ト存候先達而以來困厄之次第共有之共害公事之妨ニ可相成ト苦心之事ニ候子細拜面ニ申入置度ト存候左樣無之候テハ一通リ退避トカ或ハ時勢ヲ恐候トカ申樣ニモ可相當歟兎ニ角進退惟

窮候元來遠慮深謀無之事ヲ誤リ候歟ト畏懼之至リニ候此頃朝事如何
（藍書）
以下欠文ナラン

○

或一卿ヘ送ラントテ書付書狀再思相止メ可投丙丁

其後者御疎遠存候春暖之節彌御安全御勤務珍重存候然ハ舊臘來爲所勞保養領村ヘ別居加養畏入候右ニ付テモ每々以愚息御示談申入候事共有之御懇教千萬忝存候爾後落餝相願未御沙汰無之萬端心痛致居候處過日御內々當節之御都合拜承昨冬來御覽ニ相成候文書類被許拜見誠以畏入存候深恩之程實不堪感泣候倩己往之儀相勘候得者淺慮定見無之義至今日深被惱宸襟執柄始御役方々幷武門役々不一方苦慮有之義ハ實以痛苦之至ニ存候於心底邪謀ニ荷擔致シ公武御合体之處ニ相悖リ候趣意ニハ毛頭無之唯々一途ニ國家公武之御爲トノミ始終苦心致居候事ニ候得共其處置周旋全見込違ト重々心得違之段ハ何共恐入今更悔悟候昨冬以來

武門不容易役々手數吟味候事共承り及居實以心痛候事ニ有之候得共取留メ承知不致イヅレ廷臣關係之筋不少ト存居殊ニ左右公下官共引合之事多端可有之。（哉ニヽ）ト存候乍密々風聞ニモ水府之穩謀ニ同意之公卿モ有之旨書取モ出候哉ニモ承及實ニ如何之事哉ト存候實ニ左公江モ内談申入候處共儀ハ若州内藤ナトモ面會委細咄合承知之事ニ候得者更ニ申出モ如何トノ事至極尤之義ニ存候不及頓著事ニ候尤御承知モ可有之下官方ナド水府由緣之者或ハ慷慨之輩ナト立入候人々彼是有之又ハ家來共書通等ノ事モ有之候既ニ夫々於武邊吟味申口等モ聞取有之候得者如何樣之儀申候事歟ト存候尤常々其人々ノ性質相考不申候テハ不測ノ害ヲ受候ト思惟候得共先達來時勢之事ニ付國忠ヲ語リ候事ハ卑賤ノ言タリトモ參考採擇候得者實事相分り候事ト存候。（シ妄說チ不辨候）ヨリ事ヲ誤リ候義ニテ素ヨリ水府隱謀奸計有之候筋更ニ不存寄事ニ有之候其段大ニ見込違ニ有之候但水府其外幽閉之者共救方之儀内願筋聞込候心得ハ決シテ無之唯一体天下之形勢奈何ト苦心候儀御互ニモ毎々此邊之筋御物語申候通リノ事ニテ其折柄彼是參考致シ候覺悟內願囑托ヲ受候心得ハ更ニ無之然ルニ彼等ニ邪謀有之候テ引付候結構之事ニ陷溺候者實ニ正邪ヲ見損シ候儀兎ニ角頓著不致候事ニ候得者今日之至難ハ無之事ト存候右邪謀ニ荷擔ナドト申心得ニハ無之候得共今日之次第ニテ自然其名ヲ得候者實ニ無致方ト存候周施方之儀若不正不直之筋ニ相涉リ彼囑托ヲ受公議ヲ私論ニ枉ケ候テ一己之意見ヲ張リ行候義ニテハ實ニ爲人臣不忠之至ト存候況ヤ官柄ト申且是迄兩役勤仕殊ニ武家傳奏ヲモ相勤萬端疎密心得居候義重々不當之事ニ候得者實ニ不堪痛苦候是全ク前件事ヲ誤リ候筋不明無謀之事ト存候尤自作禍ト他ヲ存間敷存候兎ニ角心得違之儀ハ如何ニモ恐縮之外無之候尤彼人々申口ニ付一々辨解候テハ餝言掩非與下人對敵候樣ニ相聞候得者甚不好事ニ候於大義可申所存趣意無之何分淺慮心得違之段ハ何ク迄モ恐懼ヲ存シ固執候心底ハ無之候唯彼節々之事實情狀

ニ於テ御賢察モ可給義ニ可有之候者一身心中聊安ク存候勿論此度下官
等御處置ニ於テハ何分關東之旨ニ被違候テハ實ニ御爲アシクト存上候
其邊ニ付聊モ遺憾ハ無之殊ニ深重之叡慮不堪畏懼候得者如何体御沙汰
相成候トモ實ニ以畏入候事ニ候其段ハ貴官ニモ御放意希入候
（藍書）以下紙片截斷恐クハ闕文ナラン

○（欄外藍書）前書同紙ニ認アリ

タラチネモ今ハトコソハ思フラメ我黑髮ニ霜ソ置ケル
我ウヘハ露モイトワス大方ノ人ニカケシト思シ物ヲ
都ヲハ遠ク離レテ出シコソ中々君ヲヲモフナリケレ
住ヨクモ住ウクモナキ庵ニシテ安シトヤ云ン苦シトヤ云ン
世ノ中ヲ思ヒワツロフ時ハ猶野山モ同シ氣色ナリケリ
天ノ戸ノ明ル光ヲ待ツヽヤ田ツラノ門ニ鳥ノ鳴クラン
皇キノ星トナヘマス頃カトモ思ヘハ里ニ鳥ノ音ハスル

新玉ノ年モカワリテ大宮ハイカナル春ノ氣色ナラマシ

右舊臘來感懷幷除夜元旦等ノ即事

三條實萬手録 一

日本史籍協會叢書 124

大正十四年九月十日發行
昭和四十七年十一月十日覆刻

編者 日本史籍協會
代表者 森谷秀亮
東京都三鷹市大澤二丁目十五番十六號

發行者 財團法人 東京大學出版會
代表者 福武 直
一一三 東京都文京區本郷七丁目三番一號
振替東京五九九六四電話(八一一)八八一四

印刷・株式會社 平文社
本文用紙・北越製紙株式會社
クロス・日本クロス工業株式會社
製函・株式會社 光陽紙器製作所
製本・有限會社 新榮社

日本史籍協会叢書 124
三條実萬手録 一（オンデマンド版）

2015年1月15日 発行

編 者 日本史籍協会
発行所 一般財団法人 東京大学出版会
代表者 渡辺 浩
〒153-0041 東京都目黒区駒場4-5-29
TEL 03-6407-1069 FAX 03-6407-1991
URL http://www.utp.or.jp

印刷・製本 株式会社 デジタルパブリッシングサービス
TEL 03-5225-6061
URL http://www.d-pub.co.jp/

AJ023

ISBN978-4-13-009424-5 Printed in Japan